福建江夏学院引进人才科研启动经费项目
“国外上游垄断对本土企业创新的影响研究”（00140198）资助

全球价值链背景下
国外上游垄断对企业创新的影响研究

Research on the Impact of Foreign Upstream Monopoly on Firm Innovation in the Context of Global Value Chain

钟湘玥　著

中国・广州

图书在版编目（CIP）数据

全球价值链背景下国外上游垄断对企业创新的影响研究/钟湘玥著．—广州：暨南大学出版社，2022.12

ISBN 978-7-5668-3531-4

Ⅰ.①全…　Ⅱ.①钟…　Ⅲ.①垄断组织—影响—企业创新—研究—国外　Ⅳ.①F279.1

中国版本图书馆 CIP 数据核字（2022）第 193438 号

全球价值链背景下国外上游垄断对企业创新的影响研究

QUANQIU JIAZHILIAN BEIJING XIA GUOWAI SHANGYOU LONGDUAN DUI QIYE CHUANGXIN DE YINGXIANG YANJIU

著　者：钟湘玥

出 版 人：张晋升
责任编辑：曾鑫华　彭琳惠
责任校对：孙劭贤　黄亦秋
责任印制：周一丹　郑玉婷

出版发行：暨南大学出版社（511443）
电　　话：总编室（8620）37332601
营销部（8620）37332680　37332681　37332682　37332683
传　　真：（8620）37332660（办公室）　37332684（营销部）
网　　址：http：//www.jnupress.com
排　　版：广州市天河星辰文化发展部照排中心
印　　刷：广州市银裕彩印有限公司
开　　本：787mm×1092mm　1/16
印　　张：16.5
字　　数：295 千
版　　次：2022 年 12 月第 1 版
印　　次：2022 年 12 月第 1 次
定　　价：59.80 元

（暨大版图书如有印装质量问题，请与出版社总编室联系调换）

前 言

随着生产技术和交通信息技术的发展，全球价值链（Global Value Chain，GVC）分工逐渐成为国际分工的主要模式。不同国家和地区基于比较优势从事不同价值链环节，发达国家长期占据全球价值链上游并控制着核心中间产品的生产和关键技术，广大发展中国家则主要从事中低端加工制造环节，技术创新与发展往往受制于发达国家的上游中间产品。中国虽然已成为世界制造业中心和产业枢纽，但核心中间产品存在对外依赖的现象，制造业转型升级和高质量发展仍然会长期受到国外上游行业的影响。尤其是在世界经济不确定性加深、保护主义和新孤立主义抬头的趋势下，我国如何在当前价值链垄断格局下实现技术进步显得尤为重要。创新是实现技术进步和经济增长的根本途径，而企业是实现创新的主体力量，因此关于国外上游垄断对本土企业创新影响及作用机制的探讨是一项重要的工作。

本书在撰写过程中，通过借鉴全球价值链相关理论，立足于上游垄断及中间产品进口效应的理论基础，建立国外上游垄断对企业创新影响的理论模型，构建并测算行业层面的国外上游垄断指数，论证了国外上游垄断对企业创新的效应和作用机理。与同类别全球价值链论著比较，本书的特点在于：①视角方面，目前较少有文章直接探讨上游垄断在创新方面的影响，更鲜有研究分析国外上游行业的市场垄断对本土企业创新的影响。本书丰富了上游垄断对下游企业行为影响的相关研究，对我国在当前错综复杂的国内外经济形势下促进企业创新相关政策的制定具有启示性意义。②理论方面，本书基于垂直生产分工和中间产品贸易构建了包含上下游关联的企业创新决策模型，同时纳入全球价值链的传导机制，以此建立国外上游垄断影响企业创新的理论分析框架，有利于丰富中间产品贸易对企业创新影响的相关研究。③实证方面，本书通过构建国外上游垄断测算指标揭示了国外上游垄断格局的全貌及其动态特征，并进一步证实国外上游垄断对本土企业创新影响的作用机制和异质性，为充分理解全球价值链分工与本国技术创新的关系提供了经验证据和新的解释。

在本书撰写和出版过程中，感谢刘德学老师和张珺老师的悉心帮助，同时感谢福建江夏学院引进人才科研启动经费项目的资金资助。价值链市场结构的研究目前仍处于发展阶段，研究方法有待提升，相关理论也存在进一步完善之处，书中难免有需完善之处，敬请读者谅解和指正。

钟湘玥

2022 年 8 月于福建江夏学院

目录

Contents

1 绪 论

自20世纪90年代以来，随着生产技术和交通信息技术的不断发展，产品的概念、研发、原料、加工、装配、运输、营销、售后服务等增值环节受国家和地区边界的限制越来越小，全球价值链分工逐渐成为全球生产的主要模式。不同国家和地区因比较优势差异而从事不同价值链环节。发达国家长期主导全球价值链上游，处于关键技术前沿，并控制着核心中间产品的生产和配置，广大发展中国家则主要从事中低端加工制造环节，技术发展容易受制于价值链主导者。在2008年全球经济危机之后，世界经济复苏疲软、陷入长期低迷状态，不同经济体之间的利益冲突逐渐加剧，保护主义、民粹主义和新孤立主义抬头。而在世界经济新形势下，全球价值链分工的基本格局未发生实质性改变，发达国家仍然占据全球价值链主导地位，但其倡导从自由主义转向保守主义，试图使制造业向国内回流；而发展中国家在国际经济秩序和规则中仍是被动者，从国际分工所得收益普遍较低并且对外存在较大技术依赖，尤其是在发达国家对外保守策略的冲击下其技术发展举步维艰，价值链升级和经济增长面临更大困难和挑战。

我国作为全球价值链的主要参与主体，虽然已成为重要的世界制造业中心和产业枢纽，但价值链地位还是与发达国家存在明显差距，高端芯片和传感器、汽车发动机、数控机床等核心中间产品仍然依赖于来自发达国家的进口。从2000年至2016年国内增加值的发展趋势来看（见图1－1），我国国内增加值占出口比重呈快速上升趋势，但对比美国、日本、欧盟等发达国家和地区，仍处在相对较低水平。进一步从中间产品进口来看（见图1－2），至2015年，我国中间产品进口比重为70.5%，而美国、日本、欧盟的同期中间产品进口占比依次为50.4%、60.5%和61.1%，可见我国中间产品对外依赖程度虽有所下降，但始终高于价值链主导者，产业转型升级和经济高质量发展长期受到国外上游行业的影响。早在1996年签署的《瓦森纳协定》中，以美国为首的发达国家就已在先进材料、材料处理、电子器件、计算机、电信与信息安全、传感与激光、导航与航空电子仪器等关键领域限制了我国技术引进，时至今日我国企业在产品和技术采购中仍面临着多项限制性措施。这些事实表明，发达国家利用其价值链上游的垄断地位干扰发展中国家的技术发展进程，我国作为主要发展中国家亟须解决核心技术缺乏、自主研发能力不足的问题。

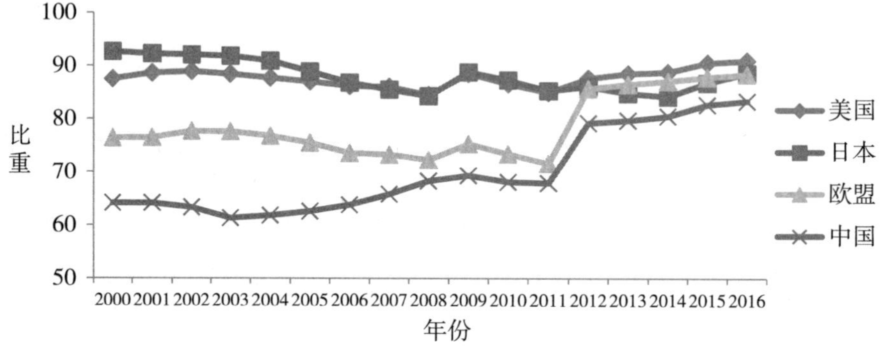

图 1-1　中国与世界其他主要经济体的国内增加值占出口比重

注：数据来源于 OECD TIVA 数据库，图由作者绘制。

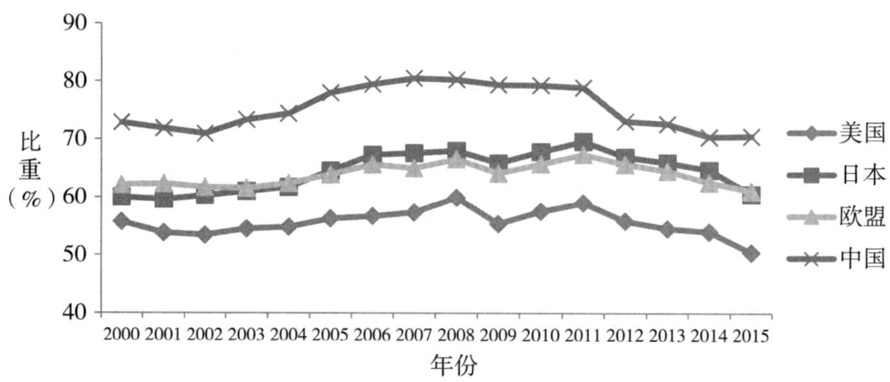

图 1-2　中国与世界其他主要经济体的中间产品进口占进口总额比重

注：数据来源于 OECD TIVA 数据库，图由作者绘制。

事实上，党中央多次强调科技创新的重要性并出台了重大举措。2014 年 12 月，习近平总书记在中央经济工作会议上指出要坚持创新驱动发展；2015 年 5 月，国务院印发《中国制造 2025》这一建设制造强国的行动纲领；2015 年 10 月，习近平总书记在党十八届五中全会第二次全体会议上再次强调要把创新作为引领发展的第一动力；2016 年 5 月，中共中央、国务院发布和实施《国家创新驱动发展战略纲要》，进一步落实我国建设创新型国家的总体部署。近年来，我国已在计算机、通信、运输、航空航天等多个高科技领域取得辉煌成就，但创新能力和科技发展水平总体上还与发达国家存在一定差距。从 2000 年至 2017 年的专利申请发展情况来看（见图 1－3），虽然我国每十万劳动力人口的平均专利申请数呈不断上升趋势，并且于 2011 年超过欧盟同期水平，但仍明显落后于美国和日本。再从科学研究成果来看（见图 1－4），我国每十万劳动力人口的平均科技期刊发文数远低于美国、日本、欧盟等发达国家和地区。除了创新产出之外，我国创新研发支出水平也有待提升（见图 1－5），2000 年至 2017 年，我国研发支出占 GDP 比重持续低于美国、日本和欧盟。可见，我国科技创新发展任重而道远，所面临的国内外经济形势依然复杂严峻，正如习近平总书记于 2020 年 9 月主持召开科学家座谈会时强调的“我国经济社会发展和民生改善比过去任何时候都更加需要科学技术解决方案，都更加需要增强创新这个第一动力”。

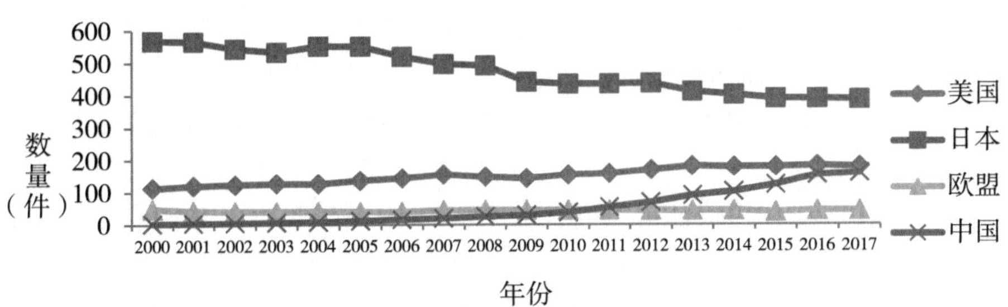

图 1－3　中国与世界其他主要经济体每十万劳动力人口的专利申请数

注：数据来源于世界银行，图由作者绘制。

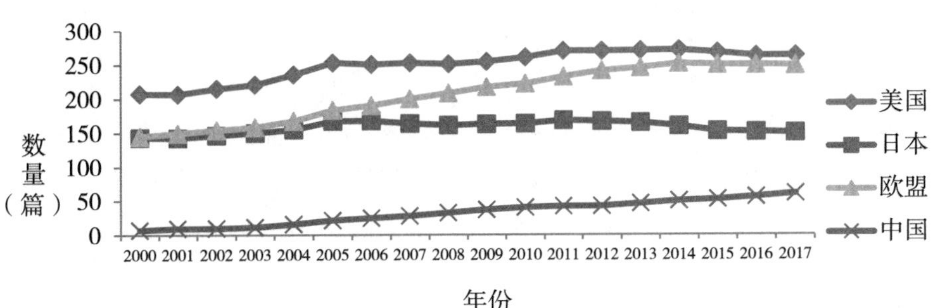

图 1－4　中国与世界其他主要经济体每十万劳动力人口的科技期刊发文数

注：数据来源于世界银行，图由作者绘制。

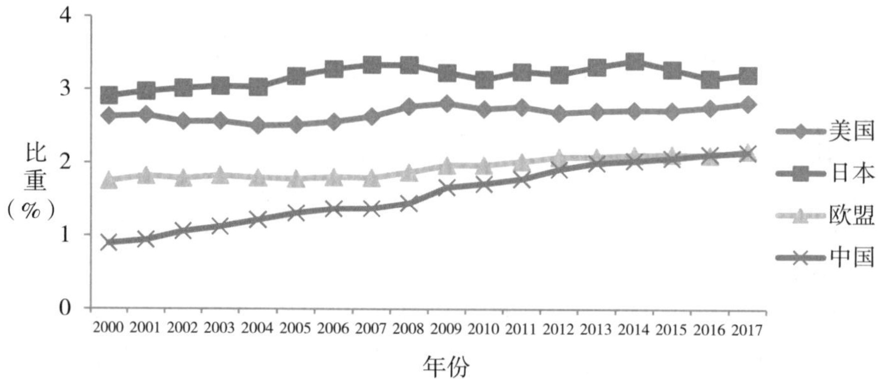

图 1－5　中国与世界其他主要经济体的研发支出占 GDP 比重

注：数据来源于世界银行，图由作者绘制。

总而言之，我国经济已进入增长速度放缓的新常态时期，此阶段伴随着更为激烈的国际竞争和更为频繁的国际经济摩擦和纠纷，技术发展模式及产业结构亟待优化转型，需要从低技术、低附加值的价值链中低端环节向高技术、高附加值的价值链高端环节升级。但与此同时，发达国家为了巩固竞争的优势地位将进一步加强对价值链资源和收益的控制，垄断核心技术研发和关键中间产品生产，扰乱国际知识和技术的学习和交流，我国及其他发展中国家的价值链升级面临着更多困难和挑战。如何在当前国内外环境深刻复杂变化中突破发达国家的资源垄断和技术封锁、增强国际竞争力和话语权、实现价值链地位的高端化，需要正确认识和深入理解国外上游垄断对国内产业和经济发展的影响。

在国内经济形势依然严峻的背景下，增强自主创新能力和掌握核心技术已成为中国解决经济动力问题、重塑国际合作竞争新优势的关键战略，但是当前我国仍然处于发达国家垄断上游的全球价值链格局，如何在国外上游垄断下促进企业创新是迫切需要解决的问题。中间产品进口对创新的影响已是价值链分工效应领域一个重要研究方向，而国外上游行业市场结构无疑在进口中间产品相关决策中具有决定性作用，但现有研究未深入探讨过国外上游垄断对企业创新的影响。基于此，本书尝试弥补上述研究空缺，进一步探索国外上游垄断对企业创新的影响机制，其主要具有以下研究意义。

1. 理论意义

第一，有利于丰富全球价值链理论的研究。一是丰富了全球价值链升级的相关研究。已有的研究结果表明了价值链升级路径主要有工艺升级、产品升级、功能升级和链的升级，但发展中国家由于自主创新能力不足而只能实现工艺和产品的升级，本书关注到国外上游垄断对本土企业创新的影响，有助于从新的角度看待发展中国家面临的创新和升级的困境，进而深入理解全球价值链分工对发展中国家的“锁定”或“俘获”效应。二是丰富了全球价值链治理的相关研究。本书揭示了国外上游垄断的特征及其对下游行业的影响，以市场结构为切入点，探讨价值链上下游参与主体的相互关系和权力结构及其对企业生存和发展的影响。

第二，有利于促进中间产品贸易理论的延伸和发展。中间产品是联系上下游行业的纽带，已有研究考察了中间产品进口对企业创新的作用，本书则进一步探究进口中间产品决策相关因素——国外上游垄断势力的影响，通过中间产品将国外上游垄断纳入本土企业创新行为选择。具体而言，本书将市场垄断对产品价格和质量影响的研究与中间产品价格和质量效应的研究相结合，这既有助于系统地讨论进口中间产品的价格和质量效应，推进中间产品贸易理论在企业创新行为研究中的应用，也能通过分析中间产品价格和质量形成机制，促进相关研究的发展。

第三，有利于补充市场垄断与创新关系的研究。自 Schumpeter（1942）对市场垄断与创新的研究以来，许多学者尝试厘清市场垄断对创新的影响，但未得到一致结论。已有相关研究集中于一国范围内的水平市场垄断方面，而较少研究关注纵向市场垄断对创新的影响，更鲜有研究涉及跨国市场范围。本书对国外上游垄断创新效应的分析有利于充实市场垄断与创新关系的相关研究，还进一步拓展了纵向市场垄断这一研究分支。

2. 现实意义

一方面，关注国外上游垄断的特点及其变化态势，有利于揭示我国在价值链分工参与过程中所面临的风险和挑战，对相关措施的制定具有启示性意义。通过对国外上游垄断的研究，能够引起企业对这一问题的重视，更深刻地认识其生存和发展的外部经济环境，进而对国外上游企业行为决策有所预见，在价值链嵌入过程中及时抓住机遇和应对挑战。此外，本书检验了产业政策和贸易政策对国外上游垄断效应的作用效果，也有利于为政府政策的制定提供相关建议。

另一方面，深入分析国外上游垄断对企业创新的影响，有利于为创新驱动发展相关政策的制定提供理论支持依据。习近平总书记 2014 年 5 月在河南考察时指出，地方和企业发展的关键渠道在于实施创新驱动发展战略，要加快发挥企业在技术创新体系中的主体作用。党中央、国务院决策部署 2020 年国民经济和社会发展计划时，将坚持实施创新驱动发展战略列为主要任务之一，再次突出企业在技术研发创新方面的重要性。可见，企业只有保持创新活力和技术水平，才能在国内外经济依然复杂严峻的形势下实现自主创新发展，而本书关于国外上游垄断效应的研究从理论上反映了持续激励企业创新及相关政策制定的紧迫性和必要性。

本书旨在探讨国外上游垄断对本土企业创新的影响，主要解决以下几个问题：一是国外上游垄断如何对企业创新产生影响？对此有必要建立国外上游垄断对企业创新影响的理论分析框架，并采用科学的测算方法来准确衡量我国所面临的国外上游垄断，进而实证检验国外上游垄断对企业创新影响的理论机制。二是国外上游垄断对创新是否存在异质性影响？考虑不同行业的生产技术特征存在明显差异，企业个体生产发展能力也有所不同，国外上游垄断可能由此对不同行业和企业产生异质性影响，需要从行业和企业两个层面分别考察国外上游垄断效应的差异性。此外，价值链地位不同的国外上游垄断也可能对企业创新产生异质性影响。三是在国内市场垄断作用下，国外上游垄断对企业创新的影响会如何变动？已有的研究表明，在下游市场存在一定垄断势力时，上下游垄断存在相互制衡的关系，那么探讨国外上游垄断在国内市场结构变动时对企业创新产生的影响，需要具体分析企业所处行业的国内市场垄断对国外上游垄断效应的作用。四是产业政策和贸易政策是否为应对国外上游垄断的有力手段？为了回答这一问题，需要进一步讨论产业政策和贸易政策对国外上游垄断效应的作用，比较分析两种政策措施在国外上游垄断问题处理中的优越性和局限性。

我国要如何在全球价值链分工中突破固有技术垄断格局实现转型升级发展，尤其是在国内外经济形势依然严峻的情况下，发达国家对外保守政策限制了国际技术溢出效应，增强自主创新能力和掌握核心技术显得更为重要，由此本书关注“国外上游垄断对企业创新的影响”这一主题。

围绕这一研究主题，本书首先回顾相关文献并进行梳理、归纳和总结。与本书密切相关的文献包括全球价值链分工对企业创新的影响、上游行业垄断对下游企业行为及绩效的影响、进口中间产品对企业创新的影响。上述研究成果对本书理论和实证研究均具有深刻借鉴意义。

其次，探究国外上游垄断对企业创新影响的理论机制。在已有研究的基础上，构建国外上游垄断对企业创新影响的理论模型，在产品差异化、市场不完全竞争和企业使用中间产品的生产技术等前提条件下，国外上游垄断通过作用于进口中间产品价格和质量而对本土企业创新产生影响。基于此，提出本书理论假设。

最后，根据理论假设，本书验证国外上游垄断对企业创新的总体影响，并检验国外上游垄断的价值链传导效应及异质性影响，以更深入地探讨其对企业创新的作用机制。进一步地，本书分别从市场内部机制和政府外部干预的角度考虑如何应对国外上游垄断对本土企业创新的影响。一方面，本书考察企业所处行业的国内市场垄断对国外上游垄断对企业创新的影响的作用；另一方面，本书从产业政策和贸易政策两方面检验政府政策对国外上游垄断效应的作用效果。

本书首先梳理全球价值链分工与市场垄断的相关研究，归纳总结了上下游企业行为决策、相互关系及其对创新影响的已有结论；其次，在对既有研究归纳分析的基础上建立国外上游垄断对企业创新影响的理论分析框架，为后续实证研究提供理论依据；最后，通过合理严谨的实证方法检验本书关于国外上游垄断对企业创新影响的理论假设。具体研究方法如下：

（1）理论模型构建。一方面，本书考虑国外上游企业与本土企业的博弈时序，采用逆向归纳法建立国外上游垄断对本土企业创新影响的基本理论框架。本书根据已有研究合理地假设企业生产技术、创新形式和市场结构，在此基础上先得到本土企业最优创新水平，再考虑国外上游企业的产品决策。由于企业创新受生产投入和产出决策的影响，最终可通过中间产品价格和质量将国外上游垄断与本土企业创新相联系，推导出国外上游垄断对企业创新的边际效应。另一方面，本书参考价值链分工过程的相关研究，进一步推导国外上游垄断通过价值链延伸对企业创新产生的间接影响，深入探讨国外上游垄断效应的作用机制。

（2）指标构建与统计分析。本书以企业财务报表为主要数据来源，参考已有研究对数据进行预处理并采取科学合理的测算方法衡量国外上游垄断程度。一方面，本书构建行业层面的国外上游垄断指数，衡量行业内企业共同面临的国外上游垄断程度；另一方面，本书构建企业层面的国外上游垄断指数，衡量企业个体所受的特定国外上游垄断。根据指数测算结果，进一步描绘国外上游垄断的变化态势及行业、国别分布，并结合已有相关理论及经济现实，对国外上游垄断特征进行分析，有利于更清晰地刻画国外上游垄断格局和发展趋势。

（3）经济计量分析。首先，本书根据理论模型推导结果提出国外上游垄断对企业创新影响的理论假设。其次，本书确定企业创新的多重影响因素，并通过多元回归分析方法验证理论模型的推导结果。再次，本书进一步地在不同的行业特征和企业性质条件下，对国外上游垄断的创新效应进行反复验证，并采用合理方法处理变量测量误差、样本选择性偏误、逆向因果关系等内生性问题，以证明实证检验结果的稳健性。最后，本书通过实证检验结果得到国外上游垄断对创新影响的核心结论，据此预测我国在未来参与价值链分工过程中如何应对国外上游垄断的问题，以持续促进企业创新水平的提升。

2 文献综述

目前鲜有关于国外上游垄断对企业创新影响的直接相关研究，本章归纳和评述与这一研究主题具有紧密联系的三类文献。国外上游垄断实质上反映了全球价值链治理格局，是本土企业嵌入价值链过程中不可避免的问题，由此本书基于研究目的梳理了全球价值链对企业创新所产生效应的相关文献；在全面理解全球价值链理论的基础上，进一步厘清其中与本书最为相关的分支研究成果，即上游行业垄断对下游企业行为和绩效的影响；由于中间产品是联系上下游行业的重要纽带，进口中间产品对企业创新影响的研究也与本书密切相关。

2.1 嵌入全球价值链对企业创新的影响

发展中国家所参与的全球价值链分工对其特定经济发展阶段具有正向作用，但从经济长远发展的角度来看，全球价值链的作用存在一定复杂性和综合性。从事中低端环节参与全球价值链的企业可能遭受“俘获”或“锁定”效应，由此全球价值链的负面作用不容小觑（张杰和郑文平，2017）。那么，参与全球价值链分工对企业创新能力的提升会产生怎样的影响？已有的研究表明，全球价值链分工有利于企业创新的发展，同时也对其产生阻碍作用。

2.1.1 嵌入全球价值链对企业创新的促进作用

全球价值链主要通过以下机制对本土企业创新产生促进作用：

（1）知识技术转移和溢出效应。Liu 和 Buck（2007）对高技术行业的研究证实国际技术溢出对企业创新绩效产生明显的促进作用，技术进口有利于本土企业吸收生产发展的关键信息，为国内创新水平的提升奠定知识基础。Saliola 和 Zanfei（2009）从跨国公司与本土企业关系的角度分析了价值链分工的知识转移效应，发现跨国公司的技术与本土发展情况的匹配程度越高，企业自主生产能力越强，越有利于促进知识在价值链上的有效转移。Pavlínek 和 Žížalová（2016）则在此基础上分析了价值链分工的知识技术溢出效应，认为跨国企业对本土企业具有示范作用，有利于本土企业获得正向的知识技术溢出，进而提高生产技术水平和实现产品升级。Zhang 和 Gallagher（2016）的研究表明，全球价值链有利于促进国际市场发展和人才流动，并且在政府政策支持下，本土企业在嵌入价值链后能够获得来自行业领导者的技术转移和溢出，进而逐渐实现自主创新和培育较强的国际竞争力。Kuijpers 和 Swinnen（2016）的研究探讨了价值链上游对下游的技术转移效应，价值链发展对下游企业的技术转移效应依赖于技术性质，相对于通用性技术，专用于下游特定环节的技术更容易在价值链上转移。张化尧（2012）、蒋仁爱和贾维晗（2019）也关注了多种价值链技术溢出渠道的影响，利用中国企业数据研究发现出口及进口相关的技术溢出与本土企业创新能力具有正向关系。已有的研究普遍认为，参与全球价值链分工的企业一方面可从领导者企业的投资和许可中直接获取应用技术，另一方面还可通过贸易获得产品内含的技术与知识，由此实现创新水平的提升（Fu 等，2011；王静和张西征，2012；Wang & Wu，2016；王猛和姜照君，2017）。

（2）学习效应。Salomon 和 Shaver（2005）、Love 和 Máñez（2019）使用西班牙制造业企业数据研究出口与企业产品创新的关系。研究结果表明，企业在从事出口活动之后增加了创新产出，为“出口中学习”效应提供实证支持。陶锋和李诗田（2008）以中国电子信息制造业为例探究以代工模式参与全球价值链分工的企业创新路径。研究发现，代工企业能够通过学习价值链上流通的知识和技术，实现自主创新。Jer 和 Jean（2014）对中国新兴市场企业数据的实证研究表明，发展中国家企业能够通过价值链学习机制实现功能升级。全球价值链的发展加快了知识和技术的传递，有利于强化“出口中学习”效应，但这一积极影响在不同类型的出口中存在明显差异，其中中间产品和知识密集型产品的出口及再出口使企业更可能从中学习先进生产技术，表明附加值较大的价值链活动具有更显著的“出口中学习”效应（Benkovskis 等，2020）。全球价值链主要通过以下机制促进企业学习知识和技术，一是企业为了达到国际生产标准而自发进行相关知识的学习；二是行业领导者为了协调价值链的运行而直接促成其他企业学习进步；三是企业在竞争合作中实现相互学习（Pietrobelli & Rabellotti，2011）。Lema 等（2018）对电气化行业的研究证实价值链上下游企业在业务交流中能够相互学习相关知识和技术。而根据 Cheung 等（2011）的研究，价值链交互性学习的不同渠道对上下游企业具有异质性影响，企业可通过信息共享、共同理解和知识整合等途径相互学习以提升绩效水平，上下游企业均能在信息共享和知识整合中实现绩效提升，而只有上游企业能通过共同理解的途径获取学习收益。此外，Santos-Arteaga 等（2019）的研究表明外商直接投资有利于为本土企业带来国外先进知识和技术，与跨国公司相互交流是本土企业获得学习效应的重要渠道。

（3）成本节约效应。殷德生等（2011）、魏浩和林薛栋（2017）研究贸易自由化对企业创新的影响，发现贸易壁垒下降通过成本效应对创新产生重要促进作用。Turco 和 Maggioni（2013）对意大利企业进出口行为的研究表明，企业能够通过从劳动力低廉国家进口低价投入的方式来节约生产成本，进而降低出口成本和增强出口竞争力，但源于高收入国家的高质量投入进口并未呈现这一积极影响。盛斌和陈帅（2017）的研究也证实中间投入进口是全球价值链对本土企业产生成本节约效应的重要渠道，并且比较不同要素密集型企业来看，资本和技术密集度较高的企业更能在价值链参与过程中获得生产所需投入，由此能在更大程度上通过成本节约而提升成本加成率，有利于提高创新收益。此外，García-Vega 和 Huergo（2019）对西班牙企业研发决策的研究表明，价值链发展能够通过国际技术外包来促进企业工艺创新，有利于推进企业实施生产专业化策略而实现规模效应、降低生产成本。可见，除了进口之外，企业还能通过将非核心技术的研发环节或非核心生产环节外包给价值链上的其他企业，将更多资源集中于核心优势的发展和创新，由此节约生产成本和增进国际竞争优势（Mackenzie & DeCusatis，2013；蒋为和陈轩瑾，2015）。

（4）竞争效应。Melitz 和 Ottaviano（2008）认为贸易开放提升了市场竞争程度，更为激烈的市场竞争有利于企业提高生产率，但会使成本加成率降低。Navas 和 Licandro（2011）在此基础上还发现，虽然贸易竞争会导致成本加成率下降，但会因此产生激励企业进行创新的效应，即企业为应对加成率下降而加大创新力度，以此扩大市场规模和增加利润所得。Bloom 等（2016）基于欧洲企业数据探讨了进口竞争与企业创新的关系，从研发支出、专利申请和生产效率等多个创新衡量维度证实进口竞争对企业创新具有积极影响，并且从行业层面来看，进口竞争还有利于促进资源向创新能力更强的企业转移，整体上促进了行业技术升级。周茂等（2016）以中国加入 WTO 事件为自然实验，为进口竞争通过行业资源再配置效应而促进技术升级提供了新的经验证据。Yamashita 和 Yamauchi（2020）基于日本企业数据的研究得到与上述研究相一致的结论。Ding 等（2016）则从企业技术异质性的角度分析进口竞争效应，进口竞争激励了本土企业加大研发支出，并且企业技术水平与世界前沿越接近，越能够增强进口竞争对创新的积极作用。另外，进口来源地也是影响价值链竞争效应的重要因素。Li 和 Zhou（2017）根据收入水平划分进口来源地，并检验其对企业创新产出的异质性影响，其中源于高收入国家的进口竞争有利于提高企业专利申请量、专利引用数等创新产出，而源于低收入国家的进口竞争不具有这一效应。

2.1.2 嵌入全球价值链对企业创新的抑制作用

全球价值链治理是全球价值链理论研究的核心问题，反映了价值链存在形态类型以及参与主体之间权力分配和关系协调的作用机理。全球价值链治理一定程度上决定了创新所需知识的创造、传递和溢出，与价值链上经济租的生产与分配密切相关，对企业绩效提升、价值链升级乃至国家经济发展有重要影响。在全球价值链分工体系下，发达国家凭借技术优势和市场优势占据价值链高端位置，发展中国家竞争优势不足而嵌入价值链中低端位置。处于不同治理模式的价值链，发展中国家能否实现价值链地位升级及能够实现何种升级存在很大差异。理论上，根据交易复杂性、交易标准化程度和生产者能力这三个因素，可将全球价值链治理划分为市场型、模块型、关系型、俘获型和层级型五种模式（Gereffi 等，2005）。然而实际上，发展中国家主要以代理加工的方式参与全球价值链分工，俘获型和层级型的治理模式更能反映全球价值链发展的现实情况（刘志彪和张杰，2007）。在上述两种治理模式下，发展中国家完成工艺升级和产品升级之后的价值链升级会受到来自发达国家主导者的阻碍和打压，即发展中国家容易被发达国家“俘获”或“锁定”于价值链中低端位置，难以实现“质的飞越”（Humphrey & Schmitz，2002；Schmitz，2004）。从现有研究来看，关于“低端锁定”困境的形成原因主要有以下观点：

（1）进口竞争和技术依赖阻碍自主创新。Buryi 和 Lahiri（2018）在研究贸易政策对产品创新的影响时发现，随着进口关税税率的下降，企业利润最大化的创新决策是降低研发支出，由此反映出进口竞争对创新的负向影响。人才培养是增强企业创新能力的重要途径，进口竞争也对本土劳动力技能提升形成了阻碍。Kosteas（2017）的研究表明，进口引致外来竞争使本土劳动者参与职业相关培训的可能性降低，可见其不利于企业提升人力资本水平而阻碍创新的发展。Feyaerts 等（2020）则关注了全球价值链对国内价值链的竞争效应，发现全球价值链的延伸和扩张在要素资源方面对国内价值链形成竞争，从而导致国内价值链在生产率提升和产业高级化方面存在较大挑战。进口竞争的创新抑制效应不仅表现在创新投入方面，还存在于创新产出方面。根据吕越和邓利静（2020）的研究，由于市场竞争加剧，本土企业在嵌入全球价值链之后会缩减产品范围，外资企业受价值链上游影响较大，其产品范围所受负面影响更大。进口竞争对企业创新发展的消极效应会进一步抑制行业技术升级。陈维涛等（2017）实证检验最终产品和中间产品进口关税税率下降对行业技术复杂度的影响，证实进口竞争不利于行业技术含量水平的提升。此外，嵌入全球价值链还会使本土企业对高技术、高质量的进口中间产品依赖度过高，而对其自主研发创新产生替代效应（吕越等，2018）。Grimes 和 Sun（2014）关注中国自加入 WTO 以来的贸易发展，发现加工贸易仍然占据主要地位，而加工贸易企业对进口中间产品及其技术具有较大依赖。为了自主创新和价值链升级，需要不断降低对进口中间产品和技术的依赖。刘维林等（2014）进一步考察进口技术依赖的来源，认为相比其他国家，进口包含发达国家附加值的产品更容易使本土企业对外形成技术依赖，进而对研发活动产生负向影响。

（2）知识和技术壁垒进一步限制生产技术进步。发展中国家本土企业对国外先进技术存在依赖，这不仅因为不同发展水平经济体之间存在原始技术差距，更因为发达国家对发展中国家技术进步存在主观控制（牛卫平，2012）。赵文丁（2005）认为发达国家在全球价值链体系中主导和控制着生产规则，通过制定技术标准限定了发展中国家学习和升级技术的空间。发展中国家嵌入价值链后难以获取核心技术，在缺乏自主创新的情况下容易形成对发达国家的技术依赖。Archibugi 和 Pietrobelli（2003）也发现国际技术转移对多数发展中国家的技术创新和进步并未产生促进作用，反而是知识技术已然领先的发达国家受益良多。作为价值链的主导者，发达国家对发展中国家输出的技术并非核心技术，将包含比较劣势技术的生产向发展中国家转移，发达国家可将资源集中于核心技术优势的发展，对发展中国家的技术竞争优势的发展不具有促进作用（李真，2011；唐未兵等，2014）。而且，为了长期维护价值链的主导地位，发达国家制定严格的质量、环保、性能等产品参数和标准。Raynolds（2004）、Nadvi（2008）的研究发现，发达国家通过制定产品生产相关标准对价值链施加强有力的控制，这一严苛的生产要求对技术相对落后的发展中国家企业形成市场进入壁垒，进而巩固了发达国家主导企业的市场垄断地位，使价值链分工收益进一步向少数主导者集中。Lee 等（2012）则认为产品标准对发展中国家中小企业升级抑制作用的相关分析需要考虑价值链模式，其中购买者驱动型价值链更侧重于产品安全相关标准，此时企业具有较大自主研发和技术升级空间；而生产者驱动型价值链更注重产品质量相关标准，此时企业发展自主权较小；在二元驱动价值链情形下，企业面临最为严苛的生产要求，直接受制于价值链主导者而获最小收益。总而言之，要满足上述产品规则，需要企业进行耗费大量资源的技术变革，而发展中国家往往不具有满足规则的资源条件，这对发展中国家的技术升级形成了阻碍（Perez-Aleman & Sandilands，2008）。

（3）吸收能力不足抑制了价值链的技术溢出。吸收能力是影响技术溢出效应的重要因素，当价值链主导者研发出新技术之后，随着新技术应用于具体产品生产，下游企业能在一定程度上共享技术创新成果，企业从中所得收益取决于吸收能力（Dedrick & Kraemer，2015）。具体而言，经济发展和对外开放水平、研发投入和人力资本水平、基础设施完善程度和金融发展规模等均是影响吸收能力的重要因素（尹东东和张建清，2016）。既有研究普遍认为企业吸收能力不足对技术溢出的正向创新效应产生弱化作用，吸收能力不强的发展中国家无法较快地在生产技术方面追及发达国家（Rogers，2004；Kneller，2005；谢建国和周露昭，2009；陶锋，2011；Yasar，2013）。肖利平和谢丹阳（2016）深入揭示吸收能力与技术引进创新效应的关系，发现国外技术对创新水平提升的影响存在吸收能力门槛，当吸收能力高于一定门槛值时，国际技术溢出才有利于本国创新的增长。吸收能力不足不仅抑制国际技术溢出对发展中国家创新的促进作用，还可能阻碍知识和技术向发展中国家方向的溢出。Fatima（2017）关注经济全球化对东欧和中亚国家创新的影响，研究结果再次证明吸收能力在国际技术溢出效应中具有举足轻重的地位。胡昭玲和李红阳（2016）则直接检验吸收能力对全球价值链创新效应的作用，在考虑创新不同形式和内生性问题之后，企业吸收能力薄弱仍会导致全球价值链分工对创新正向影响的弱化。不同于以上研究，Gancarczyk 和 Gancarczyk（2016）从企业合作生命周期视角分析吸收能力对企业升级的影响，企业能在价值链上相互交流和合作中，实现学习和升级，吸收能力在合作发展进程中对企业升级的作用逐渐凸显，吸收能力不足是企业未能从价值链分工参与过程中获得技术升级的主要障碍之一。

综上所述，已有的研究成果从理论和实证上，阐明了全球价值链分工对本土企业创新的影响及其作用机理，有利于理解和掌握全球价值链体系的运行机制及其参与个体间的纽带关系，对于进一步深入研究具有启发性意义。然而，参与全球价值链分工对发展中国家的企业创新究竟产生何种作用？现有研究已尝试从正反两个方向进行回答，却尚未达成一致结论。从现有研究来看，全球价值链分工通过溢出效应、学习效应、成本效应和竞争效应，对发展中国家的本土企业创新产生促进作用。同时也有研究认为，发展中国家自身吸收能力不足以及对国外技术的过度依赖，以及发达国家对发展中国家设置的升级障碍，导致发展中国家在价值链上的创新发展受到重重阻力。可见，全球价值链分工对发展中国家本土企业创新的影响具有多种效应，而这些不同效应的形成根本上决定于微观企业基于利润最大化的决策行为，但现有研究未能基于微观企业决策分析这些影响效应形成的统一机制。

2.2 上游行业对下游企业行为及绩效的影响

全球价值链分工的运行和发展离不开上下游行业和企业间的密切联系，而价值链上的投入产出关联会使供给侧冲击从上游行业向下游行业传递（Acemoglu 等，2016），因此许多研究关注了上游行业与下游企业行为绩效的关系，普遍认为上游行业的生产技术和组织结构对下游企业行为决策和绩效发展具有显著影响。Inderst 和 Wey（2003）在上下游企业议价谈判框架下，分析了不同生产技术的上游企业对下游企业一体化行为的影响差异，当上游企业具有单位成本递增的生产技术时，下游企业为了保持收益水平倾向于提高一体化程度；当上游企业生产单位成本递减时，下游企业进行一体化的可能性减小。Matsushima（2004）考察了上游行业技术发展及其对下游产品决策的影响，研究发现上游技术水平的提升有利于降低下游生产成本，进而激励下游企业进行产品更新换代，有利于促进下游产品差异化。而上游行业的技术升级及其对下游的技术转移依赖于制度环境，上游行业相关政策的实施会作用于下游技术发展。从沈国兵和黄铄珺（2019）的研究结果来看，下游出口产品技术含量随着上游行业知识产权保护力度增强而提高，表明针对上游行业的知识产权政策措施有利于促进下游技术水平提升。De Figueiredo 和 Silverman（2012）分析了上游企业一体化问题，认为上游企业一体化对下游企业生存的影响依赖于上游行业性质，核心上游行业一体化程度的提升会降低下游企业存续可能性，尤其对非一体化下游企业的生产具有更大消极影响。胡翠和谢世清（2014）关注上游行业集聚对下游生产发展的作用，通过实证研究发现上游行业集聚程度提升对下游企业增加值有显著的正向作用，证实上游产业配套水平对下游企业竞争力具有积极影响，而企业规模扩张不利于发挥上游行业集聚的作用。

除上述研究之外，更多研究集中于上游行业的市场垄断方面，普遍认为上游垄断会对下游企业收益产生消极影响。O'Brien 和 Shaffer（2005）将非线性供应合约和议价能力纳入上游竞争模型，分析上游企业合并行为对下游企业的影响，发现上游企业合并增强了上游企业对交易价格的影响力，增加自身所得利润而造成下游企业的利润损失。Nilsen 等（2016）在 O'brien 和 Shaffer（2005）模型的基础上加入下游企业垄断，研究结果依然支持上游市场势力影响下游企业利润的观点。Manuszak（2010）将下游企业产品差异性和市场势力加入上游垄断对下游企业影响的理论分析框架，并使用石油行业数据进行相关实证检验。研究结果表明，对于从属于上游行业的下游企业，其利润会遭受负向影响。刘瑞明和石磊（2011）研究发现在上游垄断的情形下，下游企业利润受到的负向影响会进一步限制下游企业规模扩张。Li 等（2015）的研究表明，在经济对外开放的过程中，上游垄断企业能够通过攫取下游企业的经济租来提升自身收益水平，但不利于行业总体福利的增进。孙浦阳等（2015）则分析上游行业外资管制对下游企业出口绩效的影响，外资管制限制国外企业进入本国市场，降低了上游行业竞争程度而导致中间产品价格提升，中间产品成本上涨进一步降低下游企业出口收益。该研究侧面证明了上游垄断程度提升对下游企业收益的负向效应。陈小亮和陈伟泽（2017）构建具有垂直生产结构特征的动态均衡模型并进行相关数值模拟。结果表明上游垄断降低了下游企业成本收益，对下游企业投资产生消极影响。钱学锋等（2019）基于上游寡头垄断和下游垄断竞争的垂直结构模型，理论分析表明在这一垂直市场结构中，上游企业从下游企业市场进入中获取利润，进而造成下游企业进入不足。

有些研究进一步从生产率、产品种类和质量、产品附加值等多个角度分析上游垄断对下游企业绩效的影响作用。在企业生产率方面，王永进和刘灿雷（2016）基于生产率视角展开研究，发现上游垄断不利于自身生产率提高，同时也会对下游行业生产率产生负向影响，从而抑制行业整体效率的提升；吕云龙和吕越（2017）在构建垂直生产模型的基础上，实证表明上游垄断不仅阻碍下游行业生产率的提升，还降低了下游行业出口比较优势；陆文香和何有良（2018）的研究表明，上游垄断通过降低下游企业生产率，进而对下游企业出口概率、出口范围、出口数量和价格产生负向影响。在产品种类和质量方面，Avenel 和 Caprice（2006）认为上游垄断企业能够为下游提供高质量的中间产品，而上游竞争企业生产的中间产品质量较低，因此上游垄断有利于增加下游产品多样性；Mesa-Sánchez（2015）

则认为即使在国外下游企业联合的情形下，上游垄断也无法对下游产品多样性产生积极影响；王永进和施炳展（2014）认为上游垄断对下游行业产品质量的影响依赖于上游垄断的成因与下游行业的竞争程度，行政垄断会阻碍下游行业产品质量的提升，自然垄断则促进下游行业产品质量的提升。在产品附加值方面，李胜旗和毛其淋（2017）的研究结论显示，上游垄断对下游行业出口产品附加值有负向效应，但降低中间产品贸易壁垒有利于缓解这种负向效应；吕云龙和吕越（2018）进一步从价值链地位、贸易方式和所有制等角度检验上游垄断对下游出口产品附加值影响的异质性，结果表明上游垄断降低了下游出口产品附加值，而且上游垄断对价值链地位较低企业、一般贸易企业以及民营企业的影响较大。

上述研究还涉及市场垄断对创新的影响这一命题。相关研究较少从垂直分工这一视角进行分析，而集中于水平方向的相关研究，发现市场垄断对创新既有积极作用，也有消极影响，但未得到一致结论。一是市场垄断不利于促进企业创新（Van Cuilenburg & Slaa，1995），企业在市场垄断环境下的研发密度较低、创新速度较慢（Raider，1998）；二是市场垄断有利于促进企业创新（Davis & Hashimoto，2016），创新人员和专利数量随着市场集中程度的提升而增加（Blundell 等，1999）。基于市场垄断对于企业创新两种截然不同的效应，已有研究证实市场垄断对企业创新既有一定条件下的积极作用，也有消极影响（Scherer，1967；朱恒鹏，2006；聂辉华等，2008；Bykova，2017）。例如：从产品差异化角度来看，初始产品差异程度较低，市场竞争越激烈越有利于工艺创新；初始产品差异程度较高，市场垄断程度提升更有利于产品创新（Weiss，2003）；从研发性质来看，在研发专用性较低时，市场垄断也可促进企业创新（Lee，2005）。此外，Karaman 和 Lahiri（2014）在古诺竞争模型下研究了市场竞争对企业通过创新进行产品质量升级的影响，理论分析表明市场竞争与研发创新投入存在“倒 U 形”关系，并且利用东欧与中亚国家企业数据验证了这一理论假设。胡雅蓓等（2015）也认为不同于完全竞争和垄断，适度的市场垄断更有利于增加企业创新活动。近期相关研究在上述研究基础上进一步将企业异质性纳入分析框架，能够考察市场力量对不同性质企业创新决策的影响。例如：Chen 和 Schwartz（2013）认为初始垄断利润水平较高的企业更有动力进行产品创新，即在满足一定利润水平的前提下，市场垄断程度升高能够促进企业的产品创新；徐晓萍等（2017）研究发现民营企业相对于国有企业对市场力量的反应弹性较大，市场垄断程度的降低对民营企业创新的促进作用更大；简泽等（2017）认为市场竞争更有利于高技术水平企业发展创新，因为市场垄断程度的降低会将市场份额从低技术水平企业转移至高技术水平企业。

但从现有研究来看，直接分析上游垄断与下游企业创新关系的研究尚不多见。其中，Zanchettin 和 Mukherjee（2017）通过构建垂直生产结构模型发现，上游企业通过垄断攫取下游企业产品差异化的利润，降低下游企业产品创新的积极性。何有良（2017）的研究发现，上游垄断对下游行业的企业创新具有显著效应，即上游行业垄断程度的提升会减少下游行业的企业创新激励和创新密度。相关异质性分析表明这种负向作用对民营企业影响较大。樊宇杰（2018）梳理相关文献发现，上游垄断通过中间产品价格和质量对下游企业的创新投入、创新决策及创新持续时间均产生了抑制作用。郭树龙等（2019）的研究发现，上游垄断通过抬高中间产品价格而增加了下游企业成本，进而对下游企业创新产生抑制作用，尤其抑制了中小企业的创新。刘灿雷等（2019）指出，上游垄断企业具有较强谈判势力而对其他企业的研发创新产生负向影响。

综合以上文献来看，已有的研究分析了上游垄断对企业绩效的影响作用，国外相关研究主要集中于上游企业合并行为的垄断效应，国内相关研究则关注国有企业在上游行业的垄断效应。上述研究结果对本书具有借鉴性意义，为衡量本土企业所面临的国外上游垄断程度提供了较为完备的测算方法体系。然而，现有研究均局限于国内市场框架，而未能反映各国经济及其参与主体通过全球价值链分工产生相互作用的事实特征。经济环境变化对供应商乃至上游行业的冲击会经投入产出联系而对其直接和间接关联的下游行业和企业产生影响，只要受到冲击的上游行业在生产网络处于较为重要的地位，这种行业和企业间的溢出效应就可能向整个生产网络蔓延（Acemoglu 等，2012）。在全球价值链体系下，技术研发和产品生产的关键环节往往由少数国家把握，这些国家的行业发展及微观企业行为决策变动很可能通过全球生产网络传导至其他国家。鉴于上述经济环境变动的生产网络溢出机制，有必要进一步研究国外上游垄断对本土企业生产发展的影响，这有利于在全球价值链分工背景下准确分析上游垄断的经济效应。

2.3 进口中间产品对企业创新的影响

随着全球价值链逐渐成为国际分工的主要模式，联系了生产上下游环节的中间产品贸易则成为国际贸易的主要方式，并对国内产业链升级和经济发展产生了重要影响。由此，进口中间产品的经济效应成了国际经济学重要研究的命题之一。Markusen（1989）较早建立中间产品贸易模型，理论分析结果表明，贸易开放能够给贸易国带来更多差异化和高质量的中间产品，进而有利于提升最终产品生产率。Grossman 和 Helpman（1991）的研究支持了中间产品在贸易自由化对经济增长产生积极影响中的重要作用。关于进口中间产品对经济发展的影响，已有许多国内外学者从企业个体层面研究了进口中间产品的微观作用机制。Amiti 和 Konings（2007）的研究证实中间产品进口关税下降对企业生产率具有积极作用，主要原因在于价格较低的进口中间产品对企业生产率具有正向的学习效应、多样性或质量效应，这从侧面印证了进口中间产品有利于增进企业生产效率。Bas 和 Berthou（2017）研究发现，中间产品进口关税下降有利于激励本土企业提升技术水平，这进一步证实进口中间产品对本土企业生产率的促进作用。余淼杰和智琨（2016）探究了贸易开放对企业盈利水平的短期和长期影响。研究发现，当中间产品进口关税下降，进口竞争虽然在短期内会造成本土内销企业利润的下降，但由于市场的进退机制，在长期有利于内销企业整体利润水平的提升。关于中间产品贸易自由化对生产率具有积极影响的原因，可能的解释是中间产品贸易自由化促进了产品种类增加和产品质量提升，并能够对行业内资源产生再分配作用，进而有利于从企业和行业两个层面提升生产率水平（毛其淋和许家云，2015）。

Kasahara 和 Rodrigue（2008）、Manuszak 等（2010）、Goldberg 等（2010）较早采用微观企业数据实证检验进口中间产品对生产率的直接影响，发现企业通过使用进口中间产品实现了生产率增长。此后，许多研究者还采用匈牙利、意大利、法国、乌拉圭等国的微观企业数据，为进口中间产品的生产率效应提供了经验证据（Halpern 等，2015；Olper 等，2017；Zaclicever & Pellandra，2018；Edwards 等，2020）。从中国经济发展经验来看，陈勇兵等（2012）从企业进口情况和所在地的角度探讨了进口中间产品对生产率的作用，结果表明进口企业相比非进口企业具有更良好的经营状况，而且进口中间产品对经济较为开放的东部地区发挥了更明显的生产率促进作用。张杰等（2015）则从研发情况、出口情况和所有制的角度进行相关分析，结果表明进口中间产品对民营企业及具有研发水平较低、出口参与较少等特征企业的生产率有显著积极影响，而对其他企业的影响相对较弱。魏浩等（2017）使用进口来源地数目、集中度等指标衡量进口中间产品多样性，在此基础上的实证结果表明，进口中间产品对进口来源地较为多元化的企业产生更强的生产率提升作用，证明进口中间产品种类多样化有助于增进生产效率。郑亚莉等（2017）使用中国工业企业及中国海关相匹配数据衡量了进口中间产品质量，并实证检验了进口中间产品质量对企业生产率的影响，结果表明进口中间产品质量通过学习机制对生产率产生明显的积极效应。叶建亮和杨滢（2019）通过进口企业和非进口企业的倾向性匹配分析了中间产品进口的平均效应。该研究表明，相对于非进口企业，进口企业的生产率明显较高，从而证明中间产品进口通过自选择效应提高了企业技术水平，进而促进企业生产率的提升。

创新是生产率增长的源泉，由此许多研究都关注进口中间产品对企业创新的影响，试图挖掘进口中间产品促进生产率增长的深层原因。Colantone 和 Crinò（2014）探究进口中间产品种类对创新影响的作用机制，该研究发现新增进口中间产品提高了企业获取生产投入的“质量价格比”，进而对企业新产品产出和制造业整体产出增长有积极作用。Broda 等（2017）认为贸易开放使企业获取新种类的中间产品，中间产品种类的增加有利于降低创新成本，进而促进企业产品创新，并且从国家发展水平异质性角度来看，进口中间产品种类的新增对发展中国家企业的积极影响较大。Damijan 和 Kostevc（2015）研究了“进口中学”效应，认为进口中的供给关系是企业学习的重要渠道，有利于促进企业工艺和产品创新。Bøler 等（2015）建立了探究进口中间产品和研发支出关系的企业异质性模型，并对此进行相关实证检验。研究结果表明，进口中间产品能够减少生产成本并增加企业利润，企业研发资本相应增加，进而有利于提高研发投入水平。Castellani 和 Fassio（2019）基于 2001—2012 年瑞典制造业企业个体数据，研究企业出口产品创新激励的影响因素，证明进口中间产品的革新对企业出口产品创新具有重要影响，并且对规模较小企业的影响更大。随着进口中间产品种类的增加，企业倾向于提升创新水平，从而增加新产品产出和出口产品多样性，尤其有利于以新进口中间产品为主要投入产品的产出增长（Fritsch & Görg，2015；Bos & Vannoorenberghe，2019）。对于其中的作用机制，进口中间产品主要对企业创新产生了成本降低效应、技术溢出效应、规模经济效应和研发互补效应（Gonchar & Kuznetsov，2018）。李平和姜丽（2015）还认为进口中间产品具有人力资本效应，即企业为了具备与高质量中间产品相匹配的先进生产技术而加大人才吸纳和人才培养力度，提升人力资本水平。

中国已成为世界中间产品主要进口国之一，考虑到中国在国际分工和贸易体系中的重要性，越来越多研究聚焦于进口中间产品与中国企业创新的问题。杨晓云（2013）较早使用中国微观企业数据实证检验进口中间产品对本土企业创新的促进作用。结果表明，需求替代弹性较小的进口中间产品对企业创新产生更大促进作用。魏浩和林薛栋（2017）从产品质量的维度探究进口中间产品对企业创新的影响及异质性。从总体上来看，进口中间产品进行质量升级有利于增加研发投入和扩大市场规模，进而促进企业创新水平的提升，并且从要素密集度不同的行业来看，进口中间产品质量提升对劳动密集型行业的创新促进作用更大。Chen 等（2017）构建进口中间产品的知识溢出效应模型，证明进口中间产品有利于增加企业研发支出和提升研发密度。结合中国微观企业数据和海关数据，Tian 等（2017）、Xu 和 Mao（2018）分析了进口中间产品效应的企业异质性，研究表明出口企业与非出口企业相比，更倾向于进口中间产品，并具有更强的创新能力，而其中一般贸易企业对进口中间产品这一积极效应更为敏感。另外，进口中间产品也对生产技术水平较高、非民营等特征的企业具有较大影响。总体而言，随着中间产品贸易壁垒不断降低，进口中间产品成本下降、质量提升以及产品多样性增加，本土企业更倾向于进行创新活动和提高技术水平（赵建春和毛其淋，2015；陈雯和苗双有，2016）。

虽然上述研究均表明进口中间产品对企业创新具有促进作用，但是由于中国处于价值链的中下游位置，中间产品进口企业多从事加工贸易而面临加成率偏低的问题（黄先海等，2016），由此进口中间产品并不一定能促进本土企业创新和生产技术进步。张翊等（2015）的研究发现，中国的加工贸易所占比重较高，使进口中间产品的数量、价格和多样性的作用效果不明显。纪月清等（2018）从贸易模式和所有制角度分析进口中间产品对企业创新影响的异质性，研究结果表明，进口中间产品抑制加工贸易企业和中外合资企业的产品创新。

一方面，进口中间产品内含技术不一定适用于本国生产发展。齐俊妍和吕建辉（2016）构建包含技术差异化的进口中间产品理论模型，研究发现进口中间产品只能提升具有相同技术水平产品的技术复杂度，而对于技术水平更低或更高产品的技术复杂度均产生了抑制作用。邢孝兵等（2018）探究不同技术水平的中间产品进口对企业创新的直接作用，证实了高技术进口中间产品对企业创新的负向效应，并且这种效应随着技术含量的提升而增大。

另一方面，从事低端生产环节的企业对国外先进技术和核心产品存在过度依赖的问题，从而中间产品进口也对企业创新具有消极影响。Almeida 和 Fernandes（2008）研究发现，相比于自主研发创新，进口较多中间产品的企业更倾向于直接从中获取新技术。张杰（2015a，2015b）、沈国兵和于欢（2017）则直接证明了进口中间产品对本土企业创新的抑制作用，尤其加工贸易企业的创新活动受到较大负面影响，主要原因是加工贸易企业对高技术中间产品具有持续性的依赖，这种依赖使企业自主创新的能力和主动性消减。陶爱萍等（2020）进一步为中间产品进口对创新的负向效应提供新的理论依据和经验证据。该研究关注中间产品进口对企业创新的影响及收入差距在其中的作用，理论分析和实证结果均表明中间产品进口对企业创新具有抑制作用，但收入差距会缓解这一消极影响。

从既有研究来看，中间产品进口主要通过替代效应来抑制本土企业创新。例如：Lee（1996）利用韩国企业数据的实证研究表明，虽然中间产品进口企业相对其他企业更有可能承诺进行研发活动，但进口所得技术与其研发强度不具有互补关系，甚至呈现替代关系。Liu 和 Qiu（2016）通过中国加入 WTO 事件作为准自然实验，证实中间产品贸易开放程度加深不利于企业创新，高品质的进口中间产品替代了内部创新。Jiang 等（2016）也证实外来知识和技术对自主创新具有直接和间接的替代作用。另外，Amiti 和 Cameron（2012）考察中间产品进口自由化对劳动者技能溢价的影响，基于印度尼西亚微观企业数据的实证结果表明，关税下降推动进口中间产品对劳动力的替代，降低进口企业内部的劳动者技能溢价。Fan 等（2020）则采用中国相关数据分析中间产品进口对劳动者健康的影响，认为中间产品进口自由化使劳动时长增加，进而降低劳动者的健康水平，身体健康水平的下降也会打击劳动者提高创新能力的积极性，不利于企业吸纳和培养创新型人才，可见中间产品进口还能通过影响人力资本创造和积累对企业创新产生抑制作用。因此，虽然中间产品进口在一定程度上对一国经济增长产生了积极影响，但不利于其经济的长期发展，自主研发创新才能给一国经济带来持续增长的动力（Santacreu，2015）。

综上所述，现有研究成果涵盖了进口中间产品对本土企业创新产生的正向与负向两方面影响及其成本降低、技术溢出、规模经济和研发互补等多种效应。综合进口中间产品已有作用机制来看，进口中间产品的价格和质量是影响企业创新的直接因素，特别是质量因素至关重要，进口中间产品质量水平和技术含量越高，越有利于企业创新（罗勇和曾涛，2017；魏浩和林薛栋，2017）。在影响进口中间产品价格和质量的众多因素中，国外上游行业市场结构无疑在其中扮演重要角色，但学术界较少关注，多数研究仍集中于贸易自由化对中间产品进口成本、产品数量及种类等方面的影响（田巍和余淼杰，2014；Bas 等，2016；李杰等，2018）。目前鲜有研究直接讨论国外上游垄断与进口中间产品效应的关系，尚未形成系统的理论分析框架，也缺乏经验证据支持。虽然进口中间产品现有相关研究未涉及国外上游垄断效应，但中间产品进口是联系国外上游行业与本土企业的重要纽带，这些已有的相关研究为本书提供了进一步研究的突破口和构建理论分析框架的重要思路。

3 国外上游垄断影响企业创新的理论分析

基于现有相关研究成果，本章构建国外上游垄断对本土企业创新影响的理论模型。首先，贴合本书研究目的并参考经济学研究的一般做法，合理设定企业生产技术、创新表现形式及市场结构。其次，在模型前提假设条件下，将国外上游垄断纳入本土企业创新决策，推导国外上游垄断对创新影响的作用机制，得到本书的核心理论假设。最后，拓展基础理论模型，进一步探讨国外上游垄断如何通过价值链延伸对本土企业创新产生间接影响。

3.1 基础理论模型

1. 需求者偏好

借鉴 Kugler 和 Verhoogen（2012）的研究，假设需求者偏好形式为包含产品质量的不变替代弹性效用函数 $U = \left[\int_{\Omega} (\lambda_i q_i)^{\frac{\sigma-1}{\sigma}} \mathrm{d}i\right]^{\frac{\sigma}{\sigma-1}}$，其中 λ_i、q_i 分别表示企业 i 的产品质量和需求量，共有 Ω 个企业并且每个企业只生产一种产品，σ（$\sigma > 1$）为 Ω 种产品的不变替代弹性。已知 $P = \left(\int_{\Omega} p_i^{1-\sigma} \lambda_i^{\sigma-1} \mathrm{d}i\right)^{\frac{1}{1-\sigma}}$ 是由质量水平调整的产品价格指数，其中 p_i 为企业 i 的产品价格，通过需求者效用最大化问题求解，可得企业 i 的产品需求量为 $q_i = Q\left(\frac{p_i}{P}\right)^{-\sigma} \lambda_i^{\sigma-1}$，其中 $Q = \frac{E}{P}$ 为需求总量，$E = \int_{\Omega} e_i \mathrm{d}i$ 为需求者总支出，e_i 为企业 i 的产品需求者支出。

2. 企业生产技术

参照 Bernard 等（2019）的研究，假设本土企业的生产函数为 $y_i = \kappa z_i l_i^{\alpha} (u_i^{1-\beta} v_i^{\beta})^{1-\alpha}$，其中 z_i、l_i、u_i、v_i 分别为企业 i 的生产率、劳动投入、国内中间产品投入和进口中间产品投入，$\kappa = \alpha^{-\alpha}(1-\beta)(1-\alpha)^{-(1-\beta)(1-\alpha)}\beta$

$(1-\alpha)^{-\beta(1-\alpha)}$，表示生产函数标准化系数。$v_i$ 为包含产品质量的进口中间品组合 $\left[\int_N (\eta_j x_j)^{\frac{\varepsilon-1}{\varepsilon}}\right]^{\frac{\varepsilon}{\varepsilon-1}}$，$\eta_j$ 和 x_j 分别为第 j 种中间产品的质量水平和需求数量，$\varepsilon(\varepsilon>1)$ 为进口中间产品的替代弹性。通过上述生产函数可得企业 i 的边际成本为 $c_i = (w\,c_{1i})^{\alpha}\left[(p_D\,c_{2i})^{1-\beta}(p_F\,c_{3i})^{\beta}\right]^{1-\alpha}$，其中 w 表示劳动力价格，p_D、p_F 分别为国内中间产品价格和国外中间产品价格，$\frac{1}{c_{si}}(s=1,2,3)$ 为要素边际生产率，且全要素生产率为 $z_i = \frac{1}{c_{1i}^{\alpha}(c_{2i}^{1-\beta}c_{3i}^{\beta})^{1-\alpha}}$。此外，产品的质量和国外中间产品价格提升有利于提高其作为中间投入的生产效率（Colantone & Crinò，2014），即 $\frac{\partial \frac{1}{c_{3i}}}{\partial \eta} > 0 \leftrightarrow \frac{\partial c_{3i}}{\partial \eta} < 0$，其中 η 为进口中间产品质量整体水平。

3. 均衡时企业创新水平

已知企业 i 的产品需求量和边际成本分别为 $Q\left(\frac{p_i}{P}\right)^{-\sigma}\lambda_i^{\sigma-1}$、$(w\,c_{1i})^{\alpha}\left[(p_D\,c_{2i})^{1-\beta}(p_F\,c_{3i})^{\beta}\right]^{1-\alpha}$，结合企业 i 垄断竞争的最优定价水平 $p_i^* = c_i - \frac{q_i}{\frac{\partial q_i}{\partial p_i}} = \frac{\sigma c_i}{\sigma-1}$，可知企业 i 的利润函数为 $\pi_i = r_i - c_i q_i - f_i = \frac{1}{\sigma-1}\left(\frac{\sigma-1}{\sigma}\right)^{\sigma} R\left(\frac{P\lambda_i}{c_i}\right)^{\sigma-1} - f_i$，其中 f_i 是固定成本。在此进一步假设企业创新表现为产品的更新换代，设企业只供应最新一代产品 m_i，产品 m_i 的质量为 $\lambda_i = \lambda^{m_i}$，其中 $\lambda(\lambda>1)$ 表示产品初始质量水平，λ^{m_i} 表示创新产出。综合上述假设，企业利润函数可表示为：

$$\pi_i = \frac{1}{\sigma-1}\left(\frac{\sigma-1}{\sigma}\right)^{\sigma} R\left(\frac{P\lambda^{m_i}}{c_i}\right)^{\sigma-1} - f_i$$

借鉴王永进和施炳展（2014）的研究，假设本土企业创新成本为 $(c_m)_i(\lambda^{m_i})^{a} + (f_m)_i\,(a>1)$，其中 $a(c_m)_i(\lambda^{m_i})^{a-1}$、$(f_m)_i$ 分别表示创新的边际成本和固定成本。综合上述理论前提假设，企业利润最大化问题 $\max_{\lambda^{m_i}}\{\pi_i - (c_m)_i(\lambda^{m_i})^{a} - (f_m)_i\}$ 为：

$$\max_{\lambda^{m_i}}\left\{\frac{1}{\sigma-1}\left(\frac{\sigma-1}{\sigma}\right)^{\sigma}R\left(\frac{P\lambda^{m_i}}{c_i}\right)^{\sigma-1}-f_i-(c_m)_i(\lambda^{m_i})^{a}-(f_m)_i\right\}$$

由一阶最优化条件可得本土企业均衡时的最优创新水平：

$$\lambda^{m_i*}=\left\{\frac{R}{a(c_m)_i}\left(\frac{\sigma-1}{\sigma}\right)^{\sigma}\left\{\frac{P}{(w\,c_{1i})^{\alpha}\left[(p_D\,c_{2i})^{1-\beta}(p_F\,c_{3i})^{\beta}\right]^{1-\alpha}}\right\}^{\sigma-1}\right\}^{\frac{1}{a+1-\sigma}}$$

均衡时最优创新水平的对数形式如下：

$$\ln\lambda^{m_i*}=\frac{\sigma-1}{a+1-\sigma}\ln\left\{\frac{1}{(w\,c_{1i})^{\alpha}\left[(p_D\,c_{2i})^{1-\beta}(p_F\,c_{3i})^{\beta}\right]^{1-\alpha}}\right\}+z$$

$$z=\frac{1}{a+1-\sigma}\ln\left[\frac{R(P)^{\sigma-1}}{a(c_m)_i}\left(\frac{\sigma-1}{\sigma}\right)^{\sigma}\right]\tag{3-1}$$

4. 国外上游垄断对企业创新的影响

前文假定进口中间产品投入组合为 $v_i=\left[\int_N(\eta_j\,x_j)^{\frac{\varepsilon-1}{\varepsilon}}\right]^{\frac{\varepsilon}{\varepsilon-1}}$，由此可得由质量调整的进口中间产品价格指数为 $P_F=\left[\int_N(p_j)^{1-\varepsilon}\,\eta_j^{\varepsilon-1}\mathrm{d}j\right]^{\frac{1}{1-\varepsilon}}$。为了简化分析，假设国外上游企业生产仅使用劳动一种生产要素，边际劳动成本标准化为1，国外上游企业垄断竞争的利润最大化定价水平则是 $p_j^*=\frac{\tau\varepsilon}{\varepsilon-1}$（$\tau>1$，表示贸易成本），进一步代入价格指数，可得进口中间产品组合均衡价格 $P_F^*=\frac{\varepsilon\tau}{(\varepsilon-1)\eta}N^{\frac{1}{1-\varepsilon}}$，其中 η 为均衡产品质量水平。在此使用企业数量 N 表示国外上游市场结构，即 N 越小，企业的平均市场势力越大，国外上游市场垄断程度越高。基于此，可得国外上游垄断对进口中间产品价格和质量的影响：$\frac{\partial P_F^*}{\partial N}=-\frac{\varepsilon\tau}{\eta(1-\varepsilon)^2}N^{\frac{\varepsilon}{1-\varepsilon}}<0$、$\frac{\partial\eta}{\partial N}=-\frac{\varepsilon\tau}{P_F(1-\varepsilon)^2}N^{\frac{\varepsilon}{1-\varepsilon}}<0$，即国外上游行业垄断程度增大（$N$ 减小）同时对产品价格和质量产生正向影响。进一步地，国外上游垄断通过中间产品质量和价格作用于本土企业创新，根据式（3-1）求国外上游垄断 N 的偏导数：

$$\frac{\partial \ln \lambda^{m_i *}}{\partial N}=\frac{\partial \ln \lambda^{m_i *}}{\partial \eta} \cdot \frac{\partial \eta}{\partial N}=\beta(1-\alpha) \frac{(\sigma-1) \eta N^{-1}}{(a+1-\sigma)(\varepsilon-1) c_{3i}} \cdot \frac{\partial c_{3i}}{\partial \eta}<0 \tag{3-2}$$

$$\frac{\partial \ln \lambda^{m_i *}}{\partial N}=\frac{\partial \ln \lambda^{m_i *}}{\partial P_F} \cdot \frac{\partial P_F}{\partial N}=\beta(1-\alpha) \frac{(\sigma-1) N^{-1}}{(a+1-\sigma)(\varepsilon-1)}>0 \tag{3-3}$$

一方面，式（3－2）表明国外上游垄断对企业创新有正向的质量效应。国外上游垄断程度增大（N减小）带来进口中间产品质量的提升，有利于提高企业生产技术水平，增强创新能力；同时，进口中间产品质量效应的发挥需要企业具备相应的吸收能力（齐俊妍和吕建辉，2016；Foster-McGregor 等，2017 ；Okafor 等，2017），中间产品质量提升会激励企业增强吸收能力，进而提升创新活动水平，因此国外上游垄断可以通过进口中间产品“质量提升”效应对企业创新产生积极影响。

另一方面，式（3－3）表明国外上游垄断对企业创新有负向的价格效应。国外上游垄断程度增大（N减小）抬高了进口中间产品价格，导致生产成本上升，促使本土企业通过扩大生产规模、调整生产投入结构、替换使用国内中间产品等方式保持利润水平，从而挤占了研发创新资源，不利于企业创新水平的提升，因此国外上游垄断会通过进口中间产品“价格上涨”效应对企业创新产生抑制作用。

为了确定国外上游垄断对企业创新的总效应，对比上述“质量提升”效应和“价格上涨”效应的大小。“质量提升”效应 $\left|\frac{\partial \ln \lambda^{m_i *}}{\partial \eta} \cdot \frac{\partial \eta}{\partial N}\right|$ 与“价格上涨”效应 $\left|\frac{\partial \ln \lambda^{m_i *}}{\partial P_F} \cdot \frac{\partial P_F}{\partial N}\right|$ 之差与 $\left|\frac{\partial c_{3i}}{\partial \eta} \frac{\eta}{c_{3i}}\right|-1$ 成正比，已知 $\frac{1}{c_{3i}}$ 为进口中间产品的边际生产率，$\left|\frac{\partial c_{3i}}{\partial \eta} \frac{\eta}{c_{3i}}\right|=\left|\frac{\partial \frac{1}{c_{3i}}}{\partial \eta} \frac{\eta}{\frac{1}{c_{3i}}}\right|$ 表示进口中间产品边际生产率对其质量的弹性。若 $\left|\frac{\partial c_{3i}}{\partial \eta} \frac{\eta}{c_{3i}}\right|>1$，则进口中间产品边际生产率富有质量弹性，即当国外上游垄断影响下的进口中间产品质量提升对生产率有足够大的促进作用时，“质量提升”效应大于“价格上涨”效应，此时国外上游垄断对企业创新具有正向的总效应；反之，若 $0<\left|\frac{\partial c_{3i}}{\partial \eta} \frac{\eta}{c_{3i}}\right|<1$，则进口中间产品边际生产率缺乏质量弹性，“质量提升”效应小于“价格

上涨”效应，国外上游垄断对企业创新具有负向的总效应。根据式(3－2)和式（3－3）的二阶导，可得“质量提升”效应和“价格上涨”效应的变动趋势，即当国外上游垄断不断增大，“质量提升”效应随之逐渐减小，而“价格上涨”效应逐渐增大。在初始水平时，若“质量提升”效应大于“价格上涨”效应（即 $\left|\frac{\partial c_{3i}}{\partial \eta}\frac{\eta}{c_{3i}}\right| > 1$），国外上游垄断对企业创新具有递减的正向总效应，并逐渐转变为负向的总效应；若“质量提升”效应小于“价格上涨”效应（即 $0 < \left|\frac{\partial c_{3i}}{\partial \eta}\frac{\eta}{c_{3i}}\right| < 1$），国外上游垄断对企业创新具有递增的负向总效应。

综上所述，本书得到以下理论假说：国外上游垄断对企业创新既有“质量提升”正效应，也有“价格上涨”负效应。在上述两种效应的综合作用之下，国外上游垄断与企业创新之间存在“倒 U 形”或负向关系。

3.2 价值链传导效应

借鉴 Antràs 和 De Gortari（2020）的研究，假设价值链共有 n 个生产阶段，参照基础模型可直接类推处于第 n 个生产阶段的企业 i 的边际生产成本为：

$$
\begin{aligned}
c_i^n &= (w\, c_{1ni})^{\alpha_n}\left[(P_D^{n-1}\, c_{2ni})^{1-\beta_n}(P_F^{n-1}\, c_{3ni})^{\beta_n}\right]^{1-\alpha_n} \\
&= \left[w\, c_{1ni}\, c_{2ni}^{\frac{(1-\beta_n)(1-\alpha_n)}{\alpha_n}}\, c_{3ni}^{\frac{\beta_n(1-\alpha_n)}{\alpha_n}}\right]^{\alpha_n}\left[(P_D^{n-1})^{1-\beta_n}(P_F^{n-1})^{\beta_n}\right]^{1-\alpha_n}
\end{aligned}
\tag{3-4}
$$

其中

$$
P_D^{n-1} = \frac{\epsilon_{n-1} c_D^{n-1}}{(\epsilon_{n-1}-1)\,\eta_D^{n-1}}(N_D^{n-1})^{\frac{1}{1-\epsilon_{n-1}}}
$$

$$
P_F^{n-1} = \frac{\tau^{n-1}\,\varepsilon_{n-1}\, c_F^{n-1}}{(\varepsilon_{n-1}-1)\,\eta_F^{n-1}}(N_F^{n-1})^{\frac{1}{1-\varepsilon_{n-1}}}
$$

分别是国内和国外中间产品组合价格，即为第 $n-1$ 生产阶段的国内中间产品和国外中间产品的价格指数，c_I^{n-1}（$I = D,F$）是第 $n-1$ 生产阶段的边际生产成本，η_I^{n-1}（$I = D,F$）是第 $n-1$ 生产阶段的均衡产品质量水平，N_I^{n-1}（$I = D,F$）是第 $n-1$ 生产阶段的市场垄断水平，D，F 分别表示国内和国外；$\in_{n-1}$（$\in_{n-1}>1$），ε_{n-1}（$\varepsilon_{n-1}>1$）分别是第 $n-1$ 生产阶段国内和国外中间产品的替代弹性。τ^{n-1} 是第 $n-1$ 生产阶段国外企业与本国的贸易成本。为简化分析，在此不考虑贸易成本的来源国差异。

首先，将 P_D^{n-1} 和 P_F^{n-1} 在式（3－4）中展开，第 n 个生产阶段企业 i 的边际生产成本可表示为：

$$
\begin{aligned}
c_i^n &= (a_i^n w)^{1-\gamma_n}\left[(b_D^{n-1})^{1-\beta_n}(b_F^{n-1})^{\beta_n}(c_D^{n-1})^{1-\beta_n}(c_F^{n-1})^{\beta_n}\right]^{\gamma_n}\\
a_i^n &= c_{1ni}\, c_{2ni}^{\frac{(1-\beta_n)(1-\alpha_n)}{\alpha_n}}\\
b_D^{n-1} &= \frac{\in_{n-1}}{(\in_{n-1}-1)\,\eta_D^{n-1}}(N_D^{n-1})^{\frac{1}{1-\in_{n-1}}}\\
b_F^{n-1} &= \frac{\tau^{n-1}\,\varepsilon_{n-1}}{(\varepsilon_{n-1}-1)\,\eta_F^{n-1}}(N_F^{n-1})^{\frac{1}{1-\varepsilon_{n-1}}}
\end{aligned}
\tag{3－5}
$$

其中 $\gamma_n=1-\alpha_n$ 为上一阶段生产成本在第 n 生产阶段生产成本中的份额，上一阶段生产成本包含国内或国外中间产品生产成本。类似于第 n 生产阶段生产成本 c_i^n，第 $n-1$ 生产阶段的国内生产成本为：

$$
c_D^{n-1}=(a^{n-1}w)^{1-\gamma_{n-1}}\left[(b_D^{n-2})^{1-\beta_{n-1}}(b_F^{n-2})^{\beta_{n-1}}(c_D^{n-2})^{1-\beta_{n-1}}(c_F^{n-2})^{\beta_{n-1}}\right]^{\gamma_{n-1}}
$$

第 $n-1$ 生产阶段的国外生产成本为：

$$
c_F^{n-1}=(a_F^{n-1}w_F)^{1-\gamma'_{n-1}}\left[(b_F^{n-2})^{1-\beta'_{n-1}}(b_{F'}^{n-2})^{\beta'_{n-1}}(c_F^{n-2})^{1-\beta'_{n-1}}(c_{F'}^{n-2})^{\beta'_{n-1}}\right]^{\gamma'_{n-1}}
$$

下标 F' 表示作为国家 F 上游的其他国家。此外，本书不考虑上游生产阶段的企业异质性，上游生产率只存在国内与国外、不同阶段之间的差异，由此在第 $n-1$ 至第 1 生产阶段的国内和国外生产的要素生产率项 a^{n-1}、a_F^{n-1} 中略去了表示企业个体的下标 i，类似于 a_i^n，可得 a^{n-1}、a_F^{n-1} 的表达式如下：

$$
\begin{aligned}
a^{n-1} &= c_{1(n-1)}\, c_{2(n-1)}^{\frac{(1-\beta_{n-1})(1-\alpha_{n-1})}{\alpha_{n-1}}}\, c_{3(n-1)}^{\frac{\beta_{n-1}(1-\alpha_{n-1})}{\alpha_{n-1}}}\\
a_F^{n-1} &= c'_{1(n-1)}\, c'^{\frac{(1-\beta'_{n-1})(1-\alpha'_{n-1})}{\alpha'_{n-1}}}_{2(n-1)}\, c'^{\frac{\beta'_{n-1}(1-\alpha'_{n-1})}{\alpha'_{n-1}}}_{3(n-1)}
\end{aligned}
$$

其次，将第 $n-1$ 生产阶段的国内生产成本代入式（3－5），可见第 n 生产阶段的生产成本 c_i^n 是第 $n-2$ 生产阶段生产成本的函数：$(a_i^n w)^{1-\gamma_n}$ $(a^{n-1}w)^{\gamma_n(1-\beta_n)(1-\gamma_{n-1})}$ $(b_D^{n-1})^{\gamma_n(1-\beta_n)}$ $(b_D^{n-2}\,c_D^{n-2})^{\gamma_n(1-\beta_n)\gamma_{n-1}(1-\beta_{n-1})}$ $(b_F^{n-1}\,c_F^{n-1})^{\gamma_n\beta_n}$ $(b_F^{n-2}\,c_F^{n-2})^{\gamma_n(1-\beta_n)\gamma_{n-1}\beta_{n-1}}$。以此类推，将上游各个生产阶段的国内生产成本代入式（3－5），可得第 n 生产阶段企业 i 的生产成本：

$$c_i^n = A^n\,B_D^n\,C_F^n\,(c_D^1)^{\gamma_n(1-\beta_n)\gamma_{n-1}(1-\beta_{n-1})\gamma_{n-2}(1-\beta_{n-2})\cdots\gamma_2(1-\beta_2)} \tag{3-6}$$

$$\begin{aligned} A^n = {} & (a_i^n w)^{1-\gamma_n}\,(a^{n-1}w)^{\gamma_n(1-\beta_n)(1-\gamma_{n-1})} \\ & (a^{n-2}w)^{\gamma_n(1-\beta_n)\gamma_{n-1}(1-\beta_{n-1})(1-\gamma_{n-2})}\cdots \\ & (a^1 w)^{\gamma_n(1-\beta_n)\gamma_{n-1}(1-\beta_{n-1})\gamma_{n-2}(1-\beta_{n-2})\cdots\gamma_2(1-\beta_2)(1-\gamma_1)} \end{aligned} \tag{3-7}$$

$$\begin{aligned} B_D^n = {} & (b_D^{n-1})^{\gamma_n(1-\beta_n)}\,(b_D^{n-2})^{\gamma_n(1-\beta_n)\gamma_{n-1}(1-\beta_{n-1})} \\ & (b_D^{n-3})^{\gamma_n(1-\beta_n)\gamma_{n-1}(1-\beta_{n-1})\gamma_{n-2}(1-\beta_{n-2})}\cdots \\ & (b_D^1)^{\gamma_n(1-\beta_n)\gamma_{n-1}(1-\beta_{n-1})\gamma_{n-2}(1-\beta_{n-2})\cdots\gamma_2(1-\beta_2)} \end{aligned} \tag{3-8}$$

$$\begin{aligned} C_F^n = {} & (b_F^{n-1}\,c_F^{n-1})^{\gamma_n\beta_n}\,(b_F^{n-2}\,c_F^{n-2})^{\gamma_n(1-\beta_n)\gamma_{n-1}\beta_{n-1}} \\ & (b_F^{n-3}\,c_F^{n-3})^{\gamma_n(1-\beta_n)\gamma_{n-1}(1-\beta_{n-1})\gamma_{n-2}\beta_{n-2}}\cdots \\ & (b_F^1\,c_F^1)^{\gamma_n(1-\beta_n)\gamma_{n-1}(1-\beta_{n-1})\gamma_{n-2}(1-\beta_{n-2})\cdots\gamma_3(1-\beta_3)\gamma_2\beta_2} \end{aligned} \tag{3-9}$$

由于第 1 生产阶段不使用中间产品，则有初始条件 $a^1=1$、$\gamma_1=0$、$c_D^1=w$，在此将 w 标准化为 1。以下用生产阶段 $n=3$ 为例说明国外上游垄断对本土企业创新影响的价值链传导路径：

由式（3－6）至（3－9）及初始条件可得第 3 生产阶段企业的边际生产成本为：

$$\begin{aligned} c_i^3 &= A^3\,B_D^3\,C_F^3\,(c_D^1)^{\gamma_3(1-\beta_3)\gamma_2(1-\beta_2)} \\ &= (a_i^3)^{1-\alpha_3}\,(a^2)^{\gamma_3(1-\beta_3)(1-\gamma_2)}\,b_D^3\,(b_F^2\,c_F^2)^{\gamma_3\beta_3}\,(b_F^1\,c_F^1)^{\gamma_3(1-\beta_3)\gamma_2\beta_2} \\ &= (a_i^3)^{1-\gamma_3}\,b_D^3\,(P_F^2)^{\gamma_3\beta_3}\,(P_F^1)^{\gamma_3(1-\beta_3)\gamma_2\beta_2}\cdot \\ &\quad \left[c_{1(2)}\,c_{2(2)}^{\frac{(1-\beta_2)(1-\alpha_2)}{\alpha_2}}\,c_{3(2)}^{\frac{\beta_2(1-\alpha_2)}{\alpha_2}}\right]^{\gamma_3(1-\beta_3)(1-\gamma_2)} \end{aligned}$$

由基础模型式（3－1）已知企业创新 $\ln\lambda^{m_i^3\,*}=\frac{\sigma-1}{a+1-\sigma}\ln\left(\frac{1}{c_i^3}\right)+z$，可得第 1 生产阶段国外垄断 N_F^1 对第 3 生产阶段企业创新影响：

$$\frac{\partial \ln \lambda^{m_i^3 *}}{\partial N_F^1} = \frac{\partial \ln \lambda^{m_i^3 *}}{\partial c_{3(2)}} \cdot \frac{\partial c_{3(2)}}{\partial \eta_F^1} \cdot \frac{\partial \eta_F^1}{\partial N_F^1} \propto$$

$$\frac{(\sigma - 1)\beta_2(1-\alpha_2)\gamma_3(1-\beta_3)(1-\gamma_2)\eta_F^1 N_F^{1-1}}{(a+1-\sigma)\alpha_2(\varepsilon_1 - 1)c_{3(2)}} \cdot \frac{\partial c_{3(2)}}{\partial \eta_F^1} < 0 \tag{3-10}$$

$$\frac{\partial \ln \lambda^{m_i^3 *}}{\partial N_F^1} = \frac{\partial \ln \lambda^{m_i^3 *}}{\partial P_F^1} \cdot \frac{\partial P_F^1}{\partial N_F^1} \propto \frac{(\sigma-1)\gamma_3(1-\beta_3)\gamma_2\beta_2 N_F^{1-1}}{(a+1-\sigma)(\varepsilon_1 - 1)} > 0 \tag{3-11}$$

式（3－10）和式（3－11）分别表示第1生产阶段国外垄断 N_F^1 对第3生产阶段企业创新的质量正效应和价格负效应。比较质量正效应和价格负效应：质量效应 $\left|\frac{\partial \ln \lambda^{m_i^3 *}}{\partial c_{3(2)}} \cdot \frac{\partial c_{3(2)}}{\partial \eta_F^1} \cdot \frac{\partial \eta_F^1}{\partial N_F^1}\right|$ 与价格效应 $\left|\frac{\partial \ln \lambda^{m_i^3 *}}{\partial P_F^1} \cdot \frac{\partial P_F^1}{\partial N_F^1}\right|$ 之差的约简式为 $\left|\frac{\partial c_{3(2)}}{\partial \eta_F^1} \frac{\eta_F^1}{c_{3(2)}}\right| - 1$，其中 $\left|\frac{\partial c_{3(2)}}{\partial \eta_F^1} \frac{\eta_F^1}{c_{3(2)}}\right|$ 为中间产品边际生产率的质量弹性。若 $\left|\frac{\partial c_{3(2)}}{\partial \eta_F^1} \frac{\eta_F^1}{c_{3(2)}}\right| > 1$，即企业的国外中间产品边际生产率富有质量弹性，国外中间产品质量提高导致创新提升的幅度较大，正向的质量效应大于负向的价格效应，此时第1生产阶段国外垄断对第3生产阶段企业创新形成正向的总效应；反之，若 $0 < \left|\frac{\partial c_{3(2)}}{\partial \eta_F^1} \frac{\eta_F^1}{c_{3(2)}}\right| < 1$，即企业的国外中间产品边际生产率缺乏质量弹性，正向的质量效应小于负向的价格效应，此时第1生产阶段国外垄断对第3生产阶段企业创新形成负向的总效应。进一步地，对式（3－10）和式（3－11）求 N_F^1 的偏导数可得国外上游垄断质量效应和价格效应的变化速率，由此可知价格效应随着垄断程度的升高而增大，质量效应随着垄断程度的升高而减小。在初始水平时，若正向的质量效应大于负向的价格效应（即 $\left|\frac{\partial c_{3(2)}}{\partial \eta_F^1} \frac{\eta_F^1}{c_{3(2)}}\right| > 1$），第1生产阶段国外垄断总体上对第3生产阶段企业创新有积极影响，但这一积极影响趋于减小，并在垄断程度升高至一定水平时转变为消极效应；反之，若负向的价格效应大于正向的质量效应（即 $0 < \left|\frac{\partial c_{3(2)}}{\partial \eta_F^1} \frac{\eta_F^1}{c_{3(2)}}\right| < 1$），第1生产阶段国外垄断对第3生产阶段企业创新有消极影响且趋于增大。

根据上述推导可知，第 1 生产阶段国外垄断与第 3 生产阶段企业创新之间具有“倒 U 形”或负向关系。以此类推，第 $n-k$ 生产阶段国外垄断 N_F^{n-k} 向国内价值链的延伸，可对第 n 生产阶段本土企业的创新行为产生影响，即国外上游垄断对本土企业创新具有价值链传导效应。

3.3　理论模型进一步解释：进口中间产品生产率质量弹性的影响因素

根据上述理论模型，国外上游垄断对企业创新具有“质量提升”和“价格上涨”两种相反的作用，而其总体效应最终决定进口中间产品生产率对质量的弹性。为了深入理解国外上游垄断对企业创新影响效果的前提条件，本书在此进一步探究哪些因素会影响进口中间产品生产率的质量弹性。进口中间产品质量是国外上游企业技术水平的外在表现形式，其对生产率的积极效应本质上反映了中间产品进口的技术扩散效果。技术扩散理论研究表明，影响技术扩散效果的因素包含扩散源和吸收体两方面，那么在中间产品进口的情况下，微观层面上技术的扩散源和吸收体即进口中间产品的供求双方，因此本书基于技术扩散理论从供求双方及其相互关系的角度阐明进口中间产品生产率质量弹性的影响因素。

3.3.1　本土企业的吸收能力

Cohen 和 Levinthal（1990）率先提出吸收能力的概念，认为企业吸收能力是其识别外部知识价值和同化外部知识的能力。进口贸易对技术进步的促进作用在很大程度上取决于需求方的吸收能力（Das，2000）。谢建国和周露昭（2009）的研究表明，进口贸易促进全要素生产率提升的作用机理在于本土企业对进口中间产品技术的消化吸收，企业增强吸收能力有利于增大进口贸易对技术进步的积极效应。李平和姜丽（2015）进一步研究吸收能力对中间产品进口技术进步效应的作用，研究表明中间产品进口对技术进步的促进作用受限于吸收能力，吸收能力不足可能导致中间产品进口阻碍技术进步和发展。Augier 等（2013）的研究发现中间产品进口对技术提升的影响具有不确定性，在一定的吸收能力条件下，中间产品进口才有利于企业提升生产技术水平。李秀芳和施炳展（2016）的研究也证实企业自身吸收能力是中间产品进口促进技术进步的必要条件。对于进口相同技术含量中间产品的企业而言，学习吸收产品内含技术的能力越强，越能够提高进口中间产品与自身生产技术的匹配程度，进而发挥进口中间产品对生产技术进步的积极作用，因而要从技术含量较高中间产品的进口中实现生产发展，企业需要具备更强的吸收能力（齐俊妍和吕建辉，2016）。结合已有的研究结果来看，企业的进口中间产品生产率是否富有质量弹性，即企业在进口中间产品质量升级时是否能在较大程度上获得生产率的提升，其中一个重要因素就是企业自身学习和消化吸收新知识、新技术的能力。随着进口中间产品质量提升，吸收能力较强的企业能够更快地获取相应配套信息并及时改进自身生产资源配置，对质量升级后的进口中间产品具有更高的利用效率，因而其生产率水平提升幅度更高。

进一步地，Zahra 和 George（2002）在 Cohen 和 Levinthal（1990）研究的基础上将吸收能力具体划分为两个组成部分，一是潜在吸收能力（Potential absorptive capacity），即企业收获和同化外部知识的能力；二是现实吸收能力（Realized absorptive capacity），即企业利用外部知识并将其转化为自身生产技术的能力。根据 Zahra 和 George（2002）对吸收能力的定义，本书从潜在吸收能力和现实吸收能力两方面理解影响进口中间产品生产率质量弹性的影响因素。

从潜在吸收能力相关的影响因素来看：首先，企业内外部组织结构越合理，其中间产品生产率的质量弹性越高。从企业外部环境来看，企业能够在同供应商、竞争者、需求方等外部组织的交流中获取信息。而对于企业内部而言，职能部门的设置和调整是信息流通的重要基础，开放的外部系统和协调的内部组织机构均有利于企业及时获取中间产品质量升级的相关信息，提升其对更高质量中间产品的学习和利用效率，进而从中实现更大程度的生产率提升。其次，企业间知识共享渠道越通畅，进口中间产品生产率的质量弹性越高。一方面，企业间建立相互信任的关系能够使企业更有效地从关系网络中搜寻、获取知识；另一方面，使用共同语言不仅有利于提高企业间知识交换的效率，还加快了企业内不同部门的知识共享（韦影，2007）。在知识转移和接收的过程中，企业的潜在吸收能力不断提高（Gooderham 等，2011；曹勇和向阳，2014），从而有利于企业在价值链分工过程中较准确地识别技术发展所需的进口中间产品，提高其进口中间产品质量升级对生产率提升的贡献度。最后，产业集聚也有利于增大进口中间产品生产率的质量弹性。产业集聚具有资源共享的优越性，有利于集群内企业的知识获取、知识交换和知识学习，进而提高企业个体和集群整体的吸收能力（王钦，2011），由此企业在产业集群中能相互学习和交换关于获取和使用进口中间产品的经验，进而较快获取通过高质量进口中间产品来提升生产率的有效信息。

从现实吸收能力相关的影响因素来看：第一，研发强度。Keller

（2004）研究发现，研发活动有利于提高技术吸收能力，增大研发强度有利于促进企业对国际技术扩散的吸收。Griffith 等（2004）也肯定了研发活动对于企业吸收能力的积极作用。在一定的知识学习环境下，当现有知识基础与新知识领域的关联程度较高时，企业能更好地消化吸收新的知识，并加以利用、转化为自身生产力。加大研发力度有利于企业通过巩固现有知识基础提高吸收能力（Cohen & Levinthal，1990），进而提高企业将进口中间产品质量内化于自身生产技术的能力，增大进口中间产品生产效率对质量的弹性。第二，人力资本。符宁（2007）、蒋仁爱和贾维晗（2019）的研究表明人力资本对企业现实吸收能力具有积极影响。人力资本积累有利于企业丰富知识基础、提高学习效率和知识整合能力，也能够降低对外交流的成本和提高整体开放性，从而推动企业利用、转化外部知识能力的发展和生产技术水平的提升（Un，2017）。由此可见，人力资本较丰富的企业在对外开放中更容易获取中间产品质量升级对生产率的促进效应，丰富人力资本有助于企业增大进口中间产品生产率的质量弹性。第三，初始生产率水平。前期生产率通过影响当期吸收能力而对中间产品进口的技术进步效应产生强化作用（Okafor 等，2017）。相比生产率水平较低的企业，生产率水平较高的企业的创新边际收益更可能大于边际成本，更可能克服进口对创新的抑制效应，并且对国外先进知识和技术的消化能力更强；而且生产率水平较高的企业具有更低的知识转化成本和更大的自主研发动力，更不易对外部技术形成依赖。因此，生产率较高的企业能够在中间产品进口中更明显地实现技术水平的提升（李平和史亚茹，2020），因而进口中间产品质量升级对其生产率提升具有更大积极作用，即具有较大的进口中间产品生产率质量弹性。

3.3.2 国外上游企业的生产决策

1. 产品组合策略

国外上游企业对产品组合的选择决定了中间产品的种类和性质，进而影响进口中间产品对本土企业生产率提升的重要性。国外上游企业需要权衡各项利弊，在产品专业化和产品多元化两种策略间进行选择。实施产品专业化策略有助于企业提高生产效率和生存可能性；而实施产品多元化能够增加收益，降低企业所面临的市场风险，尤其是与现有产品相关性较低的多元化策略有可能成为新的利润增长点，但也会导致成本增加和核心竞争力削弱等问题（易靖韬和蒙双，2018）。随着贸易自由化进程的发展，目的地市场竞争日趋激烈，降低了企业所得收益和存活概率，国外上游企业为了保持竞争优势更倾向于选择产品专业化策略，选择将内部资源集中于核心产品，增大核心产品占产品组合的比重并缩小产品范围（Manova & Yu，2017）。当国外上游企业主要采取产品专业化策略时，进口中间产品更可能包含生产所需的关键知识和技术，而在下游生产投入结构中占据重要地位，从而本土企业的生产更加依赖于高质量的进口中间产品，其进口中间产品生产率对质量提升更为敏感。

2. 跨国外包策略

随着信息通信技术的发展，垂直分离的生产方式更为显著，全球价值链已成为国际分工的主要模式，企业在全球价值链体系下能够通过外包部分生产环节达到优化资源配置和提升生产效率的目的，承接方则从中获取更多高技术含量的中间产品，也能实现生产效率的提升（Lemoine & Ünal-Kesenci，2004）。为了保证外包产品的生产质量，生产环节的发包企业可能会通过提供零部件、元器件、配套件等中间产品的方式对承接方予以支持；承接企业为了达到发包方的生产要求，也需要进口高质量的中间产品，总体上引致承接方中间产品进口的增长。可见，部分中间产品进口是国外上游企业跨国外包行为的结果，跨国外包策略影响着中间产品进口对本土企业生产率的作用，由此本土企业的进口中间产品生产率是否对质量富有弹性也在一定程度上受到国外上游企业跨国外包决策的影响。

面对面交流是发包企业保证跨国外包质量的重要途径，客观上对本土企业产生技术转移和技术溢出效应，有利于本土企业生产技术水平得到更大程度的提升，进而增大进口中间产品生产率对质量的弹性。为了保证产品生产质量，国外上游发包企业需要与本土企业共享技术参数、功能设计、生产工艺等产品信息。若本土企业的生产技术水平较低而不能达到高性能、高质量产品的生产标准，发包方一方面可能通过直接分享产品工艺、技术诀窍和管理经验等方式对本土企业进行技术转移（Jordaan，2011）；另一方面，也可能通过设立跨国分支机构参与本土企业的生产项目和人员管理，并在产品设计、技术规范、产品绩效反馈等方面提供技术支持（Simona & Axele，2012），跨国分支机构由此在技术转移和技术溢出中发挥重要作用（Ivarsson & Alvstam，2010）。总而言之，面对面交流使国外上游发包企业加强了进口中间产品的技术扩散效果，有利于本土企业改进生产工艺和实现技术创新（王俊，2013），从而企业的进口中间产品生产率对质量提升更为敏感，能够随着进口中间产品质量提升更大幅度地提高生产效率。

然而，由于不同种类产品的技术专用性和涉密程度不同，跨国外包行为也会对进口中间产品生产率的质量弹性产生消极影响。由于低技术产品内含技术的专用程度较低且不涉及核心生产技术，国外上游发包企业更有可能就低技术产品对本土企业提供必要的技术支持，而对高技术产品采取严格的监控措施以防技术溢出（Handley & Benton Jr，2013），这对国外上游行业的技术扩散效应产生抑制作用。而当跨国外包的技术扩散效应有限时，本土企业容易对进口中间产品产生依赖而缺乏自主创新的动力（姚志毅等，2010），从而使其生产率对进口中间产品质量提升的敏感性降低。

3.3.3 本土企业与国外上游的技术差距

技术差距对中间产品进口生产率促进效应的影响具有两面性。

一方面，技术差距能够给企业带来“后发优势”，有利于企业从中间产品进口中较快地实现技术进步。技术差距反映了技术进步的空间，与技术先进者的差距越大，生产技术水平可提升的空间越大，技术落后者能够发挥“后发优势”，从而具有较大的生产率增长速率（Howitt，2000）。Halpern 等（2015）的研究表明，中间产品进口对本土经济的影响依赖于生产技术条件，中间产品进口在技术差距存在的情况下才具有生产率促进作用。Foster-McGregor 等（2016）的研究表明，国际贸易对技术较落后的国家和产业的生产率促进效应更大。从微观企业层面来看，Jacobs 等（2017）的研究进一步发现，技术差距促使本土企业向国外技术先进企业学习，进而实现生产率的提升。在“后发优势”的影响下，中间产品进口能够更大幅度地增进技术较落后者的生产效率，由此与技术前沿差距较大的企业可能具有更大的进口中间产品生产率质量弹性，即随着进口中间产品质量提升，其生产率会在更大程度上得以提高。但随着技术落后者与技术先进者的差距缩小，中间产品进口带来的技术进步速率的增进幅度会逐渐下降（Crespo 等，2004），可见企业的进口中间产品质量弹性会随着技术差距的缩小而减小。

另一方面，技术差距会导致企业处于“后发劣势”，中间产品进口并不一定使企业实现生产率水平的提升。虽然技术较落后者存在追及技术前沿的可能性，但其往往不具备技术追赶所需的吸收能力，而且这一能力会随着技术差距扩大而进一步减弱，最终导致国际先进技术不能有效地向技术较落后方扩散。Howitt 和 Mayer-Foulkes（2005）认为，在初始技术水平接近技术前沿的情况下，充分的吸收能力条件足以促使一国通过技术引进实现生产率的提升；但初始技术水平与技术前沿存在较大差距的情况下，技术较落后国面临着吸收能力不足的问题而难以实现技术进步。黄漓江和桑百川（2017）的研究表明，技术差距对进口的生产率正向效应具有抑制作用。Lee（2020）的研究也发现，贸易对与技术前沿距离较大的国家和产业的生产率促进作用较小。技术差距不利于国际技术扩散的微观作用机制主要是企业市场竞争行为，根据 Kwon 和 Chun（2015）的研究，本土企业为了与跨国公司竞争而吸收国外先进技术，在技术差距较小时，本土企业会尽力消化吸收国外先进技术、提高产品产量水平，进而增强国际竞争力；而在技术差距较大时，本土企业较难对跨国公司进行追赶，此时采取低价策略的利润更高，从而即使在具备吸收能力的条件下，本土企业也会消极吸收国外先进技术，这不利于推动生产发展。从上述研究来看，与技术前沿距离较大的企业可能具有更小的进口中间产品生产率质量弹性，并且随着技术差距的扩大而进一步减小。

综上所述，过大或过小的技术差距对国际技术扩散均具有消极作用，贸易作为重要的技术扩散途径之一，其技术进步效应的发挥需要适度的技术距离。Bustos（2011）的研究发现，贸易开放仅有利于促进中等技术水平企业的生产率提升。Bas 和 Berthou（2013）、陈雯和苗双有（2016）具体研究中间产品自由化的经济效应，发现中等技术水平的企业才能从中间产品进口中获得明显的技术进步效应。马丹等（2019）的研究进一步证实，技术差距是中间产品进口技术进步效应的重要外部条件，当技术差距缩小至一定临界值以下，国内中间产品相对进口同类产品更有利于带动企业生产率提升。可见，进口中间产品对企业生产技术的贡献需要一定的技术差距条件，只有技术差距适度，才能使国外引进技术与企业自身技术相匹配，进而使企业生产效率显著提高（唐未兵等，2014）。企业对外技术差距过大，则无法较快地发挥进口中间产品质量提升对生产率增长的积极效应；而企业对外技术差距过小，从中间产品进口中获取生产率提升的空间有限，也会限制其进口中间产品生产率对质量的敏感性。因此，当与国外上游的技术差距处于适当水平时，本土企业的进口中间产品生产率会富有质量弹性。

3.4 理论模型拓展：国外上游垄断、创新与企业绩效

由前文可知，国外上游垄断对企业创新行为具有重要影响，而企业行为决策最终目的在于获取生产绩效，那么国外上游垄断是否会进一步影响本土企业绩效发展？从已有的研究来看，参与全球价值链分工对企业绩效存在作用相反的影响。一方面，嵌入全球价值链对企业具有技术溢出效

应，有利于提高生产收益水平；同时，也能够使企业获取价格较低的中间产品，降低生产成本，进而提升加成率水平（Fan 等，2018）。另一方面，由于发展中国家普遍通过承接加工装配环节嵌入全球价值链，本土企业增值能力较低并且容易被低端“锁定”或“俘获”，面临价值链攀升困境，这在很大程度上限制了绩效水平的提升空间（黄先海等，2016）。虽然现有研究揭示了企业绩效在价值链参与过程中的变化规律，但未能回答国外上游垄断在其中有何影响的问题。为了深化本书研究内容，弥补上述研究空缺，在此进一步探讨国外上游垄断对企业绩效的影响。由于加成率是企业绩效的重要表现形式，与企业创新具有密切联系，以下考察国外上游垄断、创新与加成率三者的关系。

首先，国外上游垄断对企业加成率有直接影响。由企业加成率的定义可知，在保持产品价格不变的情况下，产品边际成本越高，企业加成率越低，即 $\frac{\partial Markup_i}{\partial c_i} < 0$ 。结合上述关于本土企业生产技术特征和国外上游垄断竞争企业生产决策的基本假设，可以得到国外上游垄断与本土企业加成率的关系：

$$\frac{\partial Markup_i}{\partial N} = \frac{\partial Markup_i}{\partial c_i} \cdot \frac{\partial c_i}{\partial P_F} \cdot \frac{\partial P_F}{\partial N} = \frac{\beta p_i(1-\alpha)N^{-1}}{c_i(\varepsilon-1)} > 0 \tag{3-12}$$

$$\frac{\partial Markup_i}{\partial N} = \frac{\partial Markup_s}{\partial c_i} \cdot \frac{\partial c_i}{\partial c_{3i}} \cdot \frac{\partial c_{3i}}{\partial \eta} \cdot \frac{\partial \eta}{\partial N} = \frac{\beta p_i(1-\alpha)\eta N^{-1}}{c_i c_{3i}(1-\varepsilon)} \cdot \frac{\partial c_{3i}}{\partial \eta} < 0 \tag{3-13}$$

式（3-12）表明，国外上游产品价格随着国外上游垄断程度（N 减小）升高而上升，导致企业生产成本上升，在保持产品价格恒定的条件下，企业加成率减小，即国外上游垄断对本土企业加成率有负向的价格效应；式（3-13）表明，国外上游产品质量随着国外上游垄断程度（N 减小）升高而提升，使用高质量的国外上游产品有利于企业节省生产成本，在保持产品价格不变的条件下，企业加成率增大，即国外上游垄断对本土企业加成率有正向的质量效应。

比较国外上游垄断对企业加成率的质量效应和价格效应：质量效应 $\left|\frac{\partial Markup_s}{\partial c_i} \cdot \frac{\partial c_i}{\partial c_{3i}} \cdot \frac{\partial c_{3i}}{\partial \eta} \cdot \frac{\partial \eta}{\partial N}\right|$ 与价格效应 $\left|\frac{\partial Markup_i}{\partial c_i} \cdot \frac{\partial c_i}{\partial P_F} \cdot \frac{\partial P_F}{\partial N}\right|$ 之差的约简式为 $\left|\frac{\partial c_{3i}}{\partial \eta}\frac{\eta}{c_{3i}}\right| - 1$ ，已知 $\frac{1}{c_{3i}}$ 为国外中间产品的边际生产率，$\left|\frac{\partial c_{3i}}{\partial \eta}\frac{\eta}{c_{3i}}\right|$ 为

中间产品边际生产率的质量弹性。若 $\left|\frac{\partial c_{3i}}{\partial \eta}\frac{\eta}{c_{3i}}\right| > 1$ ，即企业的国外中间产品边际生产率富有质量弹性，国外中间产品质量提高导致生产效率提升的幅度较大，正向的质量效应大于负向的价格效应，此时国外上游垄断对本土企业加成率形成正向的总效应；反之，若 $0 < \left|\frac{\partial c_{3i}}{\partial \eta}\frac{\eta}{c_{3i}}\right| < 1$ ，即企业的国外中间产品边际生产率缺乏质量弹性，国外中间产品质量提高导致企业生产率提升的幅度较小，正向的质量效应小于负向的价格效应，此时国外上游垄断对本土企业加成率形成负向的总效应。进一步地，对式（3－12）和（3－13）求 N 的偏导数，可得国外上游垄断的价格效应和质量效应的变化速率。由此可知，价格效应随着垄断程度的升高而增大，质量效应随着垄断程度的升高而减小。在初始水平时，若正向的质量效应大于负向的价格效应（即 $\left|\frac{\partial c_{3i}}{\partial \eta}\frac{\eta}{c_{3i}}\right| > 1$），国外上游垄断总体上对企业加成率有积极作用，但这一积极作用趋于减小并在垄断程度升高至一定水平时转变为消极影响；反之，若负向的价格效应大于正向的质量效应（即 $0 < \left|\frac{\partial c_{3i}}{\partial \eta}\frac{\eta}{c_{3i}}\right| < 1$），国外上游垄断对企业加成率有消极影响且趋于增大。

由上述分析可知，国外上游垄断对企业加成率有两种作用相反的“生产成本”效应。其一是正向的质量效应，即国外上游垄断对进口中间产品质量具有正向效应，进口中间产品的生产效率随其质量提升而提高，有利于企业节约中间产品投入，生产成本随之降低，从而促进成本加成率的提升；其二是负向的价格效应，即国外上游垄断会造成进口中间产品的交易价格上涨，直接导致生产投入的成本上升，不利于成本加成率的提升。在上述双重“生产成本”效应作用下，国外上游垄断与企业加成率之间存在“倒 U 形”关系或负向关系。

其次，创新活动对企业加成率有提升的作用。根据企业利润最大化的定价行为可得企业加成率为 $\frac{\sigma_i}{\sigma_i - 1}$ ，其中 σ_i 是企业 i 面临的实际需求弹性，可见企业加成率是其实际需求弹性的减函数，即 $\frac{\partial Markup_i}{\partial \sigma_i} < 0$ 。进一步地，由实际需求弹性公式 $\sigma_i = -\frac{p_i}{q_i}\frac{\partial q_i}{\partial p_i} = \sigma\left[1 - \left(\frac{p_i}{P}\right)^{1-\sigma} P^{-\sigma-1}(\lambda^{m_i})^{\sigma-1}\right]$ 可得其与企业创新的关系 $\frac{\partial \sigma_i}{\partial \lambda^{m_i}} < 0$ ，则有创新对企业加成率的影响

$\frac{\partial Markup_i}{\partial \lambda^{m_i}} = \frac{\partial Markup_i}{\partial \sigma_i} \cdot \frac{\partial \sigma_i}{\partial \lambda^{m_i}} > 0$。由此可见，企业能够通过创新减小其所面临的需求价格弹性，进而提升成本加成率。提高创新活动水平能够使企业改进生产工艺，提高生产率水平，既有利于促进产品价格降低而增大市场需求，也有利于提高产品质量水平而更好地满足市场偏好，从而对提升企业市场占有率有积极作用（刘啟仁和黄建忠，2016；黄先海等，2018），降低实际需求价格弹性而促进加成率水平提升。

最后，国外上游垄断通过创新对企业加成率有间接影响。结合前文关于国外上游垄断对企业创新的效应分析，可得国外上游垄断、创新与企业加成率三者之间的关系：

$$\begin{aligned}\frac{\partial Markup_i}{\partial N} &= \frac{\partial Markup_i}{\partial \sigma_i} \cdot \frac{\partial \sigma_i}{\partial \lambda^{m_i}} \cdot \frac{\partial \lambda^{m_i}}{\partial N} \\ &= \frac{\partial Markup_i}{\partial \lambda^{m_i}} \cdot \frac{\partial \lambda^{m_i}}{\partial c_i} \cdot \frac{\partial c_i}{\partial c_{3i}} \cdot \frac{\partial c_{3i}}{\partial \eta} \cdot \frac{\partial \eta}{\partial N} < 0 \end{aligned} \tag{3-14}$$

$$\begin{aligned}\frac{\partial Markup_i}{\partial N} &= \frac{\partial Markup_i}{\partial \sigma_i} \cdot \frac{\partial \sigma_s}{\partial \lambda^{m_i}} \cdot \frac{\partial \lambda^{m_i}}{\partial N} \\ &= \frac{\partial Markup_i}{\partial \lambda^{m_i}} \cdot \frac{\partial \lambda^{m_i}}{\partial c_i} \cdot \frac{\partial c_i}{\partial P_F} \cdot \frac{\partial P_F}{\partial N} > 0 \end{aligned} \tag{3-15}$$

由式（3-14）和式（3-15）可见，国外上游垄断对企业创新同时具有“质量提升”正向效应和“价格上涨”负向效应，而创新对成本加成率存在正向效应，国外上游垄断可通过作用于企业创新而对其加成率产生方向相同的影响。综合上述理论推导过程，国外上游垄断、企业创新与企业加成率的关系如图3-1所示。一方面，国外上游垄断对企业加成率具有直接的质量正效应和价格负效应；另一方面，国外上游垄断通过影响创新对企业加成率产生间接的质量正效应和价格负效应。在这上述直接和间接效应的共同作用下，国外上游垄断与企业加成率呈“倒U形”关系或负向关系。

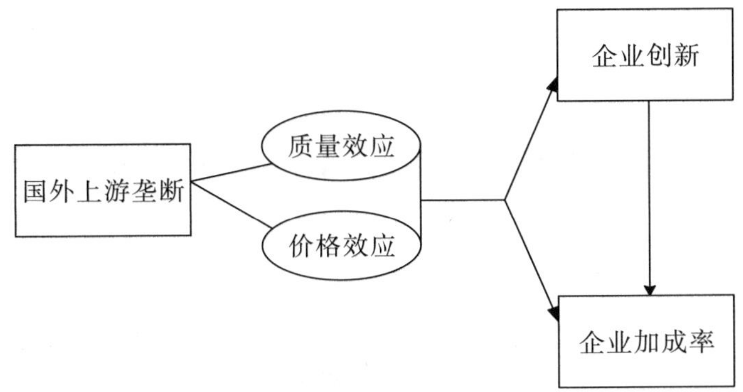

图 3－1　国外上游垄断、创新与绩效的关系

本书通过理论模型，推导得到国外上游垄断对企业创新的作用机理。随着国外上游垄断程度的提高，本土企业能够获取更高质量的进口中间产品而对其生产效率具有积极作用，有利于提高创新收益和创新水平。同时，进口中间产品价格也会上涨，加重了企业生产成本负担、缩减了企业创新收益，进而抑制企业创新。在上述“质量提升”正效应和“价格上涨”负效应的共同影响下，国外上游垄断对企业创新的总体影响取决于这两种作用相反效应的相对地位以及进口中间产品生产率对质量的弹性。若进口中间产品生产率对质量富有弹性，则“质量提升”正效应为主导，国外上游垄断总体上对企业创新具有积极影响，但“质量提升”效应会随着国外上游垄断程度升高逐渐递减，而“价格上涨”效应会逐渐增强，国外上游垄断对企业创新的总效应最终表现为两者间的“倒 U 形”关系；若进口中间产品生产率对质量缺乏弹性，则“价格上涨”负效应处于优势地位，国外上游垄断总体上会对企业创新产生消极影响。总而言之，国外上游垄断通过作用于进口中间产品价格和质量来影响本土企业生产率和创新收益，最终影响其创新水平。

此外，本书还考察国外上游垄断效应的间接作用机制。借鉴于 Antràs 和 De Gortari（2020）关于全球价值链环节分布的研究，本书证实国外上游垄断对企业创新具有价值链传导效应，即本土企业不仅会从中间产品进口中直接受到国外上游垄断的影响，还会因国外价值链向国内价值链延伸、价值链环节层层传递而间接地被影响。因此，国外上游垄断是本土企业不可避免、共同面临的现实问题。

4　全球价值链分工总体格局及创新发展现状

自改革开放以来，我国企业积极嵌入全球价值链分工体系的过程面临着诸多困难和挑战，尤其价值链上游垄断者对本土企业进一步高质量发展造成了很强的阻力。随着全球价值链分工格局不断变化，我国企业与价值链上游垄断者关系也有所变动，为了此后更好地理解国外上游垄断对企业创新的影响，有必要正确认识全球价值链格局变化态势及其创新活动特征。《全球价值链发展报告2021》表明，从20世纪90年代到2020年，全球化进程可宽泛地分为两个阶段。第一阶段是从20世纪90年代到2008年前后，在此期间，伴随着全球价值链的国际生产分工的快速扩张，信息和通信技术（ICT）的成本急剧下降。第二阶段是2008年全球金融危机后的国际贸易萎缩，自那时起，全球化的步伐明显放缓（世界银行，2020），迎来了全球化慢化。根据《全球价值链发展报告2019》和《全球价值链发展报告2021》，全球价值链发展现状及其创新活动特征如下。

4.1　全球价值链发展现状

4.1.1　全球价值链发展态势

全球价值链在“超全球化”和“慢全球化”两个阶段的发展存在明显差异。1995—2008年，全球价值链扩张迅速，用两种指标衡量的全球价值链参与度均表现为激增态势。《全球价值链发展报告2021》显示，基于贸易的全球价值链参与度从35.2%上升至46.1%，基于生产的全球价值链参与度从9.6%上升至14.2%。全球金融危机以后，供应链的重组导致这两种全球价值链参与度都出现了急剧的暂时性下降，至2010年有所反弹，全球价值链参与度从此依然保持着大致相同的水平；而2019年新冠肺炎疫情进一步阻碍了全球价值链参与，全球价值链参与度明显下降，呈现自2010年以来普遍存在的疲软趋势；截至2020年，以贸易为基础的参与度为44.4%，以生产为基础的参与度为12.1%。尽管全球价值链参与度停滞不前，但名义经济指标仍在增长，比如全球间接出口于2018年创下13.6万亿美元的历史新高，但在2019—2020年出现一定程度的下降。表4－1显示了拉动全球间接贸易增长的主要国家，从中可见，全球价值链五大出口国中有四个国家同时也是世界最大的经济体，包括法国、德国、中国和美国。此外，虽然荷兰的经济规模较小，但在全球价值链中处于重要地位。与“慢全球化”趋势一致，相比于2000—2010年，五国中有四国的2010—2019年出口增长率显著降低。中国出口变动最为显著，年平均增长率由20%下降至4.6%。因此，虽然中国自2010年以来一直是世界上最大的出口国，但未能保持间接出口的快速增长。从全球价值链参与度的角度来看，这一放缓趋势也非常明显。由于中国已成为世界工厂，长期以来都是参与全球化的核心国家之一，这一发展态势可能令人诧异。从中国现阶段经济发展形势来看，形成其全球价值链参与进程停滞的原因可能有以下几个方面：首先，中国的劳动力成本不断上升。尽管廉价劳动力推动了出口发展，在“超全球化”过程中吸引了外商投资，但随着工资追赶生产率水平，城市工资从1998年到2010年平均增长了13.8%（Li等，2012）。其次，国际贸易在中国整体经济结构所占份额下降。无论是消费产品的下游市场，还是供给生产投入的上游市场，中国贸易均逐渐偏重于国内。这并不意味中国将彻底退出全球价值链体系，而是随着政府大力支持本土创新发展，中国将嵌入更为复杂、高端的价值链环节，例如研究、开发和营销等环节。表4－1同时还列出了间接出口最快的国家，2000—2019年，增长速度位列前五的国家均实现了平均每年两位数的增长，这些国家都是毗邻中国的发展中国家，即柬埔寨、老挝、越南、尼泊尔和蒙古。其中，越南间接出口规模最大，其2019年间接出口值超过1 600亿美元，菲律宾经济规模和发展水平与越南大致相同，但间接出口仅是其23.3%。事实上，越南是长期参与全球价值链的新兴国家，已成为替代中国从事劳动密集型产业的主要国。

表 4－1　世界及主要国家的间接出口情况

	总出口（百万美元）					间接出口（百万美元）				
	2000 年	2010 年	2000—2010 年	2019 年	2010—2019 年	2000 年	2010 年	2000—2010 年	2019 年	2010—2019 年
世界	7 418 146	17 638 600	8.7%	24 594 288	3.7%	3 018 079	7 963 467	9.7%	11 254 582	3.8%
间接出口总量前五位国家										
德国	585 655	1 385 309	8.6%	1 810 593	3.0%	237 832	631 683	9.8%	949 316	4.5%
美国	926 628	1 552 490	5.2%	2 514 751	5.4%	333 968	559 297	5.2%	948 578	5.9%
中国	262 018	1 697 752	18.7%	2 664 103	5.0%	80 676	595 559	20.0%	903 902	4.6%
荷兰	199 698	481 024	8.8%	755 817	5.0%	89 180	269 426	11.1%	448 621	5.7%
法国	356 767	649 302	6.0%	862 767	3.2%	144 159	295 172	7.2%	424 097	4.0%
增速前五位国家										
柬埔寨	1 258	4 041	11.7%	16 549	15.7%	468	1 538	11.9%	7 186	17.1%
老挝	452	1 548	12.3%	6 985	16.7%	164	566	12.4%	2 498	16.5%
越南	17 155	83 474	15.8%	279 720	13.4%	6 287	45 482	19.8%	164 563	14.3%
尼泊尔	984	1 067	0.8%	2 666	10.2%	282	337	1.8%	1 093	13.1%
蒙古	441	2 955	19.0%	8 413	11.6%	196	1 315	19.0%	3 433	10.7%

数据来源：《全球价值链发展报告 2021》。

对一些国家而言，即使间接出口年增长率较高，但全球价值链参与度仍较低。例如孟加拉国的间接出口年增长率高达 10.5%，但其全球价值链参与度落后于世界多国，可能的原因是孟加拉国的全球价值链贸易高度集中于纺织品和服装这一特定行业。该行业出口占孟加拉国出口总额的 79.7%，相对其他行业排名第一，同时占其国内生产总值的 7.5%（见表 4－2），是占比排名第二的支柱性行业。在纺织品和服装行业，孟加拉国的全球价值链参与度实际上高于世界平均水平，明显高于巴基斯坦、斯里兰卡。这是因为孟加拉国的发展战略有利于充分利用大量廉价、低技能的劳动力资源，使其在 2015—2019 年实现高达 7.4% 的实际 GDP 平均增长率，以及在 2020 年成为世界少数实现经济增长的国家之一。然而，孟加拉国的纺织和服装业依然局限于切割和缝纫等附加值相对较低的细分生产环节，其成本优势只是以牺牲劳动福利为代价所得的。除了纺织品和服装行业之外，电子和光学设备也是典型的全球价值链导向型行业，表 4－2 显示该行业主要出口国和地区的价值链参与情况。从中可见，马来西亚、韩国、中国台北的电气设备行业不仅是主要出口行业，还是 GDP 支柱行业。这些国家和地区均具有很高的全球价值链参与度，有利于巩固其参与电子和光学设备价值链的主要地位，这与一些国家形成鲜明对比。例如墨西哥，虽然其电子设备出口占总出口高达 24%，但 77% 出口增加值源于全球价值链，而国内增加值很少。由于全球价值链的优势不仅在于产品生产专业化，还有利于生产任务的专业化。现在，一国不再只是出口完整产品，还能够在研发原材料生产、组装、营销等特定生产任务阶段寻找细分市场。因此，若孟加拉国持续专门从事于纺织品和服装价值链的下游，为多个零售商生产成衣，在当前阶段，其不需要获得上游设计师相当的设计技能就能够参与全球纺织品和服装价值链，但随着时间的推移，孟加拉国应该可以沿着这条发展道路继续前进，向附加值更高的价值链任务环节发展。

表 4－2　2019 年主要国家及地区特定行业的全球价值链参与情况（%）

	出口值占总出口比重	基于贸易的 GVC 参与度	总出口占 GDP 比重	基于生产的 GVC 参与度
纺织品和服装行业				
孟加拉国	79.7	26.5	7.5	2.1
巴基斯坦	54.7	21.1	3.4	11.4
柬埔寨	52.8	44.8	12	3

（续上表）

	出口值占总出口比重	基于贸易的GVC 参与度	总出口占GDP 比重	基于生产的GVC 参与度
斯里兰卡	31.3	18.9	5.1	3.1
土耳其	17.5	39.5	3.7	25.1
世界	3.1	35	0.7	17
电子和光学设备行业				
中国台北	52.8	60.3	15.8	78.1
马来西亚	33.8	70.2	5.2	78.6
菲律宾	31.5	67.7	2.4	55.9
中国	29.7	39.7	3.8	16.4
韩国	28.3	53.4	8.9	58
世界	12.2	51.3	2.2	34.7

数据来源：《全球价值链发展报告 2021》。

生产分工不是由单一国家或行业所决定的，而是企业生产经营决策的结果。从世界范围来看，同时从事进出口活动的企业大约占企业总体的15%，但其国际贸易值高达总额的80%（世界银行，2020）。根据《全球价值链发展报告 2021》，通过采用 OECD 跨国企业活动（AMNE）分析数据库，可将国家间投入产出表中的每个单元分解为外资企业和国内企业两项，并进一步将全球价值链活动分为三类：一是与贸易有关的全球价值链活动，包括国内企业的中间产品贸易；二是与外商直接投资有关的全球价值链活动，包括跨国企业的本地分支机构销售额；三是与贸易和外商直接投资均关联的全球价值链活动，包括其他所有中间产品贸易。根据这一分解方法，我们可更为准确地衡量全球价值链活动创造的价值。从图 4－1 的结果来看，2016 年与外商直接投资相关的全球价值链活动价值占世界 GDP 的 9.3%，这相当于中间产品贸易形成 20.2% 的全球价值链参与度。可见，在不区分国内企业和外资企业的情形下，全球价值链参与度会被低估 50% 以上，这一测算误差大小取决于跨国企业在经济体中的普遍性。例如在中国香港这种小型而高度开放的经济体中，2016 年其与外商直接投资相关的全球价值链活动价值占 GDP 的 40.8%，而全球价值链参与度为 54.3%，表明外资情形下 75% 以上的全球价值链参与未被核算。

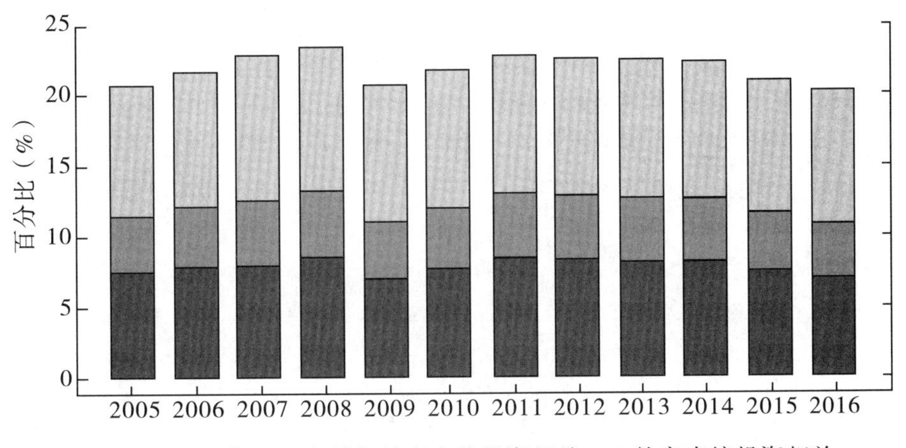

图 4－1　2005—2016 年世界整体跨国公司全球价值链参与活动

资料来源：《全球价值链发展报告 2021》。

此外，我们还可通过微笑曲线来分析基于价值链分解核算方法的结果。一行业价值链的最上游阶段往往包含了更多无形的知识密集型活动，例如：研发、设计、品牌建设等，而最下游阶段包含营销、售后服务等活动，介于两者之间的活动则包含更多劳动密集型活动，例如：制造、加工、组装等。从一行业的最上游到最下游，可见其中不同参与主体对生产增值的贡献度从左到右排列，由此在观测中拟合出"倒 U 形"曲线即微笑曲线（见图 4－2）。考虑发达国家更倾向于嵌入高附加值的上游生产阶段，而发展中国家更多地参与低端和有形的生产活动，Baldwin 等（2014）认为微笑曲线分析有助于阐明全球价值链上发达国家和发展中国家之间价值收益的分配，并担忧发展中国家生产发展可能会停滞于在微笑曲线的低端。Meng 和 Ye（2022）通过比较 2005 年和 2016 年信息通信技术行业的微笑曲线，发现全球价值链参与过程的显著性结构变化。在信息通信技术行业的价值链上，随着中国国内制造企业的价值链升级和国内市场的作用日益增强，更多的中国制造企业和服务企业嵌入本国出口产品的价值链上游部分。信息通信技术行业价值链的这一重大结构变动也使中国企业代替外国企业成为价值链中间投入供给商。中国的快速技术升级还有利于国内制造业和工业得到更进一步的发展，使国内企业逐步具有更高的价值链定位，在发达国家出口产品的价值链上向上游攀升。但与此同时，发达国家技术进步显著，也会使其国内企业实现转型升级，从而对进口中间产品投入依赖性显著降低，甚至在生产中更少地使用中间产品而获取更高的产品附加值。

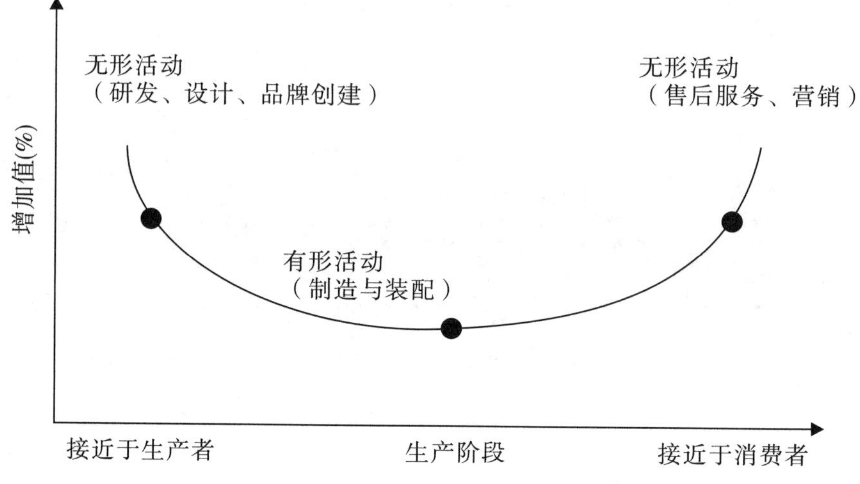

图 4－2　微笑曲线

资料来源：《全球价值链发展报告 2021》。

4.1.2　全球价值链结构变动

4.1.2.1　增加值贸易的供给中心

1. 总体层面

《全球价值链发展报告 2019》从供给角度表明全球价值链传统贸易、简单增加值贸易、复杂增加值贸易的网络结构变化态势。从传统贸易角度来看，美国、德国和日本是2000 年传统贸易网络的三大区域性供给中心，这三个中心与其相邻的国家和地区存在非常重要的联系。其中，美国与加拿大、墨西哥、日本、韩国、巴西、印度和澳大利亚的关系密切。同时，日本被视为亚太地区的供给中心之一，因为日本已通过最终产品贸易成为美国及中国、韩国等最重要的增加值供给方之一。德国则是欧洲地区最大的供给中心，欧洲国家大部分的最终产品增加值进口均源于德国。除此之外，全球价值链网络还有其他较小规模的区域性供给中心，比如欧洲地区的英国、法国、意大利、西班牙、比利时和俄罗斯，以及亚太地区的中国、韩国、印度、泰国和新加坡。至 2017 年，欧洲和北美洲的全球价值链网络拓扑结构没有显著变化，但亚洲的网络结构变化明显，中国通过最终产品贸易代替日本的地位成为增加值出口的全球供给中心。中国不仅与其他网络枢纽（美国和德国）有着重要的联系，还与日本、韩国等近乎所有的亚洲国家及俄罗斯、巴西、印度等新兴国家保持密切联系。随着时间的推移，中国和其他主要的区域性供给中心的联系，以及供给中心与其周边国家和地区的联系会变得更为紧密。

相比于传统贸易网络，简单型全球价值链贸易网络的多个区域都存在显著差异。在传统贸易网络中，美国作为全球供给中心，通过价值流出与德国和日本这两个区域供给中心有着重要联系。除上述区域的国家外，简单型全球价值链贸易网络存在其他区域外的国家将美国作为其主要的增加值供给商。例如，英国在传统贸易网络中是欧洲区域的供给中心，其在简单型全球价值链贸易网络成为与美国密切联系的次供给中心，说明许多国家的国内最终产品生产投入离不开美国的中间产品。随着欧洲、北美洲和亚洲等区域的简单型全球价值链贸易网络活动日益复杂化，于 2017 年，任意两个供给中心之间的直接联系变得不再重要。例如，美国能够通过荷兰与德国间接地产生联系。进一步可见，与美国存在直接密切联系的国家逐渐减少，其周边国家更多地与中国建立密切贸易关系。德国则继续保持其在欧洲区域的供给中心地位，并与更多国家建立重要联系。同时，中国取代了日本和美国的部分地位而成为全球第二大供给中心，其增加值出口规模增大，与他国的网络联系实现强劲增长。

再从复杂型全球价值链贸易网络结构的变化态势来看，从 2000 年到 2017 年，国际贸易逐渐集中于区域供给中心与其周边辐射国家之间，而各个区域供给中心间的直接联系重要性下降，例如，美国通过卢森堡和英国与德国存在间接联系。在这一时期，由中国生产而进入下游生产投入的中间产品数量明显增加，表明中国价值链网络地位实现了一定程度的提升。

2. *行业层面*

《全球价值链发展报告 2019》表明，纺织品和服装、信息通信技术、服务业等全球价值链参与度较高行业的全球价值链贸易网络结构及变化态势可能与总体相比存在明显差异。

首先，从纺织品和服装行业的全球价值链贸易网络来看，纺织品和服装行业的传统贸易网络于 2000 年存在多个区域供给中心。其中，德国、意大利和英国是欧洲区域的主要供给中心，欧洲国家的纺织品和服装主要源于上述三个国家，并且德国和英国能够进一步地与土耳其建立间接贸易关系。在这一贸易网络中，印度是次级供给中心，其从英国进口产品增加值，同时向尼泊尔和孟加拉国出口产品增加值。此外，意大利是时装行业的传统优势国家，在纺织品和服装行业传统全球价值链网络中处于中心地位。

纺织品和服装行业的贸易网络结构在2000—2017年已然发生明显变化。值得注意的是，中国在此期间成为纺织品和服装行业的世界供给中心，而其他区域性供给中心及其周边国家逐渐被边缘化了。从现实发展情况来看，中国制造的纺织品和服装遍布世界各地。对此可能的解释是，中国在早期发展阶段已具备很强的纺织品和服装生产能力，加入世贸组织后，他国关税和非关税贸易壁垒降低，中国能够通过出口纺织品和服装成品而快速地嵌入全球价值链。而且，凭借丰富低廉的劳动力资源，中国在纺织品和服装出口方面具有显著比较优势，并随着来自发达国家外商直接投资的流入，中国逐渐成为全球纺织品和服装出口份额最大的国家。至2017年，中国的纺织品和服装行业在传统贸易网络和全球价值链贸易网络中均发挥了主导作用。这意味着中国在纺织品和服装行业中正逐渐实现价值链升级，由此可通过全球价值链贸易向其他国家出口更多相关中间产品。尽管中国通过纺织品和服装中间产品出口升级成为全球价值链贸易网络的佼佼者，但意大利仍然是区域性供给中心，尤其在复杂型全球价值链贸易网络中具有主要地位。其他欧洲国家在复杂型全球价值链贸易网络的地位随着时间变迁而逐渐下降，相较而言，意大利还在复杂纺织品和服装产品生产方面保持着技术优势。

其次，从信息通信技术行业的发展来看，贸易网络结构也经历了巨大变化。在传统贸易网络和简单型全球价值链贸易网络方面，中国于2017年代替日本成为全球供给中心，日本、韩国则是亚洲区域重要的次级供给中心，而美国也变为区域性供给中心，与其保持重要联系的国家和地区较为有限。但相比于美国，日本在贸易网络地位的变化更为显著。日本在2000年既是信息通信技术行业传统贸易网络的世界供给中心，也是相关简单型全球价值链贸易网络的区域性供给中心，而至2017年，其逐渐在信息通信技术行业的简单型全球价值链贸易网络中趋近边缘位置。上述贸易网络结构的变化说明，随着对中国直接投资规模扩大，美国和日本的信息通信技术行业出现产业空心化现象，尤其在相关最终产品生产方面存在这一问题。事实上，中国近年来50%以上的信息通信技术出口产品由外资企业生产，美国和日本至2017年仍是复杂型全球价值链贸易网络重要的供给中心，其增加值贸易规模和与之密切联系的国家数量均增长强劲。在复杂型全球价值链分工活动中，下游生产投入所需的复杂中间产品依然主要源于美国和日本。与此同时，中国的信息通信技术行业通过简单和复杂的全球价值链贸易对外出口了更多产品附加值，由此表明中国信息通信技术行业不断升级、出口更多相关中间产品。

最后，从服务业来看，美国于2000年在服务业传统贸易网络中是世界最大供给中心，其通过对外出口与加拿大和日本存在重要联系，并通过第三方国家（爱尔兰和英国）间接地与德国相关联。然而至2017年，美国与亚洲国家几乎不存在直接贸易联系。同时，德国虽然仍是欧洲区域的供给中心，并通过进口与法国、意大利等其他次供给中心保持密切联系，也与新的次供给中心——波兰建立了联系，但与俄罗斯这一次供给中心的联系断裂。而中国超越日本成为亚洲的重要供给中心，并且在服务业的传统贸易网络中成为向美国及亚洲国家出口产品增加值的重要国家。但中国并未向世界市场直接出口服务，而是通过最终产品出口对外输送内化于产品的国内服务增加值。

不同于传统贸易网络，美国在服务业的简单型全球价值链贸易网络中保持着主导地位，至2017年仍是其中最大的供给中心，但失去了与一些重要贸易伙伴的联系，例如：英国已成为欧洲贸易网络的次供给中心；日本、韩国和中国，这些国家均是亚洲贸易网络的供给中心。2017年，美国和德国之间也不再存在直接联系，但两国通过荷兰建立了间接联系。同时，中国在服务业简单型全球价值链贸易网络中也超越日本成为具有重要影响的区域性供给中心，分别通过进口和出口与美国及亚洲国家形成密切联系。中国直接和间接地对亚洲国家出口了产品增加值，但是中国生产仍在较大程度上依赖于美国的中间服务。服务业的复杂型全球价值链贸易网络结构与其简单型全球价值链贸易网络结构十分类似，但主要区别在于德国具有更为重要的影响，通过全球价值链上跨境中间产品贸易，德国服务业从事了较多增加值出口。这可能是因为德国在高技术和复杂中间产品出口方面具有较强的比较优势，而生产这些高技术中间产品需要支持服务和金融中介服务等国内服务业投入，从而对外出口的中间产品能够体现德国服务业增加值。

4.1.2.2 增加值贸易的需求中心

1. 总体层面

《全球价值链发展报告2019》还从需求角度呈现全球价值链传统贸易、简单增加值贸易、复杂增加值贸易的网络结构变动特征。

首先，从全球价值链传统贸易网络结构来看，2000年的美国是传统贸易网络唯一的世界进口需求中心，与多个亚太国家和欧洲国家有着密切联系，并和德国、英国、日本等其他区域性需求中心相连。这一需求格局至2017年未有根本变化，但中国已快速崛起为亚洲区域的需求中心，并且在出口方面与美国存在最紧密的联系。

其次，在简单型全球价值链贸易网络中，中国在2000—2017年逐渐成为区域性需求中心，通过全球价值链进口与亚洲国家和俄罗斯、巴西等非亚洲区域的新兴国家均建立了密切联系。除此之外，简单型全球价值链贸易网络总体上有着与传统贸易网络非常相似的需求格局。

最后，复杂型全球价值链贸易网络不存在世界级需求中心，无论是在2000年还是2017年，随着德国、美国和中国逐渐集中全球价值链进口于区域性贸易，至2017年，德国市场需求影响力已超过美国，同时中国需求也迅速扩张，而美国只与加拿大和墨西哥这两个区域贸易伙伴保持着重要进口关系。由此说明，越复杂的贸易网络其全球价值链中间产品的跨境交易越集中，地理距离仍对全球生产分工尤其是对复杂的全球价值链产生重要影响。这是因为近年来区域贸易协定相比世贸组织谈判更有利于降低关税和非关税壁垒、节约贸易成本；同时，区域贸易协定也遵循原产地规则，可能以此促进复杂的全球价值链活动。

2. *行业层面*

《全球价值链发展报告2019》还从具体行业层面显示全球价值链贸易网络需求结构的变化。

首先，中国纺织品和服装行业于2000—2017年贸易额大幅增长，并与美国具有最重要的贸易联系。同时，美国、德国作为区域性需求中心的重要性于2000—2017年呈下降趋势，而俄罗斯成为欧洲重要的区域性需求中心，纺织品和服装进口较多地源于东欧和中亚国家。在纺织品和服装行业的简单型全球价值链贸易网络中，中国作为区域性需求中心的重要性与日俱增，通过进口活动与美国及大多数亚洲国家保有密切贸易联系。在纺织品和服装行业的简单型全球价值链贸易网络中，意大利参与贸易网络的模式发生转变，从中间产品进口国逐渐变为中间产品出口国，由此其作为最大区域性需求中心的地位也发生改变。而在纺织品和服装行业的复杂型全球价值链贸易网络，欧洲、亚洲和北美洲区域内的贸易联系趋于集中化，法国、土耳其和越南作为次区域性需求中心的重要性于2017年大幅提升；而俄罗斯在复杂型全球价值链贸易网络中的重要性明显降低，较大程度上低于其在简单型全球价值链贸易网络的地位。

其次，从信息通信技术行业贸易网络结构来看，中国于2017年已成为全球最大的传统贸易网络需求中心。中国进口信息通信技术产品的规模最大，并且多从德国、日本、韩国等国家进口，同时主要向美国出口产品。中国在信息通信技术行业的简单型全球价值链贸易网络中存在与上述相似的网络地位。美国虽然至2017年与许多亚洲国家不再具有重要的进口联系，但仍然与其他区域的国家保持密切进口联系。再从信息通信技术行业的复杂型全球价值链贸易网络来看，欧洲、亚洲和北美洲的贸易关系趋于分散化，三大区域的主要需求中心分别是德国、中国和美国，这些区域性需求中心中间不再存在直接或间接的联系。而且，欧洲多中心网络变为单中心网络，亚洲则从单中心网络变为多中心网络。

最后，服务业的贸易网络需求结构也有所变动。值得注意的是，中国服务业市场发展迅速，中国至2017年在三类贸易网络中均是区域性需求中心。而美国仍然是服务业传统贸易网络和简单型全球价值链贸易网络的唯一世界性需求中心。服务业的复杂型全球价值链贸易网络在很大程度上呈明显分散化特征，即不存在区域性需求中心之间的直接或间接联系。此外，2017年德国在服务业复杂型全球价值链贸易网络的重要性明显提升，大多数欧洲国家的服务业显著依赖于德国中间产品进口需求。

综上所述，从行业贸易网络结构的变动来看，中国的发展从供给和需求两方面改变了全球价值链贸易网络的拓扑结构，即中国通过快速的产业升级已成为全球价值链中间产品和服务的进出口超级大国，不再只是大规模出口最终产品的生产工厂。越来越多的国家，尤其是亚洲国家直接和间接通过全球价值链与中国建立密切贸易联系，对中国的增加值供给和增加值需求存在高度依赖。《全球价值链发展报告2019》指出需要注意的事实是，过去中国的大部分最终需求是由国内供应商满足的，而现在由于中国快速提升的购买力，进口在满足需求方面具有更大作用。目前，中国通过最终产品贸易已成为一些国家产品增加值最重要的需求方之一。虽然中国的人均GDP仍低于大多数发达国家，但考虑到中国人口众多、经济发展潜力巨大，同时对外开放水平不断提升，中国未来将成为世界产品最大的需求方之一，即使在传统贸易网络方面也将成为世界性需求中心，这会进一步显著改变经济相互依存的全球价值链结构，在一定程度上也会影响全球价值链参与主体的经济影响力。

4.2 全球价值链上的创新和升级

4.2.1 全球价值链的知识溢出效应

一国进行研发创新有利于其生产发展，同时也能从其贸易伙伴研发中受益。国内企业的研发投资有利于新概念的提出、中间产品和新产品的推出以及生产工艺的升级，进而有助于企业降低生产成本，提升生产效率和盈利能力。除此之外，企业也可通过有形和无形的形式受益于国外研发溢出效应。知识有形溢出主要指知识内化于有形的产品，产品进口能够实现知识转移。另外，特定服务能够具体显现相关生产技术、要素和技能，由此服务进口也能够实现知识外溢。相对来看，知识无形溢出的渠道有蓝图、专利和其他无形资产。然而，相比于国内知识，国外知识更难以为本土企业所用。其主要原因是，即使一项技术是非竞争性并且经过编译可用于共享，但仍会存在难以被传递或提取的部分，而很难转移。具有上述难以转移特性的知识即为隐性知识，这类知识通常源于个人和实践经验，对后续创新至关重要。传递隐性知识往往需要面对面的沟通，但来自不同国家、不同地点、不同职能背景的工作团队难以实现有效沟通。尽管如此，获取国外研发成果对企业趋于世界技术前沿仍具有重要作用。

企业、行业和国家层面的发展事实均证明，全球价值链是企业获取国外技术研发的重要渠道。创新对总体生产率提升具有重要影响，有必要关注国外研发和国内创新能力的关系。考虑到跨国公司及其分支机构的国际贸易额与总额之比高达三分之二，并且主导了供应链，控制着世界范围内的知识获取和最终市场，也需要分析跨国公司对外直接投资在知识溢出中的作用。

现有相关研究普遍认为，在全球价值链体系中本土企业能够通过对外贸易获取国外研发资本，进而提高生产力。其中，Coe 和 Helpman（1995）最早基于 1971—1990 年 22 个高收入国家跨国数据，研究了国外研发与对生产力发展的影响。此后，Keller（2002）基于 8 个 OECD 国家的 13 个制造业数据，实证检验国外研发对生产力的效应，估计结果显示国外研发对生产力的贡献率约为研发投资总效应的 20%。Nishioka 和 Ripoll（2012）的研究也颇具影响力，该研究采用了 1995 年、2000 年和 2005 年投入产出表数据，涵盖 32 个国家和 13 个行业制造业，研究发现中间进口与生产率的提升具有显著相关关系。进一步研究表明，中间产品的进口有利于提升企业绩效。Kasahara 和 Rodrigue（2008）基于 1979—1986 年智利制造企业普查数据的研究和 Halpern 等（2015）基于 1992—2003 年匈牙利制造企业面板数据的实证研究均表明，进口中间产品的企业相比其他企业具有更高的绩效水平。Newman 等（2015）还采用 2009—2012 年 4 000 家越南制造企业的调查数据进行实证检验，研究结果证明，本土企业能够从国外分支机构获取中间投入，即使没有得到直接的技术转移，其生产效率水平也由此得以提升。此外，现有相关研究还强调本土企业吸收能力对其充分受益于国外研发的重要性。吸收能力是企业内化外部知识的能力，在国家、企业及研发研究人员、管理团队等企业内部关键个体或群体等层面的研究均为此提供了理论依据和经验证据。国家发展具体特征对吸收能力具有显著影响。Coe 等（2009）的研究表明，营商便利度和高等教育质量较高的国家往往会从自身研发活动、国际研发溢出效应和人力资本积累中获取更多收益。Foster-McGregor 等（2016）也发现，在以平均中学教育年限和研发支出衡量的吸收能力更强的国家，其国外研发溢出效应更明显。Xu（2000）对于美国跨国公司作为 1966—1994 年 40 个国家国际技术扩散渠道的研究发现，只有达到人力资本最低门槛的发展中国家，才能受益于美国跨国公司的技术转让。此外，一国增强知识产权保护力度不仅能够提高国内研发回报率，还有利于提升吸收能力而强化国外研发溢出效应，进而促进全要素生产率水平的提升。

参与全球价值链获得国外研发成果既有可能促进国内创新，也可能对自主创新造成阻碍。一方面，国外发包企业为了保证外包生产任务完成质量，愿意转移专用知识和技术以作为生产外包投入，这在一定程度上有利于为国内创新奠定知识基础。但另一方面，全球价值链生产活动的高度分散意味着专用技术的跨境应用限定于特定生产任务，并且价值链主导企业非常注意降低技术在本地的传播性，可见这种技术应用并不是真正意义上的技术转让，不能为自主创新创造有利条件。一旦价值链主导企业决定将特定的生产任务转移到其他国家，原东道国企业很可能无法继续自主从事这一生产任务（Baldwin 等，2014）。因此在这种情况下，国内创新能力的提升并不会通过全球价值链参与获得国外研发成果而得到促进。Piermartini 和 Rubínová（2021）研究了研发支出是否通过全球价值链联系而影响国内创新，该研究将专利发明人居住地的专利申请数量数据、OECD 增加值贸易数据库的全球价值链集中度指标、OECD 研发支出数据相结合，构建了包含 25 个国家和 7 大制造业 2003—2012 年的面板数据，样本研究支出占世界制造业企业研发支出的 90% 以上。该研究结果表明，世界研发支出和专利申请集中源于德国、日本和美国，这些国家已成为世界创新中心。De Marchi 等（2018）则对发展中国家全球价值链参与的相关文献进行系统梳理，以此考察全球价值链参与对企业创新绩效的影响。这一研究筛选了 50 个典型案例，由此反映知识来源和本土创新相关机理。De Marchi 等（2018）研究发现，虽然企业可从组织内部、全球价值链内部和外部学习知识，但发展中国家的企业仅在少数情形下能够从全球价值链参与中获取知识和技术。即使如此，发展中国家的企业仍积极投资以增强创新能力。在大多数情况下，全球价值链内的知识来源对发展中国家而言只作为其他知识获取渠道的补充，集体学习、模仿和向非全球价值链参与者学习才是最有效的知识学习途径。De Marchi 等（2018）还认为，全球价值链知识可能过于专业化，知识面过于狭窄，不能完全满足创新的多样化知识需求。该研究在 50% 的案例中发现发展中国家企业缺乏创新，这些企业的生产技能和知识创造能力较弱，并且对全球价值链及其他知识来源的探索积极性不高。这再次表明发展中国家企业、行业和经济整体要利用全球价值链相关知识，提升吸收能力在其中发挥的至关重要的作用。

4.2.2 外商直接投资的作用

跨国公司可以通过以下三个渠道产生知识转移：一是通过跨国客户向当地中间投入供应商实现后向溢出；二是通过中间投入的跨国供应商向当地买家实现前向溢出（也称为反向溢出）；三是通过国外分支机构向同行业其他本土企业实现横向溢出。在一定情形下，跨国公司有分享知识和技术的积极性，并鼓励供应商采用新生产技术以从中获得更多或更高质量的中间投入，即跨国公司支持后向溢出。同时，跨国公司希望避免技术外泄和横向溢出，以防当地竞争对手企业提升绩效水平。对于如何阻碍知识技术溢出，跨国公司可以支付更高的工资来防止员工流失，寻求强有力的知识产权保护和贸易保密，以及通过进驻本土企业模仿能力有限的国家或行业来实现。此外，从跨国公司获取生产投入的本土企业也可能从更高质量和更多种类的生产投入中学习知识和技术，从而产生前向溢出效应。

现有经验研究支持了上述理论观点。其中，Havránek 和 Iršová（2011）、Iršová 和 Havránek（2013）基于元分析方法，分别采用 47 国数据和 45 国数据为样本，研究发现后向溢出的有力证据，前向溢出效应相对较小，但横向溢出效应趋于零。即使如此，这些研究结果仍表明，国外企业与本土公司成立合资企业时存在积极的横向溢出效应。而 Keller 和 Yeaple（2009）、Bloom 等（2013）基于美国大型企业数据，研究了本土企业吸收能力对知识溢出效应的重要性。研究结果显示，技术水平相近的国外企业及同行业国外分支机构对本土企业具有正向知识溢出效应，即表明当国外投资企业相对本土企业的技术优势较微弱时，多种知识溢出效应都更为显著。跨国公司在研发国际化方面也发挥着重要作用，将世界各地研发团队联系起来，促进了知识的跨境流动。Branstetter 等（2015）对美国专利商标局 1975—2010 年授予的近 400 万项实用专利进行分析，发现其中 7 754 项专利有至少一名发明者在印度进行研发，另有 12 419 项专利的部分发明者位于中国，并且其中大部分专利授予对象是服务于国外跨国公司的本土研发团队。而且，这些专利的很大部分还纳入了除印度和中国研发人员以外的直接智力投入。研究还发现，跨国公司对外部本土企业的知识溢出效应有限。

参与全球价值链是获取国外研发成果的重要途径，有利于发达国家和发展中国家的自主创新。现有相关研究证实，跨国公司在其中具有促进知识溢出效应的积极作用。实证研究表明，跨国公司的国外分支机构对本土企业具有正向知识溢出效应，尤其是对其供应商的积极影响更明显，但这积极影响仍取决于本土企业自身的吸收能力，从而本土企业人力资本、自身研发投资和管理能力对知识溢出效应有重要影响。基于发展中国家的实证研究还发现，除了因为价值链流动的知识具有高度专用性外，拉大与世界技术前沿的距离也会使本土企业吸收能力较低，由此可能会不利于本土企业充分利用全球价值链主导者的知识和技术。另外，虽然跨国公司愿意支持其供应商在与其互补的领域进行创新和升级，但这会阻碍挑战其核心竞争力的创新。总而言之，已有研究证实，全球化促进了知识和技术的跨国转移，但只是在跨国公司允许的知识范围内实现进一步转移，并不涉及核心和关键领域，无法使本土企业从根本上超越主导企业。

4.2.3 发展中国家创新和价值链升级现状

《全球价值链发展报告2021》表明，发展中国家企业在进入国际市场，尤其是新兴的高科技产品市场时，通常面临着技术差距和营销差距带来的困难和挑战。一方面，发展中国家企业的技术和创新能力薄弱，难以获取所需技术而与世界形成技术差距；另一方面，发展中国家企业还面临营销差距而较难进入日益集中的世界市场，需要克服信息成本、品牌投资等方面的进入壁垒。与此同时，全球价值链的国际分工有利于降低制造高科技产品的技术壁垒。全球价值链分工带来产品制造的模块化趋势，产品可系统地分解为多个子模块，分门别类地由一个或多个企业独立设计、集中专业化生产，进而能够降低高科技产品的生产复杂性。因此，潜在的市场进入者可通过与国际供应商贸易、收购具有相关技术的企业来获取核心技术，自身则专注于组装、品牌开发等非核心技术活动。

中国和印度是参与全球价值链的主要发展中国家，从中国和印度的发展情况来看，新进跨国公司已在一定程度上追及发达国家的企业，在全球价值链上抢占了在位跨国公司的部分市场份额。案例研究结果表明，虽然具体策略有所不同，但发展中国家的新进企业都通过模块化制造克服了技术差距，并利用对国内市场知识基础来创造竞争优势，进而逐步扩大在国外市场上的影响力，由此克服营销差距方面的困难。值得注意的是，上述市场的成功扩大表明发展中国家新进企业已获得与产品或服务直接相关的技术和技能，虽然这并不一定包括开发或完善产品的能力（Awate 等，2012），但在发展过程中仍然涉及发展中国家和企业的创新。因此，下面的案例分析还强调营销创新在产品设计、包装、定位、促销和定价方面的重要性，以及组织创新在世界市场竞争中的作用，反映了产品研发不是企业创新发展的唯一途径。

案例一：

印度风力发电行业

印度苏司兰能源有限公司是风力涡轮机制造商，于 1995 年作为一家初创企业进入该行业。印度苏司兰的产出能力在 12 年内追及行业技术前沿。至 2009 年，印度苏司兰及其子公司的全球市场份额合计高达 10%，使其成为世界第三大风力涡轮机制造商。根据 Awate 等（2012）、Awate 等（2015）的研究，苏司兰的发展轨迹是印度企业全球价值链升级的典型案例。新兴经济体跨国公司能够通过积极收购成熟跨国公司的战略来增强生产能力，并更好地与更强的价值链参与者竞争，从而克服其在全球化发展中的后发劣势。这一发展过程始于“内向国际化”阶段，本土企业在此阶段可从国外企业处获得基本技能和能力；然后进入“外向国际化”阶段，本土企业通过对外直接投资来提高产出能力，企业在“走出去”过程中将获取新的资产和知识，并转移至国内用于改进和升级生产技术；最后，高度提升生产力水平和国际竞争力，进一步参与世界市场竞争。

印度苏司兰公司的早期升级策略如表4－3 所示。首先，印度苏司兰公司与德国企业 Südwind Energiesysteme 签订销售协议和许可协议，进入“内向国际化”阶段。可见，通过将国外技术运营知识与国内市场知识相结合，印度苏司兰公司能够以相对较低的价格销售技术先进的本地制造涡轮机，从而在短短 4 年内成为印度风能市场的主要领导者。印度苏司兰公司为何能够从源于不同风力涡轮机制造企业的核心技术模块中寻求专业知识？可能的解释是，在模块化生产系统下，企业可以根据每个模块功能定义的设计规则将产品分解为功能模块，并获悉模块如何交互、连接和相互通信的机理，以及每个模块的性能测试是否符合设计规则的标准，从而大大增强了生产过程的可分解性。因此，生产者可以按照设计规则混合搭配不同的功能模块，生产出满足不同消费者喜好的最终产品。其次是“外向国际化”阶段，印度苏司兰公司积极对外直接投资，于 2001 年和 2002 年陆续与荷兰企业 AE-Rotor Techniek、Aerpac 和美国安然风力公司签订技术协议和收购协议。这些早期的收购仍然以产出为导向，即旨在获取技术工人和提升产出能力所需的技术。此后，苏司兰将目标锁定于在不同技术方面拥有重要研发知识和创新能力的企业并积极开展收购，2002 年收购 215 Verwaltungs，2004 年与 Elin Motoren GmbH 成立合资企业，2006 年收购 Hansen Transmission International AV 和 2007 年收购 REpower Systems AG，以此获取关键技术领域的组合知识。

表 4－3　印度苏司兰公司早期知识技术获取策略

年份	策略	目标
1995	与德国公司 Südwind Energiesysteme 签订销售协议	在印度为 Südwind 代理低技术活动并获取有价值的生产经验
1996	与 Südwind 签订技术许可协议	获取风力涡轮机技术的工程和制造专业知识
2001	收购荷兰公司 AE-Rotor Techniek	获取转轮叶片设计和制造的专业知识
2001	与荷兰公司 Aerpac 签订许可协议	获取转轮叶片设计的专业知识
2001	从美国安然风力公司荷兰分支机构处获取制造和营销权	获得模具、生产线和技术支持，以及对于转轮叶片制造的帮助
2002	收购德国公司 215 Verwaltungs	在德国成立研发部门
2004	与澳大利亚公司 Elin Motoren GmbH 成立合资公司	在印度生产风力涡轮发动机
2006	收购比利时公司 Hansen Transmission International AV	获取风力涡轮的复杂技术
2007	收购德国公司 REpower Systems AG	将最大型离岸风力涡轮机纳入产品范围

资料来源：《全球价值链发展报告 2021》。

2005 年，印度苏司兰公司已开始在欧洲设立研发机构。但至 2015 年，苏司兰研发知识的高端环节仍然存留于国外分支机构，而印度本国机构未能独立研发出专利。为了明确印度苏司兰公司的产出能力进步是否促进了创新能力提升，Snehal 等（2012）将苏司兰的知识基础与行业技术前沿领导者的维斯塔斯风能系统 A/S 进行比较分析，后者是于 1979 年开始制造风力涡轮机的丹麦企业，在 2009 年已成为行业领导者，具备自主研发能力，并持续积极寻找新的知识和能力。该研究构建了苏司兰和维斯塔斯的后向引用专利网络，网络节点表示根据美国专利商标局标准分类的不同技术，不同技术之间的关联构成网络关系。考虑企业可将不同技术结合实现专利创新，该研究以上述专利网络表征两个公司的研发知识基础。研究结果表明，行业领导者维斯塔斯的技术网络规模和密度更大，反映该公司能够从更多的技术领域中汲取知识，并且维斯塔斯深厚的技术知识基础使其能够了解不同技术有效关联的方法，由此可知，维斯塔斯的知识基础更为宽广。

案例二：

中国手机行业

企业可以通过线性和非线性的动态路径实现全球价值链地位升级。线性升级路径指沿着价值链逐步升级，从嵌入低附加值分工环节到逐步进入高附加值环节。例如，手机生产企业在价值链参与初期从事组装环节，然后制造越来越复杂的手机零部件，进而最终生产自有品牌产品。相对来看，非线性升级路径即从低附加值分工环节直接跳转到高附加值环节。中国智能手机行业的发展就是全球价值链非线性升级成功的典型案例。在全球智能手机市场上，中国本土品牌华为、OPPO 和小米现已跻身全球智能手机品牌前五名。发展初期，中国智能手机制造商在核心零部件方面的自主技术能力有限，通过向国外跨国公司购买核心技术组件进入该行业价值链。为了弥补技术方面的不足，中国智能手机企业更加重视渐进式创新、营销和品牌建设。通过充分利用智能手机生产模块化和标准移动平台，上述中国三大品牌企业成功打破了国外竞争对手在国内外市场上的垄断。

Xing（2021）关注了中国智能手机制造对国外技术平台依赖的问题，其选取 2018 年之后推出的华为 P30 Pro、OPPO R11s 和小米 MIX 2 智能手机为研究样本，上述智能手机的操作系统和核心部件如表 4－4 所示。从中可见，三款手机运行系统均为安卓操作系统，其中 OPPO R11s 和小米 MIX 2 使用的所有核心部件均来自韩国和美国，而这些核心部件决定了 OPPO R11s 和小米 MIX 2 的技术功能，并使其能够与苹果公司和三星电子有限公司的智能手机竞争。相比而言，华为技术有限公司在中国智能手机行业中最具创新潜力。然而，除了操作系统之外，华为 P30 Pro 还使用了美国公司 Micro Technology Co. Ltd. 的动态随机存取存储器和三星的闪存。总体上，国外零部件占华为 P30 Pro 制造成本的 61.9%。这一研究结果表明中国本土手机品牌企业均一定程度上依赖于国外操作系统，其中OPPO广东移动通信有限公司（简称OPPO公司）和北京小米科技有限责任公司（简称小米公司）在核心部件方面对外依赖较严重。

表4-4 中国智能手机技术对外依赖度

核心零部件	华为 P30 Pro	OPPO R11s	小米 Mix 2
运行系统	安卓（美国）	安卓（美国）	安卓（美国）
CPU	海思（中国）	高通（美国）	高通（美国）
闪存	三星（韩国）	三星（韩国）	海力士（韩国）
DRAM	美光科技（美国）	三星（韩国）	三星（韩国）
显示面板	京东方科技（中国）	三星（韩国）	三星（韩国）

资料来源：《全球价值链发展报告2021》。

相比研发芯片组、操作系统等核心技术，企业直接使用国外技术模块和平台所需时间和资金大幅减少，并且中国市场规模广阔，有利于企业在借用国外技术的基础上采取市场营销策略。通过更多地专注于发展营销和产品差异化，中国智能手机企业在了解消费者偏好方面具有明显优势。以OPPO公司 为例，其在营销中通过将产品定位为具有最佳拍照功能的智能手机，成功地在市场上将自身与竞争对手相区分。从现实发展情况来看，上述非线性升级战略取得成功，中国智能手机制造商现已彻底扭转了国外手机品牌在本土市场的主导地位。进一步地，凭借国内市场的成功，中国本土品牌手机企业开始进入世界市场。中国智能手机企业的国外市场分散于世界各地，并且市场份额有所增长。尤其是在新兴市场，价格实惠的中国品牌智能手机持续吸引着中低收入水平的消费者，而这些消费群体在智能手机市场目标客户中占据大部分比重，例如小米超越三星成为印度第一大品牌。

全球价值链不同环节的价值创造潜力参差不齐，大部分产品附加值源于品牌等无形资产，因此即使缺乏技术能力，企业也可以通过采取非线性升级战略增加高科技产品的附加值。Xing和Huang（2021）通过比较苹果iPhone X、OPPO R11s和小米MIX 2这三款产品的中国国内增加值来证明上述观点。这三款产品均在中国完成组装，其中OPPO和小米是本土品牌，而苹果是美国品牌。基于制造成本计算增加值的结果显示，苹果iPhone X的国内增加值比重为25.4%，OPPO R11s和小米MIX 2的这一比重均低于20.0%。再以产品整体附加值为衡量标准，OPPO R11s和小米MIX 2的国内增加值比重分别为 45.3%、41.7%，远高于苹果 iPhone X 的 10.4 %，可见品牌所有权对这两款本土品牌智能手机的国内增加值具有最为显著的贡献。跨国公司已经发展成为无工厂制造商，并从包括品牌在内的无形资产中获得收入，例如小米公司不设立工厂，但与苹果公司一样控制着其庞大的分销网络。小米 MIX 2 拆解数据显示，小米主要通过线上和线下销售渠道提供零售服务来获得毛利，合计占总增加值的 31.7%，零售迄今为止是小米增加值最重要的来源（Xing & Huang，2021）。因此，小米的品牌所有权显著提升了中国国内增加值。

非线性升级战略的可行性主要取决于不存在政治干预的自由、公平的国际交易环境、允许企业在世界范围内自由采购零部件和核心技术而不会受到国家或地区限制。然而，近年地缘政治局势日趋紧张，贸易摩擦和冲突不断，依赖于非线性升级战略企业的平稳经营可能由此面临更多困难和阻碍。结合印度和中国的案例研究结果来看，高科技领域向价值链上游升级存在线性和非线性的路径。除了参与技术日益复杂的价值链分工环节之外，发展中国家企业还可利用其竞争优势向高附加值的价值链功能环节升级。这些案例研究中的公司在向国际市场扩张前均通过庞大的国内市场来建立自有品牌，但上述情形需在特定条件成立下才能实现。因为虽然庞大的国内市场有助于企业在融入全球价值链的早期阶段实现规模化，但成功进行国际化的关键在于企业能够利用对于本土市场环境的深度认知来创造竞争优势。此外，当全球价值链贸易和投资活动不受显著干扰时，发展中国家企业才能基于本土市场实现扩大规模而培育国际竞争力。

5 国外上游垄断测算方法及结果分析

在探讨国外上游垄断对企业创新的影响之前，需要全面理解本土企业所面临的国外上游垄断发展现状，本章因此分别从行业层面和企业层面构建衡量国外上游垄断的指标。首先，详细分析测算市场垄断的既有方法，比较各种方法的优劣之处；其次，在已有研究的基础上构建本书的核心指标；最后，通过指标测算结果的统计描述分析来揭示国外上游垄断的特征和变化态势，有助于更深刻地认识企业在价值链分工格局中的机遇和挑战。

5.1 国外上游垄断测算方法

5.1.1 市场垄断测算方法概述和选择

传统 SCP 范式产业组织理论已发展了许多衡量市场垄断的指标，主要包括市场集中度指数、勒纳指数、托宾 Q 值等（郭树龙，2013）。首先，市场集中度指数是通过衡量行业市场集中程度来间接反映市场垄断程度的代理指标，行业的市场份额集中程度越高，企业间共谋的可能性越大，则市场垄断程度越高。市场集中度指数包括：①行业集中率（CRn），即市场份额前 n 位企业的市场份额总和。虽然采用这一指标能够简单易行地反映主导企业对市场的控制度和影响力，但未能考虑企业数量和市场份额的分布特征，并且测算结果受前 n 家企业选取数量的影响，实证中通常选取前四位和前八位的企业。②赫芬达尔指数（HHI），即企业市场份额平方项的总和。该指标同时考虑了市场结构中的企业数量和企业规模，并且对市场份额较大企业的规模变化反应灵敏，也能对企业的兼并和拆分做出及时反应，但存在直观性较差的缺陷。③基尼系数，即计算等分布线与洛伦兹曲线所围的面积占其右下方总面积的比例。这一指标将收入分配平均程度的统计方法应用于市场集中度测度，虽然能够直观地分析同一时期不同行业的静态差异和同一行业不同时期的动态变化，但对企业兼并和拆分的敏感性不足。④熵指数，即通过信息熵的数学表达式测算企业市场份额的总和。虽然该指标与行业集中率、赫芬达尔指数一样基于市场份额度量市场集中度，但其最小值受制于企业总数，不适用于不同行业间的比较分析。

其次，除市场集中度指数之外，勒纳指数是主要的市场垄断测度指标之一。Lerner（1934）以企业价格与边际成本的偏离程度来衡量市场垄断程度，即市场垄断程度与两者间的偏离程度正相关。经济学定义市场势力为卖方或买方影响价格的能力，一行业内企业的市场势力越大，则其市场垄断程度越高。可见，相比市场集中度指数，勒纳指数具有能够直接测度市场垄断的优越性。但勒纳指数也存在缺点，其主要局限是，该指数不能识别价格对边际成本偏离是源于企业的定价行为，还是规模经济效应的结果（Lindenberg & Ross，1981）。此外，通过超额利润来衡量市场垄断的指数还包括基于会计利润的利润率和测算经济利润的贝恩指数。

最后，托宾 Q 值即股票市值占其资产重置成本的比重，股票市值大于资产重置成本（托宾 Q 值大于 1）表明企业经济利润未来贴现值较高，一定程度上能够反映企业市场势力，该指标同时考虑了当期利润和未来预期利润，有利于更准确地衡量企业盈利能力，但存在资产重置成本不易测度的问题。此外，不同于上述衡量市场垄断的指标体系，新经验产业组织理论提供了推测变分弹性、剩余需求弹性、Hall（1987，1988）模型等估计市场势力的方法。这些方法需要利用价格、产量、生产投入等数据估计需求函数和成本函数，以此通过企业行为决策推断市场垄断程度，这使市场势力的测度具有更确切的经济政策含义，但对微观企业数据的要求较高。

综合上述分析可知，衡量市场垄断的既有指标各有优劣，本书在既有研究基础上，同时考虑测算准确性、行业可比性以及数据可得性，发现勒纳指数及市场集中度指数较其他指标更适于国外上游垄断的测算。进一步地，考虑勒纳指数的测算逻辑在于企业市场势力的基本定义，能够直接衡量市场垄断程度，故将其确定为核心指标的测算基础，市场集中度指数则用于稳健性检验指标的测算。在选取上述市场垄断衡量指标之后，本书在行业层面构建测算国外上游垄断的指标。国外上游垄断是行业内企业共同面临的问题，行业层面的国外上游垄断指数能够贴合这一现实，但考虑企业个体存在生产能力差异，所面临的国外上游垄断既有行业共性，也有企业异质性，本书从而进一步衡量企业特定的国外上游垄断。现有市场垄断指标不能用于测算企业个体面临的国外上游垄断，对此考虑采用计量模型估计法。若采用计量模型估计市场垄断的既有方法测算本土所面临的国外上游垄断程度，则需要获取多个国家和行业的微观企业数据，而现有数据无法满足这一要求。因此，不采用现有市场垄断的计量方法，本书构建估计中间产品进口企业层面的国外上游垄断计量模型，在此基础上测算企业特定的国外上游垄断指数，并将其用于稳健性检验。国外上游垄断指标的具体构建方法如下文所述。

5.1.2 行业层面的国外上游垄断指数构建

本书借鉴吕云龙和吕越（2017）、李胜旗和毛其淋（2017）、陆文香和何有良（2018）的研究，以行业市场垄断指标的加权平均值衡量国外上游垄断。

$$FUmonopoly_{jt} = \frac{\sum_{k}\sum_{n} IR_{knjt}\ MI_{knt}}{\sum_{k}\sum_{n} IR_{knjt}} \tag{5-1}$$

$FUmonopoly_{jt}$ 为本土 j 行业在 t 时期所面临的国外上游垄断，其中 IR_{knjt} 表示 n 国 k 行业 t 时产出占本土 j 行业投入的比重，MI_{knt} 是相应的市场垄断程度。本书选取测算市场垄断的主要指标为勒纳指数，相应的国外上游垄断指数为：

$$FUmonopoly_{jt} = \frac{\sum_{k}\sum_{n} IR_{knjt}\ Lerner_{knt}}{\sum_{k}\sum_{n} IR_{knjt}} \tag{5-2}$$

国外上游行业的勒纳指数测算存在两个问题，一是缺乏直接观测的产品价格、边际成本和产量数据；二是如何将衡量企业个体市场势力的勒纳指数归集至行业层面以反映行业的市场垄断程度。为了解决这些问题，在此参考 Aghion 等（2005）、Bettignies 等（2018）的研究，利用多国多行业的企业财务数据测算国外上游行业的勒纳指数，具体测算方法为：

$$li_{nkt} = \frac{Operating\ profit_{nkt} - Financial\ cost_{nkt}}{Sales_{nkt}} \tag{5-3}$$

li_{nkt} 为 n 国 k 行业 t 时企业层面的勒纳指数，*Financial cost*、*Operating profit*、*Sales* 分别是相应的财务成本、营业利润和销售额。Aghion 等（2005）、Bettignies 等（2018）在此基础上通过算数平均将企业个体的勒纳指数归集至行业层面，计算行业层面的勒纳指数。本书则以企业勒纳指数的加权平均值衡量行业层面的市场垄断，权重为企业销售份额，结合市场集中度指数的优点来改进勒纳指数，这既能衡量企业个体市场势力，又能突出市场份额较大企业市场势力对行业市场垄断的贡献度。本书采用 Osiris 全球微观企业数据与世界投入产出数据的匹配数据测算行业层面的国外上游垄断指标，市场垄断指标测算所需的收入、成本、费用及销售额等企业财务信息源于 Osiris 全球企业数据库，投入产出数据源于 WIOD 数据库。

5.1.3 企业层面的国外上游垄断指数构建

嵌入全球价值链的企业能够在世界范围内整合生产资源，进口中间产品往往源于不同国家和地区，其市场垄断具有鲜明的区位特征。另外，随着国际生产专业化水平和产品细分程度不断提升，本土生产所使用的进口中间产品种类繁多，市场结构在不同行业之间也存在较大差异。勒纳指数、赫芬达尔指数、行业集中率等传统市场垄断指标和测算方法未能考虑上述市场结构的行业和区域性特征，导致其较难准确衡量本土企业个体直接面临的国外上游市场垄断程度。因此，本书基于汇率传递效应（Exchange rate pass-through）与企业定价行为的关系在“产品—来源地”层面估算中间产品市场的垄断程度，并结合企业投入组合进一步构建国外供应商势力指数，以此反映特定企业所受到的国外上游垄断。

（1）中间产品市场垄断程度估计模型。在不完全竞争的国际市场上，进出口商具有“依市定价”（Pricing to market）的能力，产品进出口价格因企业价格调整策略而呈现汇率不完全传递的现象。Atkeson 和 Burstein（2008）、Berman 等（2012）研究发现进出口商“依市定价”能力与其市场势力密切相关。当本币汇率下降时，生产率较高、规模较大的出口商选择提高成本加成率，而不是利用产品价格下降来增大销售数量；生产率较低、规模较小的出口商的决策则与此相反。由于高生产率、大规模的企业往往具有较大市场势力，可推断企业对于汇率冲击的价格调整能力与市场势力存在正向相关关系。后续许多研究提供了市场势力与企业“依市定价”能力关系的经验证据（Auer 等，2016；Devereux 等，2017）。因此，本书借鉴 Asprilla 等（2019）的研究方法，基于“依市定价”能力估计进口中间产品的市场垄断程度，具体模型如下：

$$
\begin{aligned}
&\ln Price_{iknt} = \alpha + \beta_0 \ln RER_{nt} + Controls + \gamma_i + \gamma_k + \gamma_n + \gamma_t + \varepsilon_{iknt} \\
&\ln RER_{nt} = \ln\left(\frac{NER_{dt}/P_{dt}}{NER_{nt}/P_{nt}}\right) \qquad (5-4)
\end{aligned}
$$

其中，$Price_{iknt}$ 表示 i 企业在 t 年从 n 国进口中间产品 k 的价格，相关数据源于中国海关数据库；RER_{nt} 表示 t 年本国货币兑 n 国货币的实际汇率，由兑美元的年平均名义汇率 NER 平减去消费者价格指数 P 得到，同时采用直接标价法表示汇率，相关数据源于国际货币基金组织（IMF）的国际金融统计数据（IFS）。控制进口来源国与本国的引力特征变量 $Controls$ ，包括人均 GDP 差距、地理差距、共同语言虚拟变量以及贸易协定虚拟变量，引力特征变量数据源于 CEPⅡ数据库，并加入企业个体固定效应 γ_i 、产品固定效应 γ_k 、国家固定效应 γ_n 和年份固定效应 γ_t ，ε 为随机扰动项。

进口价格对本国货币实际汇率的弹性可以反映出进口中间产品的市场垄断程度，在其他影响因素不变的情况下，若不存在市场垄断，即汇率完全传递，企业进口价格与实际汇率同比率变动，此时有 $\beta_0 = 1$ 。国外供应商具有市场势力能够根据汇率变动调整产品出口价格，导致汇率不完全传递，则当外币贬值、本国货币实际汇率下降 1%，进口价格下降幅度小于 1%，即 $0 < \beta_0 < 1$ 。因此，进口价格对本国货币实际汇率的弹性 β_0 越小，进口中间产品的市场垄断越强。根据进口价格对本国货币实际汇率的弹性，本书设定进口中间产品的市场垄断指数为 $1 - \beta_0$ 。

（2）中间产品市场垄断程度估计步骤。首先，识别具有中间产品进口行为的企业。具体方法如下：按进口方式将企业划分为加工贸易企业和一般贸易企业两类，加工贸易企业自然进入研究样本；对于一般贸易企业，本书将进口产品的海关编码 2 位码与广义经济分类（BEC）编码相匹配，再根据 BEC 产品分类把所进口产品满足中间产品分类标准的一般贸易企业纳入研究样本。然后，综合海关编码 2 位码和来源地，根据式（5－4）在“产品—来源地”层面估算不同中间产品市场的垄断程度。

（3）国外供应商势力指数的构建方法。企业个体面临的国外上游垄断不仅取决于中间产品自身的市场垄断程度，还与产品的生产投入份额密切相关。随着进口中间产品份额提高，企业所面临中间产品市场垄断带来的压力即真实的国外上游垄断会逐渐加大。因此，本书采用中间产品—来源地市场垄断程度与其生产投入比重的乘积表示来自特定中间产品—来源地的国外供应商势力，将其加总可得到企业个体面临的特定国外上游垄断，具体如下：

$$FSpower_{ijt} = \sum_{k}\sum_{n}(1-\beta_0)_{jkn} \times IIratio_{ijknt} \tag{5-5}$$

$FSpower_{ijt}$ 为 i 企业在 t 年从 j 行业进口的国外供应商市场势力指数。

$(1-\beta_0)_{jkn}$ 表示 n 国 j 行业 k 产品的市场垄断程度，$IIratio_{ijknt}$ 表示 i 企业在 t 年对 n 国 j 行业 k 产品的生产投入比重，定义为产品进口支出与中间产品总支出之比，即 $IIratio_{ijknt}=\frac{IIE_{ijknt}}{IE_{it}}$。

5.1.4 行业层面与企业层面的国外上游垄断指数比较

行业层面与企业层面的国外上游垄断指数各有所长。一方面，国际生产分工已在全球范围内形成物质、知识、人才等资源交换和流通的网络，国外价值链能够通过技术、投入产出的关联向国内延伸，即使未直接参与进口的企业也会间接受到国外上游企业行为的影响。因此，国外上游行业对本国形成的垄断是企业发展所需应对的共同问题，采用行业层面的国外上游垄断指数能够涵盖国外上游垄断对本土企业整体的影响，有利于揭示其对进口企业和非进口企业影响的一般规律。另一方面，企业层面的国外上游垄断指标——国外供应商势力指数测算需要企业进口中间产品种类和来源地的信息，考虑了影响市场垄断的区位因素和企业生产技术特征，能够反映企业个体面临的特定国外上游垄断，更贴近中间产品进口企业的现实情况，但不能用于分析国外上游垄断对非进口企业的影响。

5.2 行业层面的国外上游垄断指标测算结果

5.2.1 国外上游垄断基本情况

从本土企业整体来看，国外上游垄断在2000—2014年有所波动，但总体上呈较平稳的发展趋势。如图5-1所示，2001—2004年的国外上游垄断指数平均增长率为13.48%，2004年达到峰值0.38，比2001年的0.26增长46.15%。自中国2001年加入世界贸易组织后，本土企业加快参与全球价值链分工，虽然生产国际化水平大幅提升，但普遍从事价值链中低端环节，较严重地受制于国外上游行业，此时国外上游垄断进入快速增长时期。2004年以后，中国加入世界贸易组织对本土企业行为决策的影响逐渐减小，企业的全球价值链嵌入行为有所放缓，并且已嵌入的企业通过“干中学”在一定程度上提升了国际竞争力，国外上游市场势力因此相对减弱但仍处于优势地位。国外上游垄断指数在2005年为0.33，较2004年下降13.16%，但直至2007年仍维持在约0.3的水平，并且较2000年和2001年分别增长7.41%、15.38%。2008年经济危机以后，全球价值链分工水平总体上呈下降趋势，中国生产发展与世界联系的紧密度也有所降低，国外上游行业对本土企业行为和绩效的影响减小，国外上游垄断指数下降幅度明显。虽然世界经济未实现完全复苏并出现增长放缓的趋势，但国外上游垄断指数除了在2011—2012年有短期下滑现象之外，经济危机之后的其余年份均呈上升趋势，并于2014年达到0.27，较2008年的0.23增长17.39%。总体上，在世界经济发展低迷的背景下，国外上游垄断指数依然保持平稳增长态势，表明国外上游垄断问题持续存在且不容忽视。

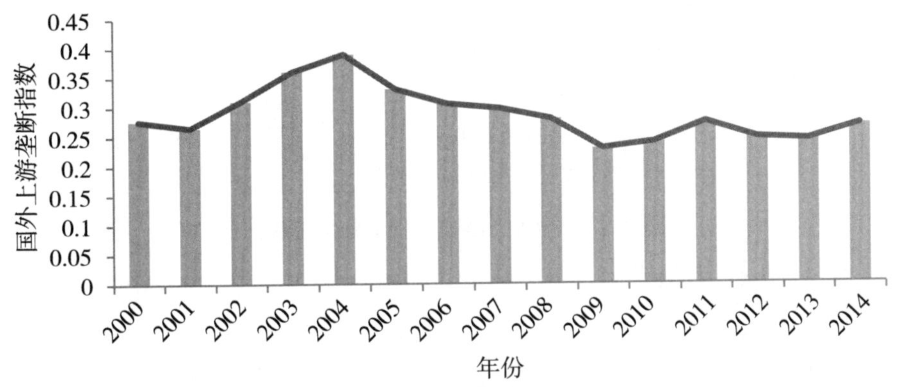

图5-1　本土企业整体面临的国外上游垄断时间趋势

进一步地，国外上游垄断指数在各行业的分布情况如图5-2所示。从中可见，2007年的国外上游垄断指数分布相对2000年较为分散，核密度曲线的右尾拉长，表明国外上游垄断程度较大的行业在2000—2007年明显增加；而2014年的国外上游垄断指数分布较2007年更为集中且主要处于中位水平，表明在2008年经济危机以后，多数行业面临国外上游垄断的程度减小。总体上看，2000年、2007年和2014年的国外上游垄断核密度曲线的中心均在0.27左右，表明虽然国外上游垄断在经济危机影响下有所弱化，但在多数行业中仍呈现稳定态势。具体来看国外上游垄断在行业间的差异，从图5-3可见计算机、电子和光学产品，化学品及相关制品，橡胶及相关制品，电力设备，其他机械设备和其他运输设备等行业的国外上游垄断年平均水平显著高于其他行业，而食品饮料加工制品，纺织品、服装、皮革及相关制品，木材及相关制品等行业的国外上游垄断年平均水平较低，表明处于技术密集型行业的企业更易受到国外上游行业的垄断，这与技术密集型行业的全球价值链分工参与度较高而生产技术和产品附加值仍有待提升的现状具有密切联系，相比之下，劳动密集型行业是中国传统优势产业并已具备较高发展水平，面临的国外上游垄断程度平均最低。

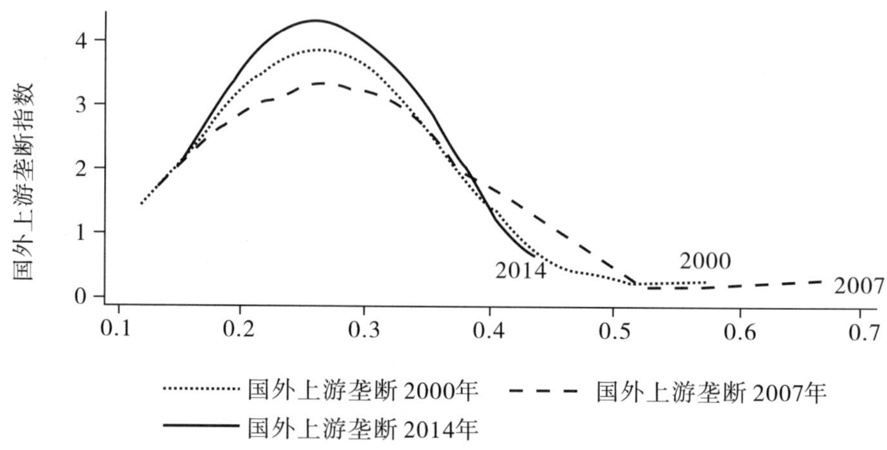

图 5－2　国外上游垄断指数的核密度图

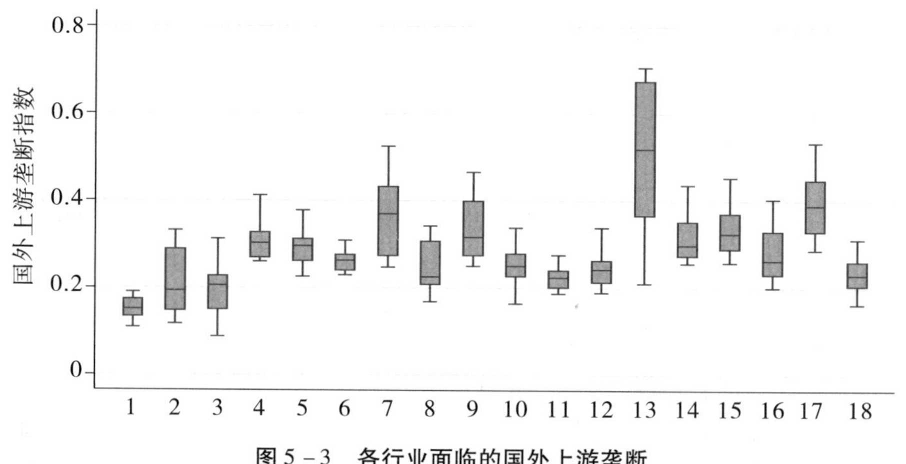

图 5－3　各行业面临的国外上游垄断

注：1 食品饮料加工制品，2 纺织品、服装、皮革及相关制品，3 木材及相关制品，4 纸和纸制品，5 记录媒介物的印制及复制，6 焦炭和精炼石油产品，7 化学品及相关制品，8 药品、药用化学品及植物药材，9 橡胶及相关制品，10 其他非金属矿物制品，11 基础金属，12 金属制品（机械和设备除外），13 计算机、电子和光学产品，14 电力设备，15 其他机械设备，16 汽车、挂车和半挂车，17 其他运输设备，18 其他行业。

上述分析表明，在世界经济总体放缓的后危机时期，国外上游垄断总体上呈略微下降而平稳的态势，而各行业的国外上游垄断相对水平是否也基本保持稳定？为了回答这一问题，在图 5－4 中报告了国外上游垄断指数前五位行业及其他行业相对水平的变动趋势。分别从各个行业的国外上游垄断指数占比来看，机械设备行业的比重从 2000 年的 0. 118 较 2014 年的 0. 119 增长 0. 85%，运输设备行业的比重从 2000 年的 0. 11 较 2014 年的 0. 12 增长 9. 09%，计算机电子产品行业从 2000 年的 0. 12 较 2014 年的 0. 09 下降 25%，化学品及相关制品行业从 2000 年的 0. 07 较 2014 年的 0. 05 下降 28. 57%，橡胶及相关制品行业从 2000 年的 0. 06 较 2014 年的 0. 05 下降 16. 67%。由此可见在前五位行业中，除机械设备和运输设备行业之外，其余行业的国外上游垄断均不同程度下降。相对其他行业来看，前五位行业的国外上游垄断相对水平在 2008—2010 年有所下降，说明国外上游行业对本土企业的垄断自经济危机后在各行业间分散。但自 2011 年以来，前五位行业的国外上游垄断相对水平呈上升趋势，从 2000—2014 年连续变化来看，其所占比重稳定在 40% 以上，表明这前五位行业的国外上游垄断问题仍然突出。

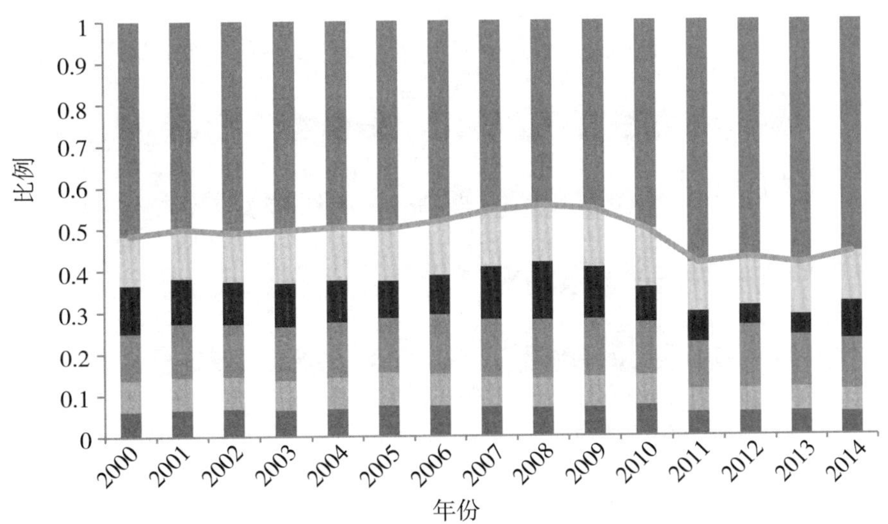

图 5 – 4　各行业面临的国外上游垄断程度占总体比重

注：图中线段从上往下分别表示其他行业、机械设备、计算机电子产品、运输设备、化学品及相关制品、橡胶及相关制品；图中曲线表示前五位行业占比。

5. 2. 2　国外上游垄断的国别和行业分布

首先，国外上游垄断的来源国主要分布于欧洲及北美洲地区，其中美国、德国、法国、俄罗斯等国的上游垄断所占比例较高。除此之外，亚洲地区的日本、韩国等国的上游垄断在总体中的比重也较高。总体来看，美国、德国和日本等国家的上游行业对本土企业形成的垄断程度最高，本土企业所面临的国外上游垄断50%以上源于这些国家。美国、德国和日本是全球价值链上的主导国家，在资本、技术、知识等高级要素方面具有比较优势，垄断了全球价值链的上游关键行业，控制着全球生产所需核心中间产品的研发及生产配置，由此我国企业在全球生产网络中容易受到来自这些国家上游行业的垄断。进一步地，不同行业的国外上游垄断来源国分布存在明显差异。以国外上游垄断问题较突出的前五位行业为例，从图5－5可见，运输设备、机械设备、计算机电子产品等行业的国外上游垄断来源国前五位分别为美国、日本、德国、俄罗斯及韩国；而除上述国家之外，橡胶及相关制品行业、化学品及相关制品行业的国外上游垄断还主要源于法国。从各行业平均水平来看，源于美、日、德三国的上游垄断占比达到50%以上，尤其在计算机电子产品行业中的占比高达70%以上。

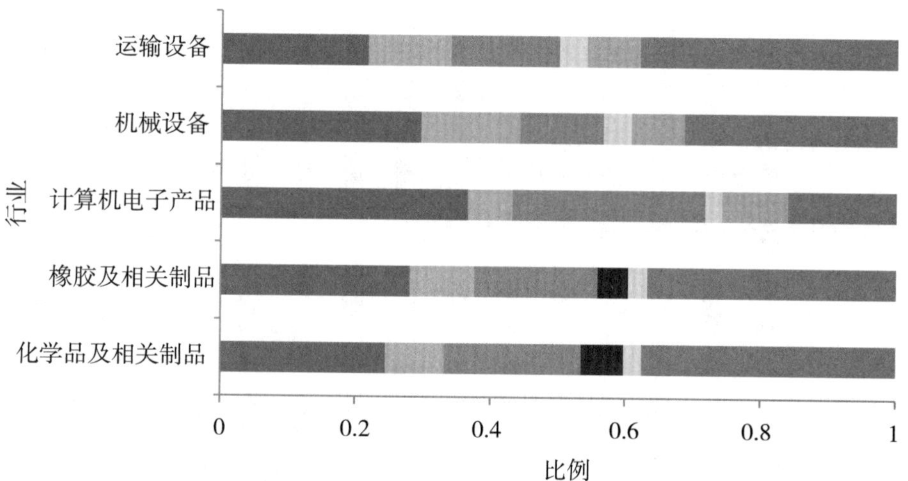

注：运输设备、机械设备、计算机电子产品图中对应线段从左往右分别表示美国、日本、德国、俄罗斯、韩国及其他国家；橡胶及相关制品、化学品及相关制品图中对应线段从左往右分别表示美国、日本、德国、法国、俄罗斯及其他国家。

图5－5　国外上游垄断的来源国结构

其次，从图5－6可见国外上游垄断来源的行业结构。一方面，从本土企业整体来看，国外上游垄断主要源于化学品及相关制品、橡胶及相关制品、计算机电子产品、机械设备、运输设备、焦炭和精炼石油产品、金属制品等行业，源于这些行业的国外上游垄断占总体的比重达到75%以上，其中源于化学品及相关制品、计算机电子产品、机械设备、金属制品等行业的国外上游垄断最为显著，占比均高达13%以上。另一方面，分别从国外上游垄断问题较为突出的前五位行业来看，由于企业生产投入主要源于自身所处行业，各行业的国外上游垄断也在较大程度上源于行业内部。除此之外，化学品及相关制品行业的国外上游垄断主要来源行业包括焦炭和精炼石油制品、橡胶及相关制品、机械设备、计算机电子产品；橡胶及相关制品行业的国外上游垄断主要来源行业包括化学品及相关制品、机械设备、金属制品、焦炭和精炼石油产品；计算机电子产品行业的国外上游垄断主要来源行业包括机械设备、金属制品、化学品及相关制品、橡胶及相关制品；机械设备行业的国外上游垄断主要来源行业包括金属制品、计算机电子产品、化学品及相关制品、橡胶及相关制品；运输设备行业的国外上游垄断主要来源行业包括机械设备、金属制品、计算机电子产品、化学品及相关制品。上述结果表明，本土企业所面临的国外上游垄断主要源于技术含量高、通用性强的行业。

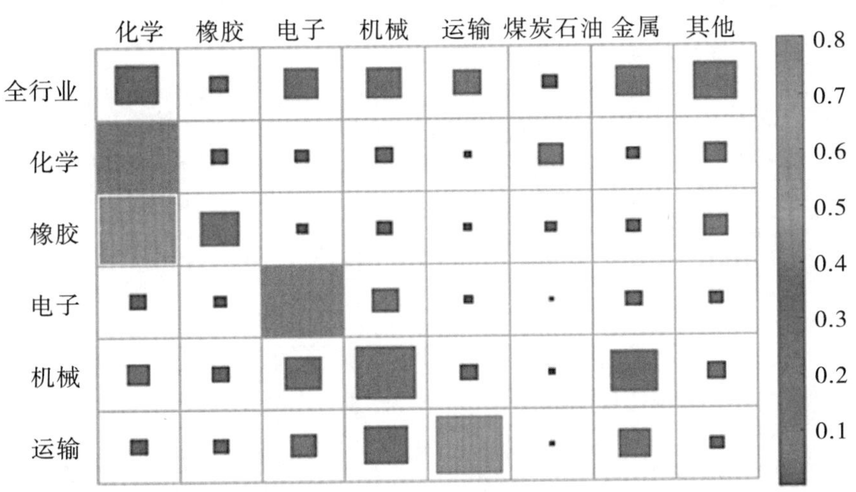

图5－6　国外上游垄断来源的行业结构

最后，综合分析国外上游垄断来源的国家和行业分布。从图5－7来看，美国、日本、德国的化学品及相关制品、计算机电子产品、机械设备等行业均对我国企业具有较大程度的垄断，而这些行业是把握着生产技术命脉的关键价值链上游环节，可见国外上游垄断格局以美国、日本和德国为主导。从其他的主要来源国来看，法国的化学品及相关制品行业相对其他行业具有较大市场势力，由此我国化学品及相关制品、橡胶及相关制品等行业的国外上游垄断还主要源于法国；韩国在计算机电子产品、化学品及相关制品等行业具有较大程度的垄断，从而成为计算机电子产品及机械设备行业的国外上游垄断主要来源国之一；俄罗斯的金属制品、化学品及相关制品及焦炭和精炼石油产品行业也具有相对较强的市场影响力，进而对我国多个行业产生较大垄断。总而言之，本土企业面临的国外上游垄断主要源于在价值链上游环节具有比较优势的国家。

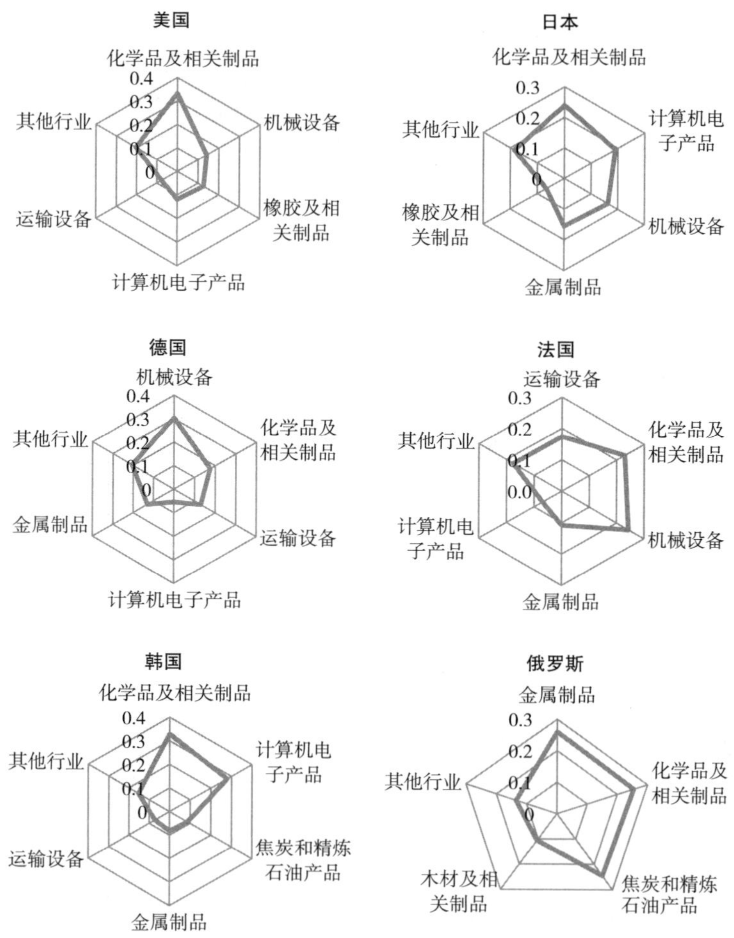

图5－7　国外上游主要国家的市场垄断行业分布

5.3 企业层面的国外上游垄断指标测算结果

本书以国外供应商势力指数衡量企业层面的国外上游垄断，总体情况如表5－1所示。国外供应商势力指数的平均值和中位数虽然在不同年份有所波动，但都未出现趋势性变化，说明在样本期间内中国企业面临进口中间产品市场垄断的局面并未发生明显改观。国外供应商势力指数的变异系数平均高达133.55%，表明不同企业面临的国外上游垄断存在较大差异，而且这种差异性在样本期间基本保持不变，国外上游垄断在企业层面的分布格局未发生显著变化。总体上看，我国企业中间产品进口的市场结构趋于稳定，存在国外上游垄断固化的较大风险。

表5－1 企业层面的国外上游垄断总体情况

年份		2000	2001	2002	2003	2004	2005	2006	2007
指数值	平均数	0.210 5	0.167 1	0.193 8	0.206 2	0.210 8	0.175 2	0.115 8	0.250 4
	中位数	0.081 3	0.048 3	0.069 7	0.082 8	0.083 8	0.054 0	0.026 8	0.133 7
	标准差	0.265 5	0.239 1	0.254 8	0.258 7	0.263 3	0.243 4	0.195 1	0.275 2

5.3.1 国外上游垄断行业异质性

表5－2报告了企业个体面临国外上游垄断的行业特征，可见不同行业的企业面临的国外上游垄断存在较大差异。其中，运输设备、机械设备等技术密集和复杂行业的国外供应商势力指数普遍偏高，这些行业虽然全面嵌入了全球价值链，但总体处于中下游位置，企业生产对进口中间产品依赖性较强，尤其是在核心零部件方面存在着较大的国外垄断压力。相对而言，食品饮料加工制品，纺织品、服装、皮革及相关制品等技术含量较低行业的国外供应商势力指数普遍较低，这些行业相关中间产品对技术创新的要求相对较低，同时，我国经过多年的发展已形成较完备的国内产业配套体系，逐步摆脱严重受制于国外上游行业的局面。

表 5－2　企业层面的国外上游垄断行业分布

行业	平均值	中位数	标准差
食品饮料加工制品	0. 199 0	0. 195 0	0. 042 1
纺织品、服装、皮革及相关制品	0. 170 0	0. 166 0	0. 017 1
木材及相关制品	0. 156 0	0. 162 0	0. 017 0
纸制品及记录媒介	0. 115 0	0. 118 0	0. 033 7
焦炭和精炼石油产品	0. 203 0	0. 196 0	0. 031 5
药品制造	0. 208 0	0. 205 0	0. 030 9
橡胶及相关制品	0. 158 0	0. 157 0	0. 014 2
非金属矿物制品	0. 174 0	0. 166 0	0. 029 9
金属制品	0. 240 0	0. 230 0	0. 060 6
机械设备	0. 287 0	0. 319 0	0. 093 4
运输设备	0. 303 0	0. 318 0	0. 077 1
其他	0. 186 0	0. 197 0	0. 031 5

不同行业在生产投入结构、技术水平和国际竞争力等方面存在较大差异，由此本书从要素密集度、技术供给能力和价值链地位等角度对行业进行划分，考察企业个体面临的国外上游垄断在这些行业间的差异。

首先，国外上游垄断的行业要素密集度异质性如图 5－8 所示。从中可见，在不同要素密集度行业中，企业个体平均面临的国外上游垄断存在明显差异。其中，处于技术密集型行业的企业面临着最大限度的国外上游垄断，其国外供应商势力指数中位数处在 0. 15 以上，高于劳动密集型行业的 0. 09 和资本密集型行业的 0. 11。而且，技术密集型行业的国外供应商势力指数分布相对分散，表明其企业生产和管理能力参差不齐，企业特定的国外上游垄断差异较大。相对而言，劳动密集型行业面临的国外上游垄断程度最低，其国外供应商势力指数的最大值、前四分之一位数和中位数均小于资本、技术密集型行业，并且企业间的国外供应商势力指数分布较为集中，表明处于劳动密集型行业的企业普遍具有较高的市场地位，在国外上游垄断格局下更可能获取生产发展的有利条件。

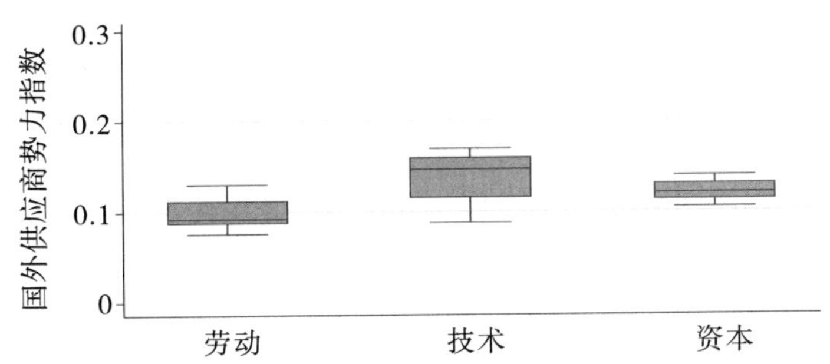

图 5－8　企业层面的国外上游垄断（行业要素密集度分组）

其次，参考李杨等（2017）采用进出口产品技术复杂度的差值衡量行业技术供给能力，从图 5－9 可见，企业个体面临的国外上游垄断在技术供给能力不同的行业间存在明显差异。在技术供给能力低的行业中，企业个体面临着最为严重的国外上游垄断。相应的国外供应商势力指数平均在 0. 15 以上，明显高于技术供给能力处于中位水平以上的行业。同时，国外供应商势力指数在技术供给能力低的行业分布也最为集中，主要是因为自主发展能力较低而对外存在较大技术依赖，在这类行业中企业生产所需资源大部分源于国外上游行业，普遍受到较高程度的国外上游垄断。此外，虽然高技术供给能力行业的企业个体平均受国外上游垄断程度较低，但其国外供应商势力指数分布离散程度最大，表明在具有较完备生产技术体系的行业中，企业个体发展水平存在较大差异，仍存在部分企业因能力不足而受到较高程度的国外上游垄断。

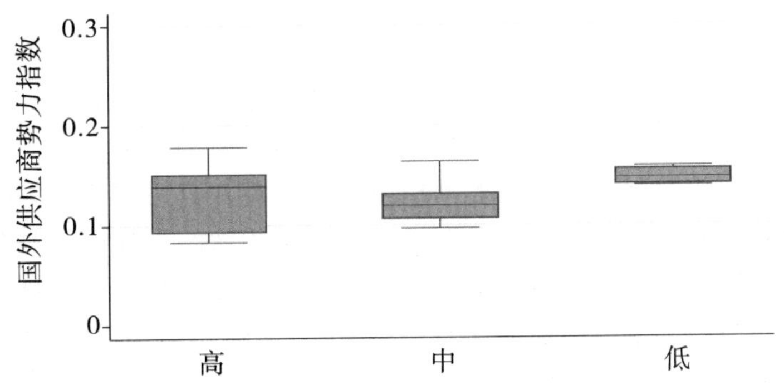

图 5－9　企业层面的国外上游垄断（行业技术供给能力分组）

最后，采用 Koopman 等（2010）的全球价值链位置指数衡量企业所处行业的价值链地位，图 5-10 显示了相应的国外上游垄断分组差异。从中可见，随着行业价值链地位下降，企业面临的国外上游垄断程度不断升高。价值链地位低的行业其国外供应商势力指数总体上高于价值链地位处于中高水平的行业，虽然行业内企业生产能力差异较大，国外供应商势力指数分布较离散，但多数企业个体所受的国外上游垄断程度仍较高。处于价值链地位较高的行业，企业更可能在价值链分工过程中成为投入资源的供应方，对国外上游行业的依赖性较小，在中间产品垄断格局中更可能把握有利的发展机会。因此，提高行业价值链地位有利于减弱企业特定的国外上游垄断。

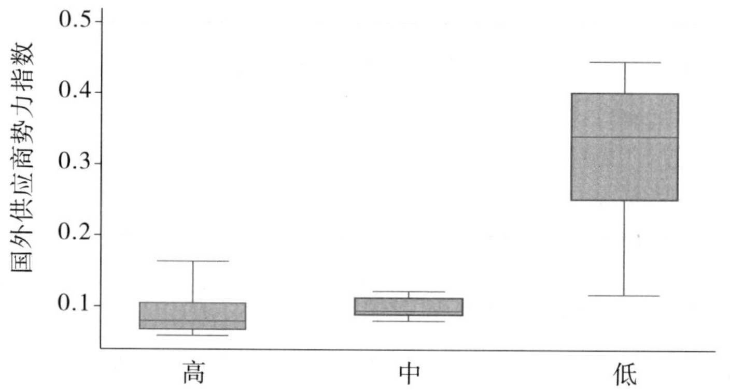

图 5-10　企业层面的国外上游垄断（行业价值链地位分组）

5.3.2　国外上游垄断的企业异质性

进一步地，从图 5-11 至图 5-13 可见不同性质企业受国外上游垄断的程度存在差异。首先，相比一般贸易企业，通过加工贸易方式进口中间产品的企业受国外上游垄断的程度更大。从图 5-11 来看，加工贸易企业的国外供应商势力指数中位数高于一般贸易企业，表明加工贸易企业个体受国外上游行业的垄断程度更高。加工贸易企业从事于加工、装配等低端价值链分工环节，不具有自主生产技术而且增值能力有限，生产所需的关键中间产品往往源于国外上游行业，对国外上游产品需求弹性较低，相对处于市场劣势地位，由此企业在更大程度上面临着国外上游垄断。相比之下，一般贸易企业具有较大的自主发展能力，能够更快地提升市场地位和实现价值链攀升，更不易受到国外上游企业行为决策的影响，面临的国外上游垄断程度较低。

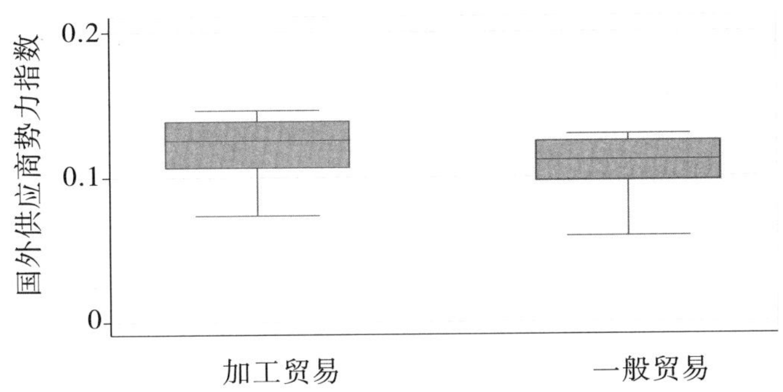

图 5-11 企业层面的国外上游垄断（企业贸易方式分组）

其次，优化资源配置是企业提升生产和管理效率的重要途径，进而可能会影响企业个体面临的国外上游垄断的问题，由此根据资源配置效率对企业进行分组，并参考孙元元和张建清（2015）采用 OP（Olley & Pakes）协方差衡量企业资源配置效率。从图 5-12 来看，资源配置效率在平均水平以上的企业受国外上游垄断的程度较低，其国外供应商势力指数的中位数小于资源配置效率低于平均水平的企业。同时，资源配置效率平均水平以上分组的国外供应商势力指数分布较集中，指数值多处于 0.15 以下，表明资源配置效率较高，企业普遍面临的国外上游垄断程度较低。资源配置效率的提升使企业能更好地改善其生产结构和管理组织，提高生产效率和管理水平，增强自主发展能力，降低对外部资源的依赖，从而有利于减弱国外上游行业对本土企业的垄断势力。

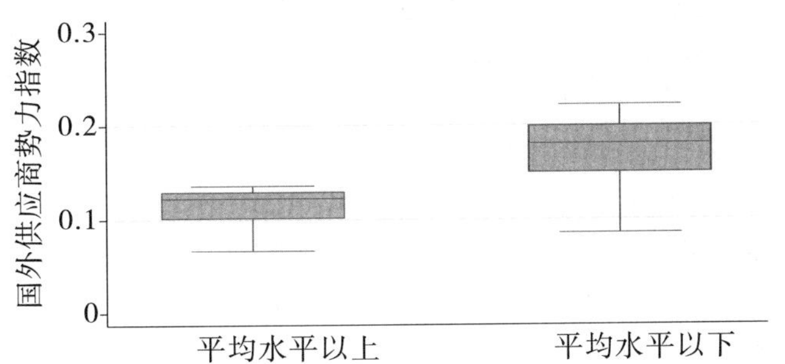

图 5-12 企业层面的国外上游垄断（企业资源配置效率分组）

最后，本书考察不同吸收能力的企业所受国外上游垄断情况，现有研究多从研发投入和人力资本水平衡量吸收能力，囿于数据局限性，在此借鉴樊纲等（2003）采用主成分分析法构造企业吸引人才能力的综合指标，以此代理人力资本水平衡量企业吸收能力。企业人才吸引力分组的国外供应商势力指数如图 5 –13 所示，人才吸引力在平均水平以上的企业总体上面临的国外上游垄断程度较低，其国外供应商势力指数中位数明显低于平均水平以下分组的企业，表明吸收能力较强的企业更不易受制于国外上游垄断势力。而且，国外供应商势力指数在人才吸引力平均水平以上分组中分布更集中，可见提升吸收能力有利于缓解企业个体面临的国外上游垄断问题。

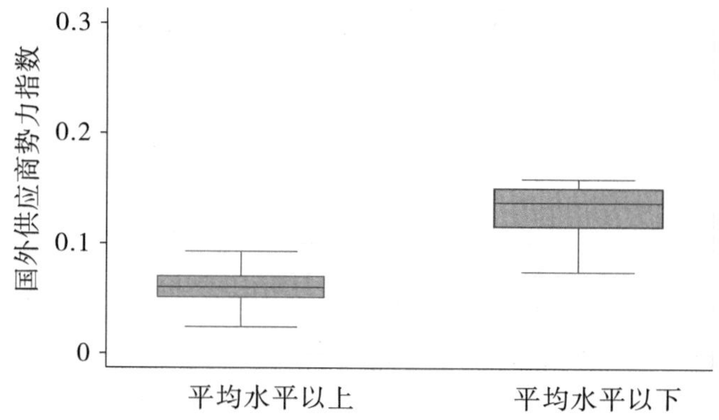

图5 –13　企业层面的国外上游垄断（企业人才吸引力分组）

5.3.3　国外上游垄断的中间产品异质性

企业进口中间产品的种类和来源地具有多样性，那么进口不同中间产品是否使企业个体面临的国外上游垄断呈现差异？为了回答这一问题，本书分别从产品种类和来源地角度考察企业个体面临的国外上游垄断。一方面，根据行业技术密集度将产品划分为高技术产品及其他产品，从图 5 –14可见，是否进口高技术产品使企业面临的国外上游垄断具有差异性。其中，进口高技术产品的企业面临着较高程度的国外上游垄断，相应国外供应商势力指数集中于 0. 12 以上，而进口其他产品企业的国外供应商势力指数分布较离散，且中位数明显较低。从上述测算结果来看，进口高技术含量的中间产品使企业更易受到国外上游行业的垄断，表明本土中间产品进口企业主要在技术方面对外存在较大依赖。另一方面，基于专利申请量、研发人员数量和知识产权使用费，采用熵值法构造国家技术水平指标，再根据技术水平指标将来源地划分为高技术国家和其他国家两组，从

图 5 - 15 可知，企业在不同来源地进口面临的国外上游垄断也有所不同。从高技术国家进口使企业个体面临着更高程度的国外上游垄断，其国外供应商势力指数平均水平较高，并且主要分布于 0. 11 以上；而从其他国家进口的企业其国外供应商势力指数平均处于较低水平，且其中 50% 以上企业的垄断指标值小于 0. 1。由此表明，技术发达的国家往往主导着国外上游垄断格局，本土企业个体面临的国外上游垄断势力主要源于这些价值链主导者。

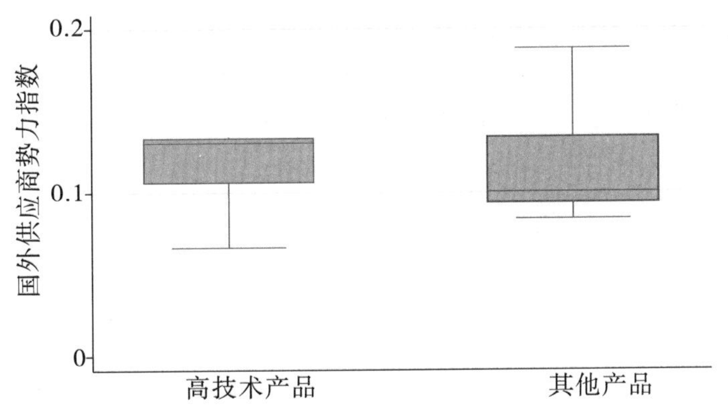

图 5 - 14　企业层面的国外上游垄断（进口产品种类分组）

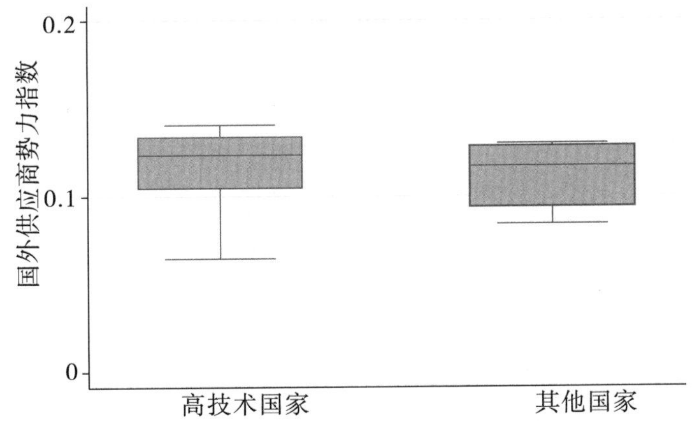

图 5 - 15　企业层面的国外上游垄断（进口来源地分组）

本书基于测算准确性、行业可比性及数据可得性选取勒纳指数衡量市场垄断程度，并在此基础上，构建行业层面的国外上游垄断指数，以衡量本土企业整体面临的国外上游行业垄断水平。本书还将市场区位因素纳入国外上游垄断的测算，基于汇率传递效应与企业定价行为的关系，在“产品—来源地”层面估算中间产品市场的垄断程度，并结合企业生产投入组合构建国外供应商势力指数，以衡量企业个体所受的国外上游垄断。行业层面和企业层面的国外上游垄断测算结果均表明：①国外上游垄断总体上保持平稳趋势，我国企业持续面临的国外上游垄断局面未有本质变化。②国外上游垄断在不同行业间存在明显差异，其中计算机电子产品、化学品及相关制品、橡胶及相关制品、机械设备和运输设备等技术密集行业的国外上游垄断问题较为严峻。③国外上游垄断主要源于计算机电子产品、机械设备和运输设备等高技术行业和化工、金属等通用资源行业，现已形成以这些行业领导者为主导的国外上游垄断格局。

6　国外上游垄断对企业创新影响的基础检验

根据第3章的理论假设，采用第五章构建指标的方法和微观企业数据，本章对国外上游垄断效应进行基础检验。首先，通过基础回归分析和一系列稳健性检验，证实国外上游垄断对企业创新具有显著影响。其次，检验国外上游垄断影响企业创新的作用机制。最后，检验国外上游垄断的价值链传导效应。

6.1　计量模型设定与数据说明

6.1.1　计量模型设定

借鉴张杰和郑文平（2017）、王永钦等（2018）的研究，本书设定以下计量模型：

$$Innov_{ijt} = \beta_0 + \beta_1 FUmonopoly_{jt} + \beta_2 FUmonopoly_{jt}^2 + Controls + \gamma_j + \gamma_t + \varepsilon_{ijt} \quad (6-1)$$

其中，i、j、t 分别表示企业、行业和年份，$Innov$ 表示企业创新水平，$FUmonopoly$ 表示国外上游行业的垄断程度，根据理论假设加入其二次项 $FUmonopoly^2$，以此检验国外上游垄断与企业创新是否存在“倒U形”关系。$Controls$ 包括企业个体、行业及地区层面的一系列控制变量，同时加入行业固定效应 γ_j 和年份固定效应 γ_t，ε 为扰动项。变量测度方法如下：

第一，企业创新水平 $Innov$。当前实证研究中的创新指标主要有投入和产出两类，创新投入指标包括研发人员强度、研发支出强度和研发强度（Braga & Willmore，1991）。创新产出指标主要包括专利申请量、新产品产出强度和产品创新二值变量（刘啟仁和黄建忠，2016）。本书在实证分析中根据企业报告的新产品产值构建创新产出指标，具体采用新产品产值率即新产品产值占工业总产值的比重来测度创新产出指标。通过上述指标可以看出，衡量企业创新活动水平的优点在于：一方面，相比研发人员强度、研发支出强度等创新投入指标，新产品产值率作为创新产出指标能够直接衡量企业创新活动的结果，更能体现企业实际创新水平；另一方面，新产品产值率相比产品创新二值变量包含更多企业创新活动的相关信息，从中不仅能够获悉企业是否进行创新活动，还能得到企业个体间的创新产出差距。

第二，国外上游垄断程度 *FUmonopoly* 。本书采用基于勒纳指数的行业层面国外上游垄断指标衡量核心解释变量，具体测算方法如第 5 章的 5.1.2 所述。主要原因如下：一方面，行业层面的国外上游垄断指数能够衡量企业共同面临的国外上游垄断，无论企业是否直接进口中间产品，其创新都可能会受到国外上游垄断的影响，而企业层面的国外上游垄断指数局限于进口中间产品企业，不能满足本书尝试全面分析国外上游垄断效应的需求。另一方面，基于测算准确性、行业可比性以及数据可得性，发现勒纳指数及市场集中度指数较其他指标更适用于国外上游垄断的测算，并且考虑勒纳指数的测算逻辑在于企业市场势力的基本定义，相对市场集中度指数更能直接反映市场垄断程度。此外，企业层面的国外上游垄断指标及基于赫芬达尔指数、前四位和前八位行业集中率等市场集中度指数的行业层面国外上游垄断指标可用于稳健性检验。

第三，控制变量 *Controls*。①企业控制变量：企业年龄，采用当期年份与成立年份的差值衡量；企业规模，采用从业人数的对数值衡量；资本密集度，采用固定资产与从业人数的比值衡量；融资约束，采用利息支出与固定资产之比衡量；政府补贴，采用企业补贴收入与销售额之比衡量；员工薪资水平，采用人均工资的对数值衡量。②行业控制变量：行业资本情况，采用行业层面的固定资产增长率衡量；行业融资情况，采用行业层面的利息支出增长率衡量；行业发展情况，采用行业销售额增长率衡量。③地区控制变量：经济发展水平，采用省级人均 GDP 的对数值衡量；财政支出水平，采用财政支出与 GDP 总值之比衡量；产业发展水平，采用第二、第三产业的增长率衡量。

6.1.2 数据说明

本书主要数据来源如下：一是中国工业企业数据库，包含国有企业及规模以上（年主营业务收入 500 万元及以上）非国有企业的新产品产值、工业总产值、企业成立年份、从业人数、利息支出、固定资产、政府补贴收入、人均工资等基本信息及财务数据。本书参照已有研究的常规数据处理方法对中国工业企业数据进行跨年匹配，并删除不符合“规模以上”的标准、财务数据不符合会计原则及年龄为负数的企业样本，并剔除关键指标缺失的样本。二是 Osiris 数据库，包含全球 150 多个国家和地区的企业基本信息及资本财务成本、营业利润和销售额等财务数据。其他数据来源包括：WIOD 数据库，提供我国对外直接消耗数据；中国统计年鉴，提供行业固定资产、行业利息支出、行业销售额、行业增长率、省级 GDP、省级财政支出等行业及地区特征数据。此外，考虑在 2008—2010 年中国工业企业数据库中，新产品产值、销售收入、补贴收入等一些重要变量缺失，同时 2011 年及以后年份的工业企业“规模以上”标准从“500 万元及以上”变更为“2 000 万元及以上”，故本书采用 2008 年以前的数据进行实证检验，样本区间为 2000—2007 年。

6.2 国外上游垄断对企业创新的总效应

6.2.1 总效应的基础回归结果

表 6－1 汇报了基准模型（6－1）的估计结果。其中，第（1）列给出未控制其他变量的情形，从中可见，国外上游垄断的一次项系数显著为正而二次项系数显著为负。第（2）（3）列分步加入一系列控制变量和行业、年份固定效应，国外上游垄断及其二次项的回归系数仍显著且符号方向与第（1）列一致，表明国外上游垄断与企业创新具有显著的“倒 U 形”关系。当国外上游垄断处于低位水平时，其对企业创新具有积极影响，但由于二次项系数为负，随着垄断程度的升高，这种正向效应会逐渐弱化；当国外上游垄断程度持续升高至某一临界值之后而处于高位水平时，企业创新会受到抑制作用，而且随着国外上游垄断程度提高，这种负向效应会不断得到强化。根据第（3）列的最终回归结果，可计算得到国外上游垄断的临界值为 0.32。

表 6－1 基础回归结果

创新	（1）	（2）	（3）
国外上游垄断	0.001 2** （0.000 6）	0.001 7** （0.000 7）	0.019 5*** （0.000 8）
国外上游垄断二次项	－0.011 6*** （0.000 8）	－0.011 4*** （0.000 9）	－0.030 8*** （0.001 0）

（续上表）

创新	（1）	（2）	（3）
企业年龄		（0.000 0） （0.000 0）	（0.000 0） （0.000 0）
企业规模		0.013 5*** （0.000 1）	0.013 6*** （0.000 1）
资本密集度		0.259 8*** （0.030 6）	0.276 1*** （0.030 5）
融资约束		-0.054 7 （0.064 0）	-0.050 6 （0.063 8）
政府补贴		0.063 8*** （0.007 4）	0.055 0*** （0.007 3）
员工薪资水平		0.039 8*** （0.002 9）	0.036 4*** （0.002 9）
行业控制变量	否	是	是
地区控制变量	否	是	是
行业固定效应	否	否	是
年份固定效应	否	否	是
常数项	0.094 9*** （0.000 2）	0.097 3*** （0.000 4）	0.095 3*** （0.000 4）
观测值	953 332	773 028	773 028
R^2	0.004	0.016	0.021

注：**、***分别表示5%和1%的显著性水平；括号内为标准误。

表6-2报告了各行业所面临的国外上游垄断情况，结合回归结果估算的垄断临界值可见，计算机、电子和光学产品，其他运输设备，化学品及相关制品，橡胶及相关制品，其他机械设备等多个行业面临的国外上游垄断程度已越过临界值；家具制造及其他制品，食品、饮料和烟草加工制品，木材及相关制品等行业的国外上游垄断程度则未越过临界值。综合来看，计算机、电子和光学产品与其他运输设备等技术密集度较高行业的国外上游垄断程度已达到临界值以上水平，这些行业的企业创新在中间产品进口中会受到来自国外上游行业的阻力，逐渐打破国外上游垄断已势在必行。

表 6-2　各行业面临的国外上游垄断

行业分组	国外上游垄断指数
临界值以上	计算机、电子和光学产品（0.59），其他运输设备（0.45），化学品及相关制品（0.43），电力设备（0.36），橡胶及相关制品（0.38），其他机械设备（0.36），纸和纸制品（0.33）
临界值以下	记录媒介物的印制及复制（0.31），汽车、挂车和半挂车（0.30），焦炭和精炼石油产品（0.29），家具制造及其他制品（0.26），食品、饮料和烟草加工制品（0.15），基础金属（0.25），纺织品、服装、皮革及相关产品（0.28），金属制品（机械和设备除外）（0.26），其他非金属矿物制品（0.26），木材及相关制品（0.21），药品、药用化学品及植物药材（0.22）

注：括号内为国外上游垄断指数。

此外，企业控制变量的回归系数基本符合理论预期。其中，企业规模对创新有显著的正向影响，规模较大企业通过规模效应更能承担高昂的创新投入成本，从而更有利于创新；员工薪资水平对企业创新有显著的积极作用，员工薪资水平较高的企业具有更多人力资本，进而促进创新发展；资本密集度的提升有利于促进企业创新，资本密集度较高的企业往往拥有较先进的生产技术和设备，为研发创新提供良好的物质基础；政府补贴对企业创新有显著正向效应，表明提供资金支持有利于激励企业进行研发创新。

6.2.2　影响机制检验

根据第三章的理论分析，国外上游垄断通过“质量提升”效应和“价格上涨”效应两种渠道影响本土企业创新，并预期质量效应为正、价格效应为负。本书在此实证检验这两种影响渠道，并对前文“国外上游垄断程度与企业创新呈‘倒U形’关系”的结论做进一步解释，具体计量模型设定如下：

$$Innov_{ijt} = \beta_0 + \beta_1 FUmonopoly_{jt} + \beta_2 FUquality_{jt} \times FUmonopoly_{jt} + \beta_3 FUquality_{jt} + Controls + \gamma_j + \gamma_t + \varepsilon_{ijt} \tag{6-2}$$

i、j、t 分别表示企业、行业和年份，*FUquality* 为国外上游中间产品质量水平，用国外上游各行业的中间产品质量加权平均值衡量，权重为国外上游行业占本土行业生产投入的比重，以行业创新水平作为质量的代理变量，采用 Osiris 企业研发投入数据计算得到。*Innov*、*FUmonopoly* 的含义与前文一致，*Controls* 包含企业、行业及地区等维度的控制变量，同时加入行业固定效应 γ_j 和年份固定效应 γ_t，ε 为随机扰动项。

表6-3报告了具体的检验结果。从第（1）~（3）列的分步回归结果来看，国外上游垄断程度与中间产品质量水平交互项的回归系数均显著为正，表明国外上游垄断通过影响中间产品质量对企业创新产生积极作用；在控制了国外上游中间产品质量之后，国外上游行业垄断程度的回归系数主要反映由垄断导致的国外上游中间产品价格变化对企业创新产生的影响，其估计值显著为负，说明国外上游行业垄断会通过推高中间产品交易价格来阻碍企业开展创新活动。上述回归结果与理论预期一致，可以进一步解释"国外上游垄断程度与企业创新水平呈'倒U形'关系"的形成机理。

表6-3 影响机制检验结果

创新	（1）	（2）	（3）
国外上游垄断	-0.002 9*** （0.000 2）	-0.002 6*** （0.000 3）	-0.003 2*** （0.000 4）
上游产品质量	0.005 2*** （0.000 1）	0.004 9*** （0.000 1）	0.002 4*** （0.000 2）
国外上游垄断×上游产品质量	0.040 2*** （0.001 2）	0.030 8*** （0.001 4）	0.038 2*** （0.006 5）
控制变量	否	是	是
行业、年份固定效应	否	否	是
常数项	0.067 6*** （0.001 1）	0.359 2*** （0.012 5）	3.365 5** （1.338 4）
观测值	953 332	773 028	773 028
R^2	0.007	0.020	0.023

注：**、***分别表示5%和1%的显著性水平；括号内为标准误。

当垄断程度处于低位水平时，国外上游企业不具有较强市场势力，并且相互之间存在较为激烈的竞争。此时，为了获得市场垄断地位，国外上游企业有更大动力开展创新活动，并为下游企业提供更高质量的中间产品，同时也有较大激励与下游企业进行密切的技术合作。因此，国外上游垄断对企业创新所带来的质量正效应相对大于价格负效应，进口来自上游行业的中间产品有利于企业创新。随着国外上游行业垄断程度的提高，国外上游企业的市场势力不断扩大，对产品价格、价值链上的资源配置与收益分配的控制能力逐渐增强，在以更高的价格出售中间产品的同时，创新和提升中间产品质量的激励也会逐渐弱化。当垄断程度越过一定临界值而达到高位水平时，价格负效应会相对大于质量正效应，此时进口相关上游行业的中间产品反而会抑制企业创新。综上可以看出，“国外上游垄断程度与企业创新水平呈‘倒 U 形’关系”是价格负效应和质量正效应此消彼长、综合作用的结果。

6.2.3 总效应的稳健性检验

第一，“倒 U 形”关系再检验。考虑国外上游垄断与企业创新的内生性问题可能导致两者出现虚假的“倒 U 形”关系，本书由此参照 Haans 等（2016）的方法做进一步检验。首先检验国外上游垄断最小值处斜率的符号及显著性，其次检验国外上游垄断最大值处斜率的符号及显著性，最后估计门槛值及相应置信区间。从表 6－4 的检验结果来看，函数斜率在国外上游垄断最小值和最大值处的符号分别为正、负。同时，所估计的门槛值为 0.316 5，其 95% 置信区间处于国外上游垄断的取值范围之内，总体 P 值小于 0.01，能够在 1% 的统计水平上拒绝“线性或 U 形关系”的原假设。根据上述检验结果，本书再次证实国外上游垄断程度与企业创新水平具有“倒 U 形”关系。

表 6－4　“倒 U 形”关系再检验结果

	最小值	最大值
区间	0.011 8	0.705 7
斜率	0.018 7	－0.023 9
T 值	25.502 0	－33.962 2
P 值	0.000 0	0.000 0
门槛值	0.316 5	
门槛值区间	[0.309 5，0.323 1]	
“倒 U 形”检验 t 值	25.500 0	
“倒 U 形”检验 P 值	0.000 0	

第二，变量测量误差问题。上述回归分析均基于行业层面的国外上游垄断指数，探讨了行业内企业共同面临的国外上游垄断问题，但未能准确地反映企业个体面临国外上游垄断的具体情况。因此，本书进一步采用企业个体层面的国外上游垄断指数——国外供应商势力指数进行实证检验。

表6-5第（1）列报告了特定企业国外上游垄断对创新影响的回归结果，可见国外上游垄断一次项的系数显著为正、二次项系数显著为负，表明企业个体所受的国外上游垄断与创新存在显著的“倒U形”关系。另外，常用的垄断衡量指标还包括赫芬达尔指数、前四位和前八位行业集中率等市场集中度指数，本书还采用这些指标测度行业层面的国外上游垄断指数，相应回归结果如表6-5第（2）~（4）列给出，可见国外上游垄断回归系数与基础检验结果一致。

表 6-5　处理内生性问题的回归结果

创新	(1) 国外供应商势力	(2) *HHI*	(3) *CR4*	(4) *CR8*	(5) 专利总数	(6) 发明专利	(7) Heckman 两步法	(8) 工具变量法
国外上游垄断	0.031 2*** (0.001 0)	0.061 1*** (0.001 7)	0.104 6*** (0.003 8)	0.161 0*** (0.005 1)	0.045 5*** (0.001 5)	0.014 2*** (0.001 1)	0.007 2*** (0.000 6)	0.032 1*** (0.005 3)
国外上游垄断二次项	-0.026 7*** (0.001 3)	-0.113 2*** (0.003 0)	-0.372 5*** (0.015 2)	-0.514 7*** (0.018 1)	-0.062 6*** (0.002 0)	-0.021 9*** (0.001 4)	-0.011 9*** (0.000 7)	-0.051 0*** (0.007 6)
Kleibergen & Paap rk *LM*								7 531.320 0 (0.000 0)
Kleibergen & Paap rk *F*								4 851.335 0 (7.030 0)
Lambda							-0.019 0*** (0.000 0)	
控制变量	是	是	是	是	是	是	是	是
企业固定效应	是	否	否	否	否	否	否	否
行业、年份固定效应	是	是	是	是	是	是	是	是
常数项	0.024 8*** (0.000 3)	0.091 6*** (0.000 4)	0.089 8*** (0.000 5)	0.084 3*** (0.000 6)	0.101 5*** (0.000 8)	0.103 3*** (0.000 5)	0.097 3*** (0.000 3)	0.080 6*** (0.002 2)
观测值	713 760	773 028	773 028	773 028	773 068	773 068	721 544	308 444
R^2	0.624	0.021	0.021	0.021	0.028	0.013	0.526	0.021

注：***表示1%的显著性水平；括号内为标准误；Kleibergen & Paap rk *LM* 数值下括号为 *P* 值；Kleibergen & Paap rk *F* 数值下括号为 Stock-Yogo 弱识别检验的10%显著性水平临界值。

然后，改变被解释变量衡量方法。参照一般做法，本书首先采用企业专利申请总量的对数值重新测度企业创新水平；其次考虑发明专利更可能体现企业的创新水平，采用企业发明专利申请量的对数值测度企业创新，以此进一步检验基础回归结果的稳健性，相应估计结果列于表 6－5 的第（5）（6）列。从中可见，国外上游垄断的一次项系数和二次项系数均显著且符号方向均未发生改变，与基础回归结果相一致，表明国外上游垄断程度与企业创新水平仍然存在“倒 U 形”关系。

第三，样本选择性偏差问题。是否开展创新活动是企业的内生性选择，且一定程度上受到国外上游垄断的影响。为了解决企业创新自选择行为导致的样本选择性偏差问题，在此采用 Heckman 两步法对国外上游垄断与企业创新的关系做进一步检验。首先通过 Probit 模型估计企业进行创新的概率，并估算逆米尔斯比率（*Lambda*），然后将 *Lambda* 加入基础模型（6－1）进行回归分析。回归结果如表 6－5 第（7）列所示，国外上游垄断的一次项系数显著为正、二次项系数显著为负，证明基础回归结果稳健。

第四，逆向因果关系问题。虽然本书利用行业层面的国外上游垄断对企业个体创新进行回归分析，在一定程度上缓解了逆向因果关系的内生性问题，但仍存在企业创新影响国外上游市场结构的可能性。为了尽可能避免逆向因果关系的内生性问题，在此使用两阶段最小二乘法进行回归分析，工具变量为国外上游垄断的滞后项。一方面，国外上游垄断当期情况与其历史发展密切相关；另一方面，当期的国外上游垄断无法反向影响过去的发展情况，因此核心变量的滞后项满足工具变量的外生性条件。从表 6－5 第（8）列的回归结果来看，国外上游垄断一次项、二次项的回归系数与基础回归结果保持一致，并且 Kleibergen & Paap rk *LM* 统计量的 *P* 值为 0.000 0，在 1% 的显著性水平上拒绝了“工具变量不可识别”的原假设，Kleibergen & Paap rk *F* 值也大于 Stock-Yogo 弱识别检验在 10% 显著性水平上的临界值，表明“工具变量弱识别”的问题不存在。工具变量回归结果表明核心结论仍然成立。

第五，影响机制再检验。前文已通过实证检验对“国外上游垄断程度与企业创新水平呈‘倒 U 形’关系”的作用机理并做了一定解释，但由于缺乏非进口企业间接使用国外中间产品的价格数据，不能直接检验国外上游垄断对本土整体企业创新的价格效应。但为了更清晰地阐明国外上游垄断对创新的影响机制，本书在此采用进口企业样本并通过中介效应模型对国外上游垄断的质量效应和价格效应做进一步检验，中介变量为进口中间产品质量和价格，其中进口中间产品质量的估计方法参考施炳展和曾祥菲（2015）的研究，回归结果如表6-6所示。从第（1）（4）列的回归结果可见，国外上游垄断同时对进口中间产品质量和价格具有正向影响。第（2）（5）列的回归结果表明进口中间产品质量和价格对企业创新分别具有正向效应和负向效应。再从第（3）（6）列的回归结果来看，加入进口中间产品质量和价格变量之后，国外上游垄断对企业创新的回归系数相比于表6-6第（1）列的结果更小。综合上述回归结果来看，进口中间产品的质量正效应和价格负效应是国外上游垄断对企业创新产生影响的重要作用机制，这进一步证实了本书的理论假设。

表 6－6　影响机制的再检验结果

	(1) 质量	(2) 创新（质量效应）	(3) 创新（质量效应）	(4) 价格	(5) 创新（价格效应）	(6) 创新（价格效应）
国外上游垄断	0.733 6*** (0.011 6)		0.004 7*** (0.000 2)	0.279 4*** (0.012 8)		0.003 6*** (0.000 1)
国外上游垄断二次项			－0.004 5*** (0.000 2)			－0.003 1*** (0.000 1)
进口中间产品质量/价格		0.045 5*** (0.009 3)	0.088 5*** (0.009 4)		－0.022 4*** (0.003 6)	－0.039 2*** (0.003 7)
控制变量	是	是	是	是	是	是
一系列固定效应	是	是	是	是	是	是
常数项	－2.521 1*** (0.033 2)	0.026 8*** (0.000 5)	0.023 4*** (0.000 5)	－0.827 6*** (0.045 7)	0.026 8*** (0.000 3)	13.454 1*** (0.097 8)
观测值	713 760	713 760	713 760	713 760	713 760	713 760
R^2	0.257	0.639	0.640	0.399	0.624	0.599

注：＊＊＊表示1%的显著性水平；括号内为标准误。

6.3 国外上游垄断对企业创新的价值链传导效应

6.3.1 价值链传导效应的计量模型设定和数据说明

理论分析表明国外上游垄断对企业创新具有价值链传导效应，即使企业未直接进口中间产品，国外上游垄断也会通过价值链分工环节的层层传递对其创新产生间接作用。本书进一步探讨国外上游垄断的这一间接影响，设定计量模型如下：

$$Innov_{ijt} = \beta_0 + \beta_1 IUPmonopoly_{ijt} + \beta_2 IUPmonopoly_{ijt}^2 + Controls + \gamma_i + \gamma_j + \gamma_t + \varepsilon_{ijt} \quad (6-3)$$

其中，i、j、t 分别表示企业、行业和年份；*Innov* 为企业的创新活动水平；*IUPmonopoly* 表示企业个体间接面临的国外上游垄断；*Controls* 表示控制了其他影响创新的时变因素；同时，在回归中控制企业固定效应 γ_i、行业固定效应 γ_j 和年份固定效应 γ_t；ε 为随机扰动项。本书采用以下方法衡量企业个体间接面临的国外上游垄断 *IUPmonopoly*（下文分析中简称为"间接国外上游垄断"）：首先，在"产品—来源地"层面识别企业未进口的中间产品，并根据第五章 5.1.3 的方法测算其市场垄断指数；其次，将未进口中间产品的市场垄断指数加权求和；最后，得到未进口中间产品的加权市场垄断指数为 $\sum_{k'_i}(1-\beta_0)_{k'_i} \times IIratio_{k'_it}$，$k'$ 表示未进口的中间产品种类，$1-\beta_0$、*IIratio* 分别表示国外中间产品的市场垄断指数及其占国内上游行业生产投入比重。创新变量和控制变量与第六章 6.1 一致。相关数据来源中国海关数据库和中国工业企业数据库，样本区间为 2000—2007 年。

6.3.2 价值链传导效应的基础回归结果

式（6-3）的回归结果如表 6-7 所示。本书在第（1）列仅加入间接国外上游垄断变量，可见一次项系数显著为正而二次项系数显著为负，表明间接国外上游垄断与企业创新呈现显著的"倒 U 形"关系。在第（2）（3）列中逐步加入一系列控制变量和企业、行业、年份固定效应，间接国外上游垄断一次项及二次项的回归系数仍显著且符号方向未发生改变，表明间接国外上游垄断与企业创新仍然存在显著的"倒 U 形"关系。上述回归结果证明，虽然进口企业生产所需中间产品并不完全源于直接进口，但其所使用的国内中间产品在一定程度上包含了进口中间产品的价值，由此国外上游垄断势力可作用于国内上游行业生产，并通过国外价值链向国内延伸而对企业创新产生间接影响，即国外上游垄断具有价值链传导效应。国外上游垄断在其程度较低时，对国内上游行业生产的影响以“质量提升”效应为主，有利于提升国内中间产品生产效率和质量水平，进而通过国内价值链前向延伸间接地对企业创新产生积极作用。随着国外上游垄断程度逐渐升高，其对国内上游行业的“质量提升”效应逐渐减小，而“价格上涨”效应不断增大，尤其在越过一定临界值之后，“价格上涨”效应占据优势地位，导致国内中间产品“质量价格比”降低而间接地抑制企业创新。

表 6－7　价值链传导效应的基础回归结果

创新	(1)	(2)	(3)
间接国外上游垄断	0.079 4*** (0.009 3)	0.081 2*** (0.009 3)	0.086 0*** (0.011 3)
间接国外上游垄断二次项	-0.129 9*** (0.015 0)	-0.132 4*** (0.015 0)	-0.122 0*** (0.018 6)
企业年龄		0.000 1*** (0.000 0)	0.000 0 (0.000 0)
企业规模		0.033 1*** (0.000 2)	0.038 7*** (0.000 2)
资本密集度		0.000 6*** (0.000 2)	0.001 1*** (0.000 2)
融资约束		-0.003 6*** (0.001 0)	-0.005 2*** (0.001 0)
政府补贴		0.000 1* (0.000 1)	0.162 2*** (0.011 8)
员工薪资水平		0.000 1 (0.000 1)	0.000 2 (0.000 2)
行业、地区控制变量	否	是	是
企业、行业、年份固定效应	否	否	是

（续上表）

创新	(1)	(2)	(3)
常数项	0.018 4***	0.018 3***	0.022 6***
	(0.001 4)	(0.001 4)	(0.001 6)
观测值	282 979	282 025	282 025
R^2	0.260	0.262	0.705

注：*、***分别表示10%和1%的显著性水平；括号内为标准误。

随着生产分工时序递进，上下游行业生产联系的紧密性会逐渐减弱，那么国外上游垄断对企业创新的价值链传导效应是否因此弱化？企业所处行业与其间接上游行业在价值链上的间隔距离达到一定长度后，这一国外上游垄断间接效应是否会消失？为了回答上述问题，本书进一步从生产联系紧密性的角度检验不同国内上游行业所面临的国外上游垄断对企业创新的间接影响。首先，通过行业间直接消耗系数衡量生产联系的紧密性，直接消耗系数值越大表示生产联系越紧密；其次，根据生产联系紧密性由高到低排列各个上游行业，以此识别本行业在其价值链上的相对分工位置，接着以企业所处行业为终点，将其与倒数第一个分工环节的价值链距离设为步长一，与倒数第二个分工环节的价值链距离设为步长二，以此类推可知其他上游行业与本行业的价值链距离；最后，对于价值链距离由大到小排列的上游行业，分别检验其直接面临的国外上游垄断对下游企业创新的间接影响。相应回归结果如表6-8所示，从中可见，价值链距离为步长一的行业其间接国外上游垄断的回归系数明显最大，随着上游行业与本行业价值链距离的逐渐拉大，间接国外上游垄断的回归系数逐渐减小，尤其在价值链距离增至步长四之后，间接国外上游垄断的回归系数下降幅度明显增大，表明经过价值链层层递进至第四个相对下游环节时，国外上游垄断的间接影响显著减小。而且，间接国外上游垄断的回归系数在价值链距离为步长六时显著性下降，并在价值链距离为步长七时不显著，表明国外上游垄断的间接影响在向下游传递约六七层后会逐渐消失。上述回归分析证明了国外上游垄断对企业创新的价值链传导效应会随着生产联系弱化而消减。

表 6-8　价值链距离不同环节的传导效应

创新	(1) 步长一	(2) 步长二	(3) 步长三	(4) 步长四	(5) 步长五	(6) 步长六	(7) 步长七
间接国外上游垄断	0.552 0*** (0.023 2)	0.124 2*** (0.008 7)	0.094 2*** (0.007 7)	0.019 1*** (0.001 1)	0.020 9*** (0.003 0)	0.023 3** (0.011 2)	0.025 4 (0.057 5)
间接国外上游垄断二次项	-0.398 9*** (0.022 1)	-0.187 5*** (0.023 2)	-0.136 0*** (0.032 4)	-0.059 1*** (0.005 0)	-0.050 5** (0.024 7)	-0.015 2* (0.008 7)	-0.014 8 (0.046 3)
企业控制变量	是	是	是	是	是	是	是
行业控制变量	是	是	是	是	是	是	是
地区控制变量	是	是	是	是	是	是	是
企业固定效应	是	是	是	是	是	是	是
行业固定效应	是	是	是	是	是	是	是
年份固定效应	是	是	是	是	是	是	是
常数项	0.024 8*** (0.000 9)	0.020 5*** (0.001 1)	0.021 6*** (0.001 1)	0.028 2*** (0.001 1)	20.984 7*** (0.482 9)	-4.457 0*** (0.872 6)	0.001 2 (0.004 7)
观测值	282 025	282 025	282 025	282 025	282 025	282 025	282 025
R^2	0.712	0.711	0.712	0.712	0.712	0.639	0.632

注：*、**和***分别表示10%、5%和1%的显著性水平；括号内为标准误。

6.3.3 价值链传导效应的稳健性检验

第一，再次检验“倒U形”关系。考虑到间接国外上游垄断与企业创新可能呈现虚假的“倒U形”关系，本书由此参照Haans等（2016）的方法做进一步检验。首先检验间接国外上游垄断在最小值处的斜率符号及显著性，其次检验其最大值处斜率的符号及显著性，最后估计“倒U形”函数的门槛值及相应置信区间。从表6-9的检验结果来看，间接国外上游垄断在最小值和最大值处的斜率分别显著为正和负；同时，所估计的门槛值为0.3525，其95%置信区间为［0.3343，0.3812］，可见处于间接国外上游垄断［0.0001，0.4809］的取值范围之内，“倒U形”检验的总体P值小于0.01，能够通过“倒U形”关系的检验。根据上述检验结果，本书再次证实间接国外上游垄断与企业创新存在显著的“倒U形”关系，表明国外上游垄断对企业创新具有价值链传导效应。

表6-9 价值链传导效应的“倒U形”关系检验

	最小值	最大值
区间	0.0001	0.4809
斜率	0.0860	-0.0313
T值	7.6332	-4.4810
P值	0.0000	0.0000
门槛值	0.3525	
门槛值区间	［0.3343，0.3812］	
“倒U形”检验t值	4.4800	
“倒U形”检验P值	0.0000	

第二，通过更换相关测算方法处理变量测量误差问题。一方面，更换间接国外上游垄断测算方式。前文基于海关编码和直接消耗系数测算企业未进口中间产品的加权市场垄断指数，在此分别采用国际标准行业分类方法（ISISRev.4）和完全消耗系数测算该指数，回归结果如表6-10第（1）（2）列所示。另一方面，更换被解释变量的衡量指标。采用专利申请总量的对数值衡量创新产出水平；为了更加准确地测度创新活动水平，进一步采用企业发明专利申请数的对数值衡量被解释变量，回归结果如表6-10第（3）（4）列所示。从上述回归结果可见，间接国外上游垄断的一次项系数显著为正而二次项系数显著为负，证明基础回归结果稳健。

表 6-10 价值链传导效应的其他稳健性检验结果

创新	(1) ISIC2 测算法	(2) 完全消耗系数 测算法	(3) 专利总数	(4) 发明专利	(5) Heckman 两步法	(6) 工具变量法
间接国外上游垄断	0.210 9*** (0.020 4)	0.138 4*** (0.013 2)	2.862 5*** (0.477 8)	2.666 4*** (0.146 9)	0.157 5*** (0.008 5)	1.845 9*** (0.651 8)
间接国外上游垄断二次项	-1.542 0*** (0.141 5)	-0.771 2*** (0.098 7)	-3.972 5*** (0.793 5)	-5.465 2*** (0.241 8)	-0.235 3*** (0.014 0)	-11.760 5** (5.813 8)
Kleibergen & Paap rk *LM*						110.804 0 (0.000 0)
Kleibergen & Paap rk *F*						44.060 0 (7.030 0)
Lambda					0.086 4*** (0.000 2)	
企业控制变量	是	是	是	是	是	是
行业控制变量	是	是	是	是	是	是
地区控制变量	是	是	是	是	是	是
企业固定效应	是	是	是	是	是	是
行业固定效应	是	是	是	是	是	是
年份固定效应	是	是	是	是	是	是

（续上表）

创新	（1） ISIC2 测算法	（2） 完全消耗系数 测算法	（3） 专利总数	（4） 发明专利	（5） Heckman 两步法	（6） 工具变量法
常数项	0.949 1*** （0.007 2）	-0.015 3*** （0.004 4）	0.055 6 （0.067 2）	-0.212 2*** （0.021 3）	0.014 2*** （0.001 2）	
观测值	282 025	282 025	282 580	282 580	270 743	173 053
R^2	0.663	0.706	0.951	0.698	0.835	0.232

注：**、***分别表示5%和1%的显著性水平；括号内为标准误；Kleibergen & Paap rk *LM* 数值下括号为 *P* 值；Kleibergen & Paap rk *F* 数值下括号为 Stock-Yogo 弱识别检验的10%显著性水平临界值。

第三，是否开展创新活动是企业的内生性选择且一定程度上受到国外上游垄断的影响，在此通过 Heckman 两步法处理企业创新自选择行为导致的样本选择性偏差问题。首先通过 Probit 模型估计企业进行创新的可能性，并估算逆米尔斯比率（*Lambda*），然后在式（6－3）中加入 *Lambda* 进行回归分析。从表 6－10 第（5）列相应回归结果来看，可见间接国外上游垄断与企业创新具有明显的“倒 U 形”关系，说明国外上游垄断可通过向国内价值链延伸而间接地影响企业创新活动，证明了国外上游垄断存在价值链传导效应。因此，在处理了样本选择性偏差的内生性问题之后，本书核心结论依然成立。

第四，采用工具变量法处理逆向因果关系问题。国外上游垄断与企业创新可能存在逆向因果关系，基础回归结果可能因此存在偏误，在此采用核心解释变量滞后项作为工具变量，并通过两阶段最小二乘法来检验国外上游垄断与企业创新的“倒 U 形”关系。一方面，间接国外上游垄断的滞后项与当期项具有较强相关关系；另一方面，企业个体创新水平难以对历史期间的间接国外上游垄断产生影响，因此本书所选工具变量基本满足外生性条件。从表 6－10 第（6）列的回归结果来看，间接国外上游垄断一次项和二次项的回归系数与基础回归结果一致，并且 Kleibergen & Paap rk *LM* 统计量的 *P* 值为 0.000 0，在 1% 的显著性水平上拒绝了“工具变量不可识别”的原假设，Kleibergen & Paap rk *F* 值也大于 Stock-Yogo 弱识别检验在 10% 显著性水平上的临界值，表明“工具变量弱识别”的问题不存在，再次证明基础回归结果稳健。

此外，文章进一步检验国外上游垄断对非进口企业创新的价值链传导效应。由于缺少非进口企业个体的中间投入组合数据，不能测算来自特定中间产品的国外市场垄断，在此以行业层面指标衡量非进口企业的间接国外上游垄断。非进口企业的间接国外上游垄断为 $I-IUPmonopoly_{jt}=\sum_{k'_j}(1-\beta_0)_{k'_j}\times IIratio_{k'jt}$，其中 k'_j 表示行业未进口的中间产品种类，$1-\beta_0$、$IIratio$ 分别表示国外中间产品的市场垄断指数及其占国内上游行业生产投入比重。间接国外上游垄断与非进口企业创新的分步回归结果见表 6－11，第（1）列仅加入间接国外上游垄断变量及其二次项，可见间接国外上游垄断的回归系数均显著且一次项系数为正、二次项系数为负，说明间接国外上游垄断与企业创新具有“倒 U 形”关系。在第（2）（3）列中逐步控制其他影响创新的时变因素和固定效应，间接国外上游垄断一次项及二次项的回归系数仍显著且符号方向未发生改变，再次表明本书关于间接国外上游垄断与企业创新关系的结论依然成立。表 6－12 进一步报告了不同价值链距离下间接国外上游垄断对非进口企业创新影响的回归结果，从中可见，第（1）~（7）列的间接国外上游垄断回归系数逐渐减小，其中第（6）（7）列的间接国外上游垄断回归系数的显著性明显下降，再次证明国外上游垄断对企业创新的间接影响会在国内价值链前向传递至一定阶段后弱化。

表 6-11　非进口企业样本的回归结果

创新	（1）	（2）	（3）
间接国外上游垄断	0.037 8*** （0.004 6）	0.036 4*** （0.005 2）	0.099 9*** （0.016 3）
间接国外上游垄断二次项	-0.098 8*** （0.010 3）	-0.099 8*** （0.011 5）	-0.191 8*** （0.025 7）
企业控制变量	否	是	是
行业控制变量	否	是	是
地区控制变量	否	是	是
行业固定效应	否	否	是
年份固定效应	否	否	是
常数项	-0.004 8*** （0.000 8）	0.058 1*** （0.015 0）	0.151 1*** （0.018 9）
观测值	544 257	451 911	451 911
R^2	0.005	0.014	0.015

注：***表示1%的显著性水平；括号内为标准误。

表 6－12　价值链距离不同环节的传导效应（非进口企业样本）

创新	(1) 步长一	(2) 步长二	(3) 步长三	(4) 步长四	(5) 步长五	(6) 步长六	(7) 步长七
间接国外上游垄断	0.239 2***	0.205 2***	0.042 5***	0.082 6***	0.037 9***	0.026 4***	0.043 8
	(0.011 7)	(0.007 6)	(0.013 3)	(0.008 7)	(0.001 1)	(0.001 4)	(0.064 4)
间接国外上游垄断二次项	−0.315 1***	−0.222 4***	−0.200 6***	−0.189 1***	−0.102 0***	−0.030 5**	−0.079 3
	(0.018 1)	(0.021 8)	(0.051 0)	(0.040 3)	(0.006 8)	(0.012 0)	(0.101 8)
企业控制变量	是	是	是	是	是	是	是
行业控制变量	是	是	是	是	是	是	是
地区控制变量	是	是	是	是	是	是	是
行业固定效应	是	是	是	是	是	是	是
年份固定效应	是	是	是	是	是	是	是
常数项	0.084 9***	0.102 8***	0.131 6***	0.139 5***	−0.040 2***	−1.725 3***	−0.044 4***
	(0.014 2)	(0.016 4)	(0.016 4)	(0.016 4)	(0.000 9)	(0.143 6)	(0.001 6)
观测值	451 911	451 911	451 911	451 911	451 911	451 911	451 911
R^2	0.018	0.016	0.018	0.018	0.018	0.014	0.012

注：**、***分别表示5%和1%的显著性水平；括号内为标准误。

6.3.4 价值链传导效应的异质性分析

本书基于行业本身及其前向关联、后向关联的国内价值链长度，考察国外上游垄断对不同行业价值链传导效应的差异性。从表 6－13 的回归结果可见，间接国外上游垄断与国内价值链长度交互项的回归系数显著，表明国内价值链发展水平不同的行业其创新受国外上游垄断的价值链传导效应的影响存在差异。首先，从第（1）列的回归结果可见，间接国外上游垄断与行业本身价值链长度的交互项系数符号与主效应相反，表明自身价值链较长的行业其创新受间接国外上游垄断的影响相对较小。同时，第（2）列的回归结果表明，在国内价值链前向关联较长的行业，间接国外上游垄断对企业创新的影响较小。行业本身的国内价值链较长说明该行业具有较完整的国内产业体系，而前向关联的价值链较长意味着行业处于国内价值链相对上游位置，这些行业的生产发展对其他行业的依赖程度较低，并且国内价值链前向延伸能够提升行业的价值增值能力，提高盈利水平和创新收益，有利于激励企业进行创新活动。因此，当国外上游垄断通过国内价值链层层传递时，其创新所受影响较小。

表 6－13 价值链传导效应异质性（国内价值链长度）

创新	（1） 行业本身长度	（2） 前向关联长度	（3） 后向关联长度	（4） 双重后向关联
间接国外上游垄断	5.436 9*** (0.082 9)	0.682 1*** (0.011 6)	0.585 6*** (0.014 4)	0.634 8*** (0.015 5)
间接国外上游垄断二次项	－8.424 7*** (0.198 7)	－1.099 0*** (0.022 6)	－0.951 4*** (0.029 4)	－1.001 7*** (0.033 0)
价值链长度	0.108 6*** (0.001 1)	0.019 4*** (0.000 1)	－0.015 0*** (0.000 2)	0.026 0*** (0.000 4)
间接国外上游垄断×价值链长度	－1.076 3*** (0.015 2)	－0.128 9*** (0.001 6)	0.126 1*** (0.002 2)	－0.210 7*** (0.004 1)
国外供应商势力二次项×价值链长度	1.667 6*** (0.038 4)	0.207 3*** (0.004 1)	－0.210 1*** (0.005 5)	0.339 2*** (0.010 2)
企业控制变量	是	是	是	是
行业控制变量	是	是	是	是
地区控制变量	是	是	是	是

（续上表）

创新	(1) 行业本身长度	(2) 前向关联长度	(3) 后向关联长度	(4) 双重后向关联
企业固定效应	是	是	是	是
行业固定效应	是	是	是	是
年份固定效应	是	是	是	是
常数项	-0.517 7*** (0.005 8)	-0.071 3*** (0.001 5)	-0.040 5*** (0.001 8)	-0.048 6*** (0.001 9)
观测值	282 025	282 025	282 025	282 025
R^2	0.720	0.762	0.714	0.714

注：***表示1%的显著性水平；括号内为标准误。

其次，从第（3）列的回归结果来看，相比国内价值链后向关联较短的行业，后向关联较长行业的创新更易受间接国外上游垄断的影响。一方面，在国外上游垄断较小时，进口中间产品有利于提高国内中间产品内含技术和质量水平，国内上游行业的生产发展进一步向下游传递国外上游垄断“质量提升”效应，从而促进下游企业创新。在国内后向关联较长行业生产投入中，国内中间产品份额较大且种类较广，从而其创新在国外上游垄断较小时受到的间接积极影响更大。另一方面，国内中间产品价格随其进口中间产品价格上涨而抬升，在国外上游垄断较大时，国内中间产品价格上涨水平会超过质量上升的幅度，向下游传递“价格上涨”效应，这一负向效应通过国内价值链层层叠加而不断强化，从而导致后向关联较长行业的创新受到的抑制作用更大。由此可见，虽然后向关联国内价值链的发展有利于弱化国外上游垄断对企业创新的直接影响，但不能避免其价值链传导效应，甚至会强化这一间接影响。

上述回归结果表明，后向关联的国内价值链延伸不利于本土行业应对国外上游垄断的价值链传导效应，那么是否国内价值链后向延伸、中间产品内向化就完全无法作用于国外上游垄断间接效应？为了回答这一问题，本书进一步检验国内价值链双重后向关联的作用，即一行业与其上游行业的国内价值链后向延伸对间接国外上游垄断效应的交互影响。从第（4）列的回归结果来看，间接国外上游垄断与双重后向关联的国内价值链长度交互项系数显著且符号方向与主效应相反，表明国内价值链双重后向延伸有利于削弱国外上游垄断的价值链传导效应。可见，不同于单一行业的国内价值链后向延伸，本行业及其上游同时后向延伸，国内价值链可有效地应对国外上游垄断的间接影响。可能的原因是，国内价值链包含分别以进口中间产品和国内资源为主导的两种分工形式，其中以国内资源为主导的内向型国内价值链分工更有利于本土经济发展，能够通过增大国内生产配套需求提高国内价值链的内生能力（黎峰，2017）。国内价值链的双重后向关联有利于推动国内生产配套需求的增长，使上下游企业的生产发展更加依赖于国内中间产品和自主技术，由此弱化国外上游垄断对创新的间接影响。

由于不同要素密集型行业的国内价值链发展水平存在差异，表6-14进一步报告了基于行业要素密集度的分组回归结果。从中可见，各组间接国外上游垄断的回归系数均显著，但绝对值大小呈现明显差异，说明国外上游垄断在不同要素密集型行业中具有异质性价值链传导效应。从第（1）~（3）列的回归系数来看，相比劳动密集型行业，间接国外上游垄断系数绝对值在资本、技术密集型行业中明显更大，其中二次项系数绝对值在技术密集型行业中相对较大，表明资本、技术密集型行业的创新更易受制于国外上游垄断的间接影响，尤其是技术密集型行业对间接国外上游垄断更为敏感。相比于劳动密集型行业，计算机电子产品、通用专用设备、化学产品等资本、技术密集型行业的国内价值链在更大程度上嵌套于全球价值链（黎峰，2017），国内相关产业配套体系发展较为滞后，行业本身及其国内上游的核心中间产品主要源于进口，由此国外上游垄断通过国内价值链对其企业创新产生的间接影响更大。在国外上游垄断较小时，资本、技术密集型行业在国内价值链分工中更多地使用进口中间产品，有助于推进全要素生产率水平的提升，进而促进企业创新；但在国外上游垄断程度升高至某一临界值后，资本、技术密集型行业容易被“俘获”或“锁定”于低端环节，从而降低企业创新的能力和动力。

表6-14　价值链传导效应异质性（要素密集度）

创新	（1） 劳动密集型	（2） 资本密集型	（3） 技术密集型
间接国外上游垄断	0.050 0*** （0.006 4）	0.290 0*** （0.015 0）	0.113 1** （0.045 7）
间接国外上游垄断二次项	-0.135 1*** （0.014 6）	-0.250 9*** （0.012 5）	-0.286 4** （0.114 6）

（续上表）

创新	(1) 劳动密集型	(2) 资本密集型	(3) 技术密集型
企业控制变量	是	是	是
行业控制变量	是	是	是
地区控制变量	是	是	是
企业固定效应	是	是	是
行业固定效应	是	是	是
年份固定效应	是	是	是
常数项	3.405 9*** (0.334 1)	-0.066 1*** (0.008 1)	0.023 5*** (0.004 4)
观测值	79 589	123 737	78 897
R^2	0.851	0.769	0.807

注：**、***分别表示5%和1%的显著性水平；括号内为标准误。

此外，本书还从企业层面考察国外上游垄断价值链传导效应的异质性。首先，检验国外上游垄断对不同进口方式企业的价值链传导效应具有异质性。根据进口方式将企业分成加工贸易和一般贸易两类，相应的分组回归结果如表6-15第（1）（2）列所示。从中可以看出，间接国外上游垄断的回归系数显著，表明国外上游垄断对加工贸易企业和一般贸易企业均有价值链传导效应，但对比不同组别的回归结果可见，加工贸易组的间接国外上游垄断系数绝对值更大，表明加工贸易企业在国内价值链上更易受到国外上游垄断的间接影响。加工贸易企业普遍承担全球价值链的中低端环节，缺乏自主研发创新能力，所参与的国内价值链分工也主要是国外价值链向国内前向延伸的环节，其生产发展更易受制于国外上游行业。因此，在既定的国外上游垄断之下，加工贸易企业创新受价值链传导效应的影响更大。

表6-15　价值链传导效应异质性（贸易方式和所有制类型）

创新	(1) 一般贸易	(2) 加工贸易	(3) 国有	(4) 外资	(5) 民营
间接国外上游垄断	0.034 6* (0.019 7)	0.117 8*** (0.016 3)	0.051 8*** (0.009 7)	0.024 3*** (0.004 7)	0.035 7*** (0.004 3)

(续上表)

创新	(1) 一般贸易	(2) 加工贸易	(3) 国有	(4) 外资	(5) 民营
间接国外上游垄断二次项	-0.057 3* (0.032 3)	-0.168 0*** (0.026 9)	-0.069 3*** (0.009 3)	-0.083 1*** (0.010 8)	-0.118 3*** (0.010 3)
企业控制变量	是	是	是	是	是
行业控制变量	是	是	是	是	是
地区控制变量	是	是	是	是	是
企业固定效应	是	是	是	是	是
行业固定效应	是	是	是	是	是
年份固定效应	是	是	是	是	是
常数项	0.033 9*** (0.002 9)	0.014 2*** (0.002 3)	0.053 2*** (0.002 4)	-0.171 0 (0.234 7)	1.153 8*** (0.250 7)
观测值	132 005	150 020	87 147	87 641	107 237
R^2	0.768	0.742	0.929	0.775	0.788

注:*、***分别表示10%和1%的显著性水平;括号内为标准误。

其次,检验不同所有制企业对国外上游垄断价值链传导效应的敏感性是否存在差异。从表6-15第(3)~(5)列的回归结果可见,第(3)列的间接国外上游垄断一次项系数更大而二次项系数更小,表明相对于外资企业和民营企业,国有企业创新受国外上游垄断的间接积极影响更大,而抑制作用更小。由于政府政策扶持,国有企业整体上具有获取创新信息和资源的优势,资本实力和抗风险能力较强,在外部市场环境变动中更易得到充足的生产要素供给,由此自主创新能力更高。相对而言,非国有企业尤其是民营企业的资金、知识信息、高素质人才等创新资源较为有限,在不利的外部市场环境中更倾向于技术引进而不是自主技术创新(刘和旺等,2015)。因此,在国外上游垄断较小时,国有企业更可能通过国内价值链间接地吸收进口中间产品的先进技术,充分发挥创新的促进作用;而在国外上游垄断较大时,国有企业更有能力承担负向冲击,而非国有企业更易受限于不利的外部市场条件,其创新受国外上游垄断间接抑制效应的影响更大。

最后,分别从生产和资源配置效率的角度检验国外上游垄断对效率异质性企业的价值链传导效应。从表6-16第(1)(2)列的分组回归结果可见，间接国外上游垄断在“生产率高”组的系数绝对值较小，表明在面临相同的国外上游垄断时，生产率水平较高的企业在参与国内价值链分工时，其创新受到的间接影响较小。生产率水平较高的企业能够为生产技术和生产方式的革新而更灵活地调整内部资源配置，更有能力承担创新沉没成本（易靖韬等，2017），由此可能具备更强的自主创新能力，而不易受到国外中间产品市场环境的影响。进一步地，第（3）（4）列的分组回归结果表明，国外上游垄断对资源配置效率较高企业产生的价值链传导效应更小。提升资源配置效率有利于企业更充分地利用内部闲置资源和优化内、外部资源配置，促进部门协同性和生产效率的提升，进而增强企业应对国外上游垄断价值链传导效应的能力。

表 6-16　价值链传导效应异质性（生产和资源配置效率）

创新	(1) 资源配置效率低	(2) 生产率高	(3) 生产率低	(4) 资源配置效率高
间接国外上游垄断	0.017 8*** (0.003 2)	0.127 8*** (0.027 8)	0.839 6*** (0.056 8)	1.332 8*** (0.099 7)
间接国外上游垄断二次项	-0.045 2*** (0.007 4)	-0.228 5*** (0.044 2)	-0.508 1*** (0.039 3)	-3.118 2*** (0.292 9)
企业控制变量	是	是	是	是
行业控制变量	是	是	是	是
地区控制变量	是	是	是	是
企业固定效应	是	是	是	是
行业固定效应	是	是	是	是
常数项	0.699 3*** (0.183 7)	0.028 7*** (0.004 1)	-0.230 6*** (0.019 5)	-0.106 7*** (0.008 2)
观测值	88 282	106 179	120 785	198 135
R^2	0.721	0.926	0.837	0.704

注：***表示1%的显著性水平；括号内为标准误。

本书首先检验了国外上游垄断对本土企业创新的总效应，研究发现，在“质量提升”正效应和“价格上涨”负效应的综合作用下，国外上游垄断与企业创新总体上呈“倒U形”关系，即当国外上游行业垄断程度处于低位水平时，“质量提升”正效应会大于“价格上涨”负效应，进口相关中间产品会促进本土企业创新；当国外上游行业垄断程度升高至某一临界值之后而处于高位水平时，“价格上涨”负效应占据主导地位，本土企业创新受到抑制作用。进一步地，国外上游垄断对企业创新具有间接影响——价值链传导效应，即企业间接面临的国外上游垄断与创新具有显著的“倒U形”关系，这一间接效应会随着价值链环节层层叠加而逐渐消减。此外，国内行业自身价值链发展及其前向延伸有利于缓解国外上游垄断对企业创新的间接影响。然而，单一行业的国内价值链后向延伸并不具有上述缓解作用，但一行业及其上游行业共同在国内价值链上后向延伸时，国外上游垄断的价值链传导效应由此弱化。

7 国内上游垄断下国外上游垄断对企业创新的影响

从既有相关研究结果来看，虽然国内上游垄断不能直接影响国外上游市场垄断格局，但通过对本土企业行为及绩效产生显著作用，进而影响企业创新活动对国外上游垄断的敏感性，从客观结果上对国外上游垄断效应产生影响。本书认为，国内上游垄断在国外上游垄断对企业创新影响中具有强化作用，即两者对企业创新的影响存在一定互补性。

7.1 国有企业行业分布及其绩效表现

改革开放以来，中国市场结构逐渐呈现“下游行业以民营企业竞争为主导，而上游行业主要由国有企业垄断”的特征（刘瑞明和石磊，2011）。基于此，本书重点描述国有企业的行业布局和发展水平，以此尝试反映国有企业的市场地位及中国市场结构的发展特点。

7.1.1 国有企业资产的行业大类分布及发展情况

在行业大类层面（见表 7－1），国有资产主要分布于工业及交通运输业、邮电通信业、社会服务业等第三产业，2002—2017 年这些行业资产占总资产的比重均在 10% 左右，尤其是工业资产占比长期达到 30% 以上，可见，国有企业为下游企业发展奠定了产业基础，发挥了先导性和支柱性作用。从国有资产行业布局的发展来看，除社会服务业之外，工业、交通运输业、邮电通信业等传统优势行业占总资产比重均有所下降但仍保持主要地位，而卫生体育福利业、房地产业、科学研究和技术服务业、建筑业等行业资产总额增长快速、资产占比明显上升，这些行业相应的资产增长率也表明国有企业对中国产业发展仍具有基础性作用，但更多地在增进社会福利、促进科学技术进步等方向上倾斜。

表 7－1 国有资产行业分布及发展情况

行业	总额（万亿元）			占比（%）		
	2002 年	2017 年	增长率	2002 年	2017 年	增长率
农林牧渔业	0. 10	0. 45	3. 56	1. 53	0. 56	－0. 63
工业	3. 17	26. 50	7. 37	49. 39	33. 33	－0. 33
建筑业	0. 20	5. 81	28. 51	3. 07	7. 30	1. 38
地质勘查及水利业	0. 04	0. 66	15. 02	0. 64	0. 83	0. 29
交通运输业	0. 89	8. 02	8. 05	13. 83	10. 09	－0. 27
仓储业	0. 04	0. 62	13. 33	0. 67	0. 78	0. 16
邮电通信业	0. 74	4. 64	5. 29	11. 51	5. 84	－0. 49
批发和零售、餐饮业	0. 37	3. 88	9. 55	5. 74	4. 88	－0. 15
房地产业	0. 15	7. 59	49. 47	2. 28	9. 30	3. 07
信息技术服务业	0. 01	0. 24	24. 20	0. 15	0. 30	1. 03
社会服务业	0. 62	20. 25	31. 75	9. 65	25. 47	1. 64
卫生体育福利业	0. 00	0. 07	51. 61	0. 02	0. 09	3. 24
教育文化广播业	0. 07	0. 15	1. 15	1. 12	0. 19	－0. 83
科学研究和技术服务业	0. 02	0. 82	32. 24	0. 38	1. 03	1. 68

资料来源：Wind 数据库。

从绩效发展情况来看（见 7－2），国有企业在农林牧渔业，工业，房地产业，交通运输、仓储及邮政业等行业均实现了利润水平和资产使用效率的提升。从上述行业的成本费用利润率和净资产收益率可见，其中农林牧渔业增长 2. 2% 和 3. 1%，工业增长 2. 7% 和 0. 5%，房地产业增长 4. 0% 和 4. 7%，交通运输、仓储及邮政业增长 0. 2% 和 3. 1%。此外，社会服务业和传播与文化业的净资产收益率也实现增长，但成本费用率下降较严重，这可能是因为前期投入成本高、日常运营成本高而短期收益小、收益实现周期长等行业特点，使国有企业较难维持利润增长。

表 7-2 各行业国有企业绩效

		2002 年	2017 年	增量
成本费用利润率（%）	农林牧渔业	0.20	2.4	2.2
	工业	3.5	6.2	2.7
	交通运输、仓储及邮政业	2.1	2.3	0.2
	批发和零售贸易业	1.8	0.9	-0.9
	住宿和餐饮业	-4.2	4.0	8.2
	房地产业	8.6	12.6	4.0
	传播与文化业	15.9	8.1	-7.8
	社会服务业	8.2	6.5	-1.7
净资产收益率（%）	农林牧渔业	0.9	4.0	3.1
	工业	3.9	4.4	0.5
	交通运输、仓储及邮政业	1.0	4.1	3.1
	批发和零售贸易业	2.5	4.8	2.3
	住宿和餐饮业	-0.7	2.0	2.7
	房地产业	1.9	6.6	4.7
	传播与文化业	5.0	5.6	0.6
	社会服务业	1.3	4.7	3.4

资料来源：Wind 数据库。

7.1.2 工业行业国有企业发展情况

从图 7-1 来看，工业国有企业单位数量在 2000—2018 年呈递减趋势，从 2000 年的 4.4 万个减少到 2018 年的 0.5 万个，但国有企业资产总额不断上升，从 2000 年的 5.9 万亿元增加至 2018 年的 16.61 万亿元，增长率达到 182%；国有企业的利润总额也在波动中上升，从 2000 年的 0.08 万亿元增长至 2018 年的 0.47 万亿元，增长率高达 488%。由此可见，虽然工业国有企业数量总体上不断减少，更多的非国有企业参与到中国工业发展的进程中，但单个国有企业的平均规模趋于扩大，国有企业整体资本实力和盈利能力仍在不断提升。

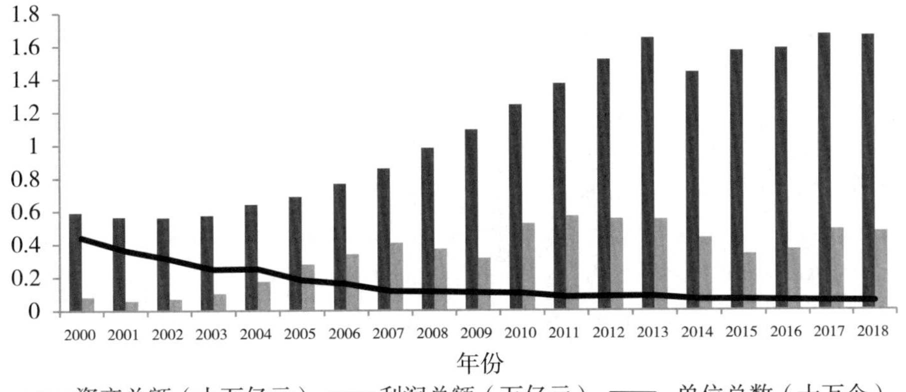

图 7－1　2000—2018 年工业国有企业资产总额、利润及单位总数

资料来源：Wind 数据库。

进一步地，表 7－3 报告了工业子行业的资产和利润的产权分布。2000—2018 年，虽然国有企业资产占比在多数工业行业均呈不断下降趋势，但包括烟草制品业在内，国有企业仍然控制着石油化工、金属矿采选、石油和天然气开采、煤炭采选、水资源和能源供应等矿业及多数重化工业，尤其对资本、资源密集型行业控制力度最大，其中石油和天然气开采业的资产占比较私营和外资企业平均高出 0.93，电力、热力生产和供应业平均高出 0.8，水的生产和供应业平均高出 0.73，煤炭开采和洗选业平均高出 0.64，黑色金属矿采选业平均高出 0.49，并且石油和天然气开采业，电力、热力生产和供应业，水的生产和供应业的利润占比也高于非国有企业。此外，国有企业在煤炭开采和洗选业、有色金属矿采选业、非金属矿采选业、石油加工、炼焦及核燃料加工业、非金属矿物制品业、专用设备制造业等行业的绩效不断提升，上述行业 2018 年的国有企业利润占比平均较 2000 年增加了 2.54%，表明国有企业主导行业经济效应有明显改善。

表 7－3　工业企业利润、资产占行业总额比重

	企业利润总额						企业资产总额					
	2000 年			2018 年			2000 年			2018 年		
行业	国有	私营	外资	国有	私营	外资	国有	私营	外资	国有	私营	外资
1	－9.16	0.86	9.30	0.66	0.12	0.23	0.93	0.01	0.07	0.76	0.09	0.15
2	0.96	0.00	0.04	0.83	0.00	0.17	0.99	0.00	0.01	0.95	0.00	0.05

（续上表）

	企业利润总额						企业资产总额					
	2000 年			2018 年			2000 年			2018 年		
行业	国有	私营	外资	国有	私营	外资	国有	私营	外资	国有	私营	外资
3	0.07	0.16	0.77	-0.66	1.11	0.55	0.78	0.05	0.17	0.66	0.19	0.15
4	0.36	0.03	0.61	0.48	0.16	0.36	0.74	0.04	0.22	0.55	0.17	0.28
5	0.00	0.12	0.88	0.09	0.59	0.32	0.77	0.03	0.20	0.29	0.40	0.31
6	0.28	0.08	0.64	0.05	0.28	0.67	0.41	0.05	0.53	0.08	0.28	0.63
7	0.73	0.02	0.26	0.51	0.16	0.34	0.59	0.04	0.38	0.34	0.19	0.47
8	1.00	0.00	0.00	0.98	0.01	0.02	0.98	0.00	0.02	0.99	0.00	0.01
9	0.23	0.12	0.64	0.01	0.52	0.47	0.46	0.05	0.48	0.05	0.46	0.49
10	-0.01	0.44	0.57	0.01	0.43	0.56	0.35	0.27	0.38	0.02	0.39	0.59
11	-0.08	0.33	0.75	0.00	0.70	0.29	0.38	0.11	0.51	0.05	0.58	0.37
12	0.03	0.21	0.76	0.07	0.49	0.45	0.15	0.14	0.71	0.03	0.47	0.50
13	0.25	0.06	0.69	0.03	0.26	0.71	0.45	0.04	0.51	0.11	0.22	0.67
14	0.36	0.04	0.60	0.15	0.37	0.47	0.51	0.03	0.45	0.13	0.37	0.50
15	0.06	0.09	0.85	0.04	0.49	0.48	0.17	0.07	0.75	0.03	0.42	0.55
16	-4.35	0.64	4.71	0.62	0.10	0.28	0.90	0.01	0.08	0.49	0.21	0.30
17	0.29	0.06	0.65	0.23	0.27	0.50	0.69	0.02	0.28	0.29	0.24	0.47
18	0.50	0.04	0.47	0.13	0.16	0.71	0.61	0.03	0.36	0.15	0.18	0.67
19	0.52	0.01	0.47	0.20	0.33	0.47	0.70	0.01	0.30	0.16	0.31	0.53
20	0.08	0.10	0.81	0.21	0.36	0.44	0.49	0.06	0.45	0.19	0.39	0.43
21	0.74	0.04	0.22	0.32	0.32	0.36	0.86	0.04	0.10	0.53	0.21	0.26
22	0.56	0.07	0.37	0.16	0.37	0.47	0.72	0.04	0.24	0.39	0.19	0.43
23	0.03	0.17	0.80	0.03	0.53	0.44	0.24	0.08	0.68	0.11	0.45	0.44
24	0.09	0.11	0.80	0.10	0.34	0.56	0.61	0.04	0.35	0.20	0.30	0.50
25	-0.06	0.15	0.91	0.04	0.39	0.57	0.63	0.04	0.33	0.25	0.30	0.46
26	0.13	0.08	0.79	0.09	0.28	0.63	0.36	0.05	0.60	0.13	0.28	0.59
27	0.35	0.02	0.63	0.08	0.18	0.74	0.51	0.01	0.48	0.17	0.15	0.68
28	0.83	0.00	0.17	0.80	0.05	0.14	0.89	0.00	0.11	0.87	0.04	0.09
29	1.41	-0.01	-0.41	0.41	0.08	0.50	0.94	0.00	0.06	0.54	0.06	0.39
30	0.53	0.00	0.47	0.58	0.06	0.36	0.90	0.00	0.10	0.82	0.03	0.15

注：①行业 1～30 分别表示煤炭开采和洗选业；石油和天然气开采业；黑色金属矿采选

业；有色金属矿采选业；非金属矿采选业；食品制造业；饮料制造业；烟草制品业；纺织业；纺织服装鞋帽和皮革毛皮羽毛（绒）及其制品业；木材加工及木、竹、藤、棕、草制品业；家具制造业；造纸和纸制品业；印刷和记录媒介复制业；文教体育用品制造业；石油加工；炼焦及核燃料加工业；化学原料及化学制品制造业；医药制造业；化学纤维制造业；非金属矿物制品业；黑色金属冶炼及压延加工业；有色金属冶炼及压延加工业；金属制品业；通用设备制造业；专用设备制造业；电气机械和器材制造业；通信设备、计算机及其他电子设备制造业；电力、热力生产和供应业；燃气生产和供应业；水的生产和供应业。②利润总额占比中的负值表示亏损。资料来源：Wind 数据库。

国有企业在纺织品和服装、木材加工及相关制品、文教体育用品、食品加工、化学纤维、造纸和纸制品、医药、印刷和记录媒介复制等制造行业的资产占比下降幅度比较大，在 2000—2018 年平均下降 70% 以上。同时，非国有企业在制造业的地位不断上升，由表 7－3 可见，私营企业和外资企业在纺织品和服装、木材加工及相关制品、文教体育用品、食品加工等行业的 2018 年资产占比平均较国有企业高出 0.4 以上，并且其利润占比也平均高出 0.45 以上，较 2000 年的 0.35 增长 28.57%。

7.2 计量模型设定与数据说明

7.2.1 计量模型设定

为了检验国外上游垄断在国内上游垄断存在情形下对企业创新的影响，以及两者之间的相互作用，设定计量模型如下：

$$
\begin{aligned}
Innov_{ijt} = {} & \beta_0 + \beta_1 FUmonopoly_{jt} + \beta_2 FUmonopoly_{jt}^{\ 2} + \beta_3 DUmonopoly_{jt} + \\
& \beta_4 DUmonopoly_{jt}^{\ 2} + \beta_5 DUmonopoly_{jt} \times FUmonopoly_{jt} + \\
& \beta_6 (DUmonopoly_{jt} \times FUmonopoly_{jt})^2 + \beta X + \gamma_1 + \gamma_2 + \varepsilon_{it}
\end{aligned}
\tag{7-1}
$$

其中，$Innov$ 为企业的创新活动水平；$FUmonopoly$ 、$DUmonopoly$ 分别表示国外上游垄断和国内上游垄断；X 表示控制了其他影响创新的时变因素；在回归中控制行业固定效应 γ_1 和年份固定效应 γ_2 ；ε_{it} 为随机扰动项。同时，加入国内上游垄断变量及其国外上游垄断的交互项，以检验国内上游垄断对国外上游垄断创新效应的影响。相关变量说明如下：

（1）被解释变量：创新活动水平 $Innov$ 。当前实证研究中的创新指标主要有投入和产出两类，创新投入指标包括研发人员强度、研发支出强度和研发强度（Braga & Willmore，1991）；创新产出指标包括专利申请量、新产品产出强度和产品创新二值变量（刘啟仁和黄建忠，2016）。本书在实证分析中主要根据企业报告的新产品产值构建创新产出指标，具体采用新产品产值率即新产品产值占工业总产值的比重来测度创新产出。采用新产品产值率衡量企业创新活动水平的优点在于：一方面，相比于研发人员强度、研发支出强度等创新投入指标，新产品产值率作为创新产出指标能够直接衡量企业创新活动的结果，更能反映企业创新的真实水平；另一方面，新产品产值率相比产品创新二值变量包含更多企业创新活动的相关信息，从中不仅能够获悉企业是否进行创新活动的信息，还能得到企业间创新产出的差距。

（2）核心解释变量：国外上游垄断 *FUmonopoly* 和国内上游垄断 *DUmonopoly*。本书采用基于勒纳指数的行业层面国外上游垄断指标衡量核心解释变量，具体测算方法如第 5 章 5.1.2 所述。主要原因如下：一方面，行业层面的国外上游垄断指数能够衡量企业共同面临的国外上游垄断，无论企业是否直接进口中间产品，其创新均可能会受到国外上游垄断的影响，而企业层面的国外上游垄断指数局限于进口中间产品企业，不能满足本书尝试全面分析国外上游垄断效应的需求；另一方面，基于测算准确性、行业可比性以及数据可得性，发现勒纳指数及市场集中度指数较其他指标更适用于国外上游垄断的测算，并且考虑勒纳指数的测算逻辑在于企业市场势力的基本定义，与市场集中度指数相比更能直接反映市场垄断程度。同时，本书采用与上述相同的思路测算国内上游垄断指标。

（3）控制变量：①企业特征：企业年龄，采用当期年份与企业成立年份之差衡量；企业规模，采用从业人数的对数值衡量；资本密集度，采用固定资产与从业人数之比衡量；融资约束，采用利息支出与固定资产之比衡量；政府补贴，采用企业补贴收入与销售额之比衡量；员工薪资水平，采用人均工资的对数值衡量。②行业特征：行业资本情况，采用行业层面固定资产增长率衡量；行业融资情况，采用行业层面的利息支出增长率衡量；行业发展情况，采用行业销售增长率衡量。③地区特征：经济发展水平，采用省级人均 GDP 的对数值衡量；财政支出水平，采用财政支出与 GDP 之比衡量；产业发展水平，采用第二、第三产业增长率衡量。

7.2.2 数据说明

本书数据主要源于两个微观企业数据库：一是中国工业企业数据库，

包含国有企业以及规模以上（年主营业务收入 500 万元及以上）非国有企业的新产品产值、工业总产值、企业成立年份、从业人数、利息支出、固定资产、政府补贴、人均工资等基本信息及财务数据。本书参照一般文献做法进行跨年数据匹配，删除不符“规模以上”标准、财务数据不符会计原则、年龄为负数的企业样本，并剔除关键指标缺失的样本。二是 Osiris 数据库，包含全球 150 多个国家企业的基本信息及资本财务成本、营业利润和销售额等财务数据。其他数据来源包括：WIOD 投入产出数据库，提供我国对外直接消耗数据；中国统计年鉴，提供行业固定资产、行业利息支出、行业销售额、行业增长率、省级人均 GDP、省级 GDP 总值、省级财政支出等行业及地区特征数据。样本区间为 2000—2007 年。

7.3 实证结果分析

7.3.1 基础回归分析

表 7－4 报告了国内外上游垄断对企业创新的分步回归结果。本书在第（1）列仅加入国内外上游垄断变量及其交互项，从结果来看，国外上游垄断的回归系数显著，并且一次项系数为正而二次项系数为负。同时，国内上游垄断的回归系数显著，且符号方向与国外上游垄断一致，表明考虑国内上游垄断之后，国外上游垄断与企业创新仍然呈“倒 U 形”关系。进一步可见，国内与国外上游垄断的交互项系数显著且符号方向与主效应相同，表明国内上游垄断与国外上游垄断之间存在互补关系，即国外上游垄断在国内上游垄断存在时会更大程度地对企业创新产生影响。此外，本书在第（2）（3）列中逐步加入一系列控制变量和行业、年份固定效应，所得回归结果与第（1）列一致，表明基本结论依然成立。中国国有企业经济主要集中于矿产开采、能源供应、金属冶炼、交通运输、建筑仓储等相关行业，国有企业在资源性和基础性的上游行业占据主要垄断地位，能够保障企业生产所需基础配套设施及相关服务的供应水平，有利于提高企业生产效率及其对进口中间产品内含技术的吸收能力。因此，在国外上游垄断程度较低时，国有企业通过中间产品质量提升在国内上游垄断下强化企业创新的正效应。但在行政庇护之下，国有企业市场势力增强、垄断价格和垄断利润上升，这无疑会加重本土下游企业的成本负担，不利于其开展研发创新活动。尤其是在国外上游垄断越过临界值而处于较高水平时，国内外上游垄断的负向效应相互强化，对企业创新产生更大抑制作用。

表 7-4　基础回归

创新	(1)	(2)	(3)
国外上游垄断	0.025 2*** (0.002 5)	0.043 7*** (0.001 4)	0.029 6*** (0.001 5)
国外上游垄断二次项	-0.048 3*** (0.001 9)	-0.052 2*** (0.004 0)	-0.022 0*** (0.004 3)
国内上游垄断	0.015 6*** (0.000 5)	0.080 0*** (0.018 6)	0.089 8*** (0.019 8)
国内上游垄断二次项	-0.072 0*** (0.003 4)	-0.217 4*** (0.030 9)	-0.206 5*** (0.032 0)
国内外上游垄断交互项	0.023 5*** (0.002 0)	0.017 3** (0.007 0)	0.033 3*** (0.007 3)
国内外上游垄断交互二次项	-0.057 8* (0.034 5)	-0.043 4*** (0.011 2)	-0.069 6*** (0.011 6)
企业年龄		0.000 0** (0.000 0)	0.000 0** (0.000 0)
企业规模		0.013 8*** (0.000 2)	0.013 8*** (0.000 2)
资本密集度		0.217 3*** (0.030 2)	0.235 1*** (0.030 1)
融资约束		-0.051 2 (0.064 5)	-0.047 3 (0.064 3)
政府补贴		0.024 1*** (0.008 0)	0.023 6*** (0.008 0)
员工薪资水平		0.020 1*** (0.002 9)	0.018 0*** (0.002 9)
行业控制变量	否	是	是
地区控制变量	否	是	是
行业固定效应	否	否	是
年份固定效应	否	否	是

（续上表）

创新	(1)	(2)	(3)
常数项	-0.251 5***	-0.055 9**	-0.076 1***
	(0.009 1)	(0.026 0)	(0.020 8)
观测值	953 332	773 028	773 028
R^2	0.005	0.020	0.025

注：*、**和***分别表示10%、5%和1%的显著性水平；括号内为标准误。

为了验证上述回归结果的可靠性，本书进行如下稳健性检验：

(1) 变换衡量指标。在前文中只采用勒纳指数衡量国内外上游垄断，单一指标可能会产生变量测量误差问题，在此采用赫芬达尔指数进一步衡量上游垄断情况。回归结果如表7-5第（1）~（3）列所示，在第（1）（2）列的回归中分别仅变换国外上游垄断和国内上游垄断的衡量指标，第（3）列则报告了同时变换国内外上游垄断衡量指标的回归结果。从上述回归结果可见，国内外上游垄断单独及交互的一次项系数显著为正，二次项系数交互项显著为负，表明国内与国外上游垄断对企业创新的影响及两者之间的互补关系仍然成立。此外，本书还变换被解释变量的衡量指标，在此用专利申请总量的对数值衡量企业创新水平，相应回归结果如表7-5所示。从第（4）列可见，在专利申请总量衡量的企业创新水平下，国内外上游垄断的一次项、二次项系数及交互项系数显著且符号方向未发生变化。鉴于发明专利比其他专利更能反映企业真实的创新能力，进一步采用发明专利申请量衡量创新产出，由第（5）列可看出回归结果与上述一致。总之，本书核心结论在处理变量测量误差问题之后依然成立。

表 7-5 稳健性检验一

	(1) *FHHI*	(2) *DHHI*	(3) *HHI*	(4) 专利总数	(5) 发明专利
国外上游垄断	0.088 5*** (0.002 4)	0.033 6*** (0.009 1)	0.060 5*** (0.003 6)	0.051 0*** (0.002 6)	0.038 6*** (0.001 8)
国外上游垄断二次项	-0.077 3*** (0.004 9)	-0.019 6*** (0.001 0)	-0.083 5*** (0.003 6)	-0.033 5*** (0.007 1)	-0.026 9*** (0.005 1)
国内上游垄断	0.089 0*** (0.007 5)	0.199 6*** (0.009 4)	0.071 8*** (0.018 8)	0.309 7*** (0.033 3)	0.117 1*** (0.023 7)
国内上游垄断二次项	-0.392 8*** (0.029 0)	-0.332 5*** (0.025 0)	-0.147 0*** (0.043 4)	-0.316 1*** (0.053 8)	-0.296 4*** (0.038 2)
国内外上游垄断交互项	0.060 0*** (0.007 5)	0.070 3*** (0.003 6)	0.037 7*** (0.007 5)	0.087 2*** (0.012 3)	0.058 4*** (0.008 7)
国内外上游垄断交互二次项	-0.117 0*** (0.010 0)	-0.116 3*** (0.008 3)	-0.042 9*** (0.014 8)	-0.135 1*** (0.019 6)	-0.102 3*** (0.013 9)
企业控制变量	是	是	是	是	是
行业控制变量	是	是	是	是	是
地区控制变量	是	是	是	是	是
行业固定效应	是	是	是	是	是
年份固定效应	是	是	是	是	是

（续上表）

	(1) FHHI	(2) DHHI	(3) HHI	(4) 专利总数	(5) 发明专利
常数项	-0. 730 0***	-0. 127 0***	-0. 311 4***	-0. 209 7***	-0. 070 6***
	(0. 033 6)	(0. 018 8)	(0. 021 9)	(0. 034 5)	(0. 024 5)
观测值	773 028	773 028	773 028	773 068	773 068
R^2	0. 024	0. 023	0. 023	0. 030	0. 014

注：*、** 和 *** 分别表示 10%、5%和 1%的显著性水平；括号内为标准误。

（2）Heckman 两步法。创新是影响企业生存和发展的重要因素，由此企业自选择地开展创新活动，这一创新决策在一定程度受制于国内外上游市场结构的影响，进而可能导致样本选择性偏差问题。为了解决企业创新内生选择导致的样本选择性偏差问题，在此采用 Heckman 两步法对国内外上游垄断效应及相互关系做进一步检验。首先在 Probit 模型中加入企业、行业等层面影响创新决策的因素，估计企业进行创新的概率并估算逆米尔斯比率（*Lambda*），然后将 *Lambda* 加入基础模型进行回归，回归结果如表 7-6 第（1）列所示。从中可见，国内外上游垄断变量交互的一次项和二次项回归系数显著且符号方向与基础回归结果一致，证明基础回归结果稳健。

表 7 - 6 稳健性检验二

创新	(1) Heckman 两步法	(2) 工具变量Ⅰ	(3) 工具变量Ⅱ	(4) 工具变量Ⅲ	(5) *HHI*-Osiris	(6) *Lerner*-Osiris
国外上游垄断	0.046 7*** (0.002 7)	0.304 3*** (0.099 3)	0.115 8*** (0.026 4)	0.054 3*** (0.017 1)	0.024 0*** (0.001 1)	0.016 5*** (0.001 4)
国外上游垄断二次项	-0.030 6*** (0.007 4)	-2.261 6*** (0.833 6)	-0.906 5*** (0.229 8)	-0.309 5** (0.146 3)	-0.040 2*** (0.001 6)	-0.045 1*** (0.001 5)
国内上游垄断	0.296 5*** (0.034 9)	1.214 2*** (0.363 3)	0.596 2*** (0.116 0)	0.306 9*** (0.073 7)	0.052 4*** (0.008 2)	0.022 9*** (0.003 1)
国内上游垄断二次项	-0.272 1*** (0.056 1)	-2.059 2*** (0.565 0)	-0.442 2*** (0.108 7)	-0.379 2*** (0.081 7)	-0.032 6*** (0.011 7)	-0.036 8*** (0.003 1)
国内外上游垄断交互项	0.079 3*** (0.012 8)	0.478 4*** (0.136 2)	0.155 8*** (0.034 7)	0.105 6*** (0.024 4)	0.007 2** (0.003 4)	0.010 7*** (0.001 0)
国内外上游垄断交互二次项	-0.122 2*** (0.020 5)	-0.740 7*** (0.210 7)	-0.233 2*** (0.049 5)	-0.153 1*** (0.034 3)	-0.045 0*** (0.008 7)	-0.017 0*** (0.001 2)
Lambda	0.040 8*** (0.000 6)					
Kleibergen & Paap rk *LM*		1 404.156 0 (0.000 0)	3 178.740 (0.000 0)	7 234.118 0 (0.000 0)		

（续上表）

创新	（1） Heckman 两步法	（2） 工具变量Ⅰ	（3） 工具变量Ⅱ	（4） 工具变量Ⅲ	（5） *HHI*-Osiris	（6） *Lerner*-Osiris
Kleibergen & Paap rk *F*		706.961 0 （7.030 0）	1 520.571 （7.030 0）	1 619.735 （7.560 0）		
企业控制变量	是	是	是	是	是	是
行业控制变量	是	是	是	是	是	是
地区控制变量	是	是	是	是	是	是
行业固定效应	是	是	是	是	是	是
年份固定效应	是	是	是	是	是	是
常数项	−0.188 7*** （0.035 7）	−1.110 9*** （0.384 5）	−0.456 3*** （0.115 3）	−0.158 0** （0.074 1）	1.499 8*** （0.283 1）	1.264 1*** （0.282 9）
观测值	721 576	308 444	308 444	308 444	773 028	773 028
R^2	0.036	0.021	0.016	0.021	0.023	0.023

注：*、** 和 *** 分别表示 10%、5% 和 1% 的显著性水平；括号内为标准误；Kleibergen & Paap rk *LM* 数值下括号为 *P* 值；Kleibergen & Paap rk *F* 数值下括号为 Stock-Yogo 弱识别检验的 10% 显著性水平临界值。

（3）工具变量法。本书解释变量为行业层面的上游垄断，被解释变量则是企业层面的创新产出，这在一定程度上可避免逆向因果关系问题。但为了更好地避免可能的内生性问题，在此将国内外上游垄断一次项、二次项及交互项统一滞后一期，采用工具变量两阶段最小二乘法进行回归分析。一方面，滞后的上游垄断变量与当期情况具有较强的相关关系；另一方面，企业当期创新水平无法对过去时期的上游市场结构产生影响，因此上游垄断变量的滞后项满足工具变量的外生性条件。回归结果如表7－6第（2）～（4）列所示，第（2）（3）列分别仅采用国外上游垄断、国内上游垄断的滞后项为工具变量，在第（4）列回归中同时使用国内外上游垄断的工具变量，上述回归结果均表明上游垄断变量的回归系数均显著且符号方向与基础回归结果一致，并且 Kleibergen & Paap rk *LM* 统计量的 *P* 值为0.000 0，在1%的显著水平上拒绝了“工具变量不可识别”的原假设，Kleibergen & Paap rk *F* 值也大于 Stock-Yogo 弱识别检验在10%显著水平上的临界值，表明“工具变量弱识别”的问题不存在。因此，在处理了逆向因果关系的内生性问题之后，国内与国外上游垄断对企业创新的影响仍具有显著互补性。

（4）变换测算样本。国外上游垄断指标的测算需要多个国家的企业个体数据，为了尽可能涵盖国外上游所涉及的国家级行业，并考虑数据可得性，本书采用 Osiris 企业数据测算的国外上游垄断进行回归分析。由于中国工业企业数据库较 Osiris 数据库包含更为多样的企业样本，有助于更准确地反映国内上游市场结构特征，在上述分析中均采用中国工业企业数据库数据测算国内上游垄断指标。国有企业在矿业及服务业占据主导地位是国内上游市场结构的重要特征，但中国工业企业数据库所含矿业及服务业的企业样本相对较少，故在此统一采用 Osiris 企业数据衡量的国内外上游垄断做进一步检验。从表7－6第（5）（6）列的回归结果来看，在勒纳指数和赫芬达尔指数两种垄断衡量指标下，国内外上游垄断变量及其交互项系数与基础回归结果一致，再次证明从基础回归结果所得的结论成立。

7.3.2 行业异质性分析

国有经济在不同行业中的地位有所差异，其对下游行业生产和发展的作用也有较大不同，这可能导致国内外上游垄断的相互作用在不同行业呈现不同特征。因此，本书从要素密集度、市场竞争程度及上游国有经济地位等侧面进行行业异质性分析。

表7－7报告了基于要素密集度划分行业的分组回归结果。从中可见，

各组国内外上游垄断交互的一次项及二次项回归系数均显著，但系数绝对值大小明显不同，表明国内外上游垄断对企业创新影响的相互作用在不同要素密集型行业之间存在显著差异。资本、技术密集型行业的上游垄断交互项系数较大于劳动密集型行业，说明国内外上游垄断效应在资本、技术密集型行业具有更大的互补性。不同要素密集型行业对上游产品的偏好具有产权特征，钢铁制造、交通运输设备制造、石油化工等资本密集型行业普遍对融资条件变动更为敏感，更倾向于选择具有政府信用优势的国有上游产品；而计算机、电子产品等技术密集型行业更偏好技术含量相对较高的国外产品；相比之下，劳动密集型行业的中间产品决策更具灵活性，国有企业产品和国外产品具有较强替代性。因此，相比于劳动密集型行业，国有、国外上游产品在资本、技术密集型行业的生产中具有更加重要的作用，尤其资本密集型行业偏好国有上游产品，在国外上游垄断程度较小时，有利于发挥国有垄断企业的基础性支持作用，促进其对国外上游垄断积极影响的强化作用；资本密集型行业对国有上游产品的依赖性较大，在国外上游垄断程度过高时，其企业创新更易受到国内外投入价格双重上涨的消极影响。

表 7-7　行业要素密集度

创新	(1) 劳动	(2) 资本	(3) 技术
国外上游垄断	0.623 5*** (0.143 6)	0.083 3*** (0.013 1)	0.101 0 (0.141 1)
国外上游垄断二次项	-0.429 9* (0.230 5)	-0.158 6 (0.113 8)	-0.336 3 (0.220 3)
国内上游垄断	0.808 8*** (0.113 4)	0.089 0*** (0.034 4)	0.047 8*** (0.017 8)
国内上游垄断二次项	-0.524 9*** (0.087 3)	-0.051 2*** (0.005 8)	-0.102 9*** (0.023 8)
国内外上游垄断交互项	0.173 0*** (0.025 6)	0.966 7*** (0.182 1)	0.303 6*** (0.058 8)
国内外上游垄断交互二次项	-0.508 4*** (0.078 0)	-4.414 1*** (0.808 8)	-3.310 4*** (0.831 6)

(续上表)

创新	(1) 劳动	(2) 资本	(3) 技术
企业控制变量	是	是	是
行业控制变量	是	是	是
地区控制变量	是	是	是
行业固定效应	是	是	是
年份固定效应	是	是	是
常数项	-0.125 8** (0.061 2)	0.352 8*** (0.062 8)	0.401 3*** (0.101 7)
观测值	206 330	362 280	204 418
R^2	0.018	0.028	0.044

注：*、** 和 *** 分别表示 10%、5% 和 1% 的显著性水平；括号内为标准误。

然后，采用勒纳指数衡量行业市场竞争程度，并根据四分位数将行业划分为竞争程度低、中、高三种类型，进一步考察国内上游垄断对国外上游垄断效应在不同行业的差异性影响。从表 7-8 的分组回归结果来看，国内外上游垄断对不同竞争程度行业创新的影响均有显著互补作用。从各组的回归结果可见，竞争程度高的行业其创新受国内外上游垄断的双重影响较其他行业有较大差异，其上游垄断的交互一次项系数较小，而二次项系数较大，表明对于竞争程度较高行业的创新，国内外上游垄断的正向效应互补性较小，而负向效应在更大程度上相互强化。随着下游行业市场竞争程度不断加深，企业市场势力逐渐变弱，导致所得利润减少；相对地，上游企业的垄断价格和垄断利润随着市场垄断程度升高而提高，上游行业相对下游行业更具谈判优势，能够通过垄断定价来抽取下游行业的利润，并且下游竞争行业越发展，上游可从中获取的利润越多。可见，上下游利润分配地位不对称是国内外上游垄断效应相互作用在竞争程度不同行业间存在差异的重要原因。与竞争程度较低的行业相比，竞争程度较高行业的利润占比低，利润水平低导致其研发创新投入不足，创新活动更易受制于国内外上游垄断的互补作用，而受到的积极影响较小。

表 7-8　行业市场竞争程度

创新	(1) 竞争程度高	(2) 竞争程度中	(3) 竞争程度低
国外上游垄断	0.035 0*** (0.011 9)	0.050 5*** (0.007 5)	0.042 1*** (0.001 8)
国外上游垄断二次项	-0.039 9** (0.016 8)	-0.037 8*** (0.010 8)	-0.047 9*** (0.002 4)
国内上游垄断	0.075 9*** (0.023 3)	0.028 0*** (0.009 7)	0.034 7*** (0.003 9)
国内上游垄断二次项	-0.094 9*** (0.029 0)	-0.030 1*** (0.009 9)	-0.035 4*** (0.005 0)
国内外上游垄断交互项	0.008 1** (0.003 4)	0.050 4*** (0.004 4)	0.060 3*** (0.012 5)
国内外上游垄断交互二次项	-0.127 8** (0.064 4)	-0.059 0*** (0.004 9)	-0.052 8*** (0.003 7)
企业控制变量	是	是	是
行业控制变量	是	是	是
地区控制变量	是	是	是
行业固定效应	是	是	是
年份固定效应	是	是	是
常数项	-6.963 6*** (1.760 5)	-3.567 5*** (1.081 3)	-0.202 4*** (0.012 8)
观测值	194 569	377 655	200 804
R^2	0.028	0.033	0.039

注：*、**和***分别表示10%、5%和1%的显著性水平；括号内为标准误。

最后，采用国有资本占行业总资本的比重衡量国内上游的国有企业地位，并根据四分位数划分国有经济占比高低。基于此，检验国内与国外上游垄断两者关系的行业异质性。从表 7-9 的回归结果可见，上游国有企业占比高的行业其国内外上游垄断的交互项系数较大，且各组上游垄断交互二次项的回归系数逐渐增大，表明国内上游行业的国有企业地位越重要，其下游行业创新对国内外上游垄断双重影响越敏感。上游国有企业占比对下游行业创新受垄断的影响具有两面性。一方面，上游国有企业占比高意味着企业生产发展所需能源、原材料等资源及交通运输、仓储、金融等基础性服务主要由国有企业供应，国有企业运营有政府提供担保，能够稳定地满足下游企业需求，进而有利于促进企业加大创新投入、提高对国外先进知识技术的学习吸收能力；另一方面，国有企业占比过高容易使上游行业出现管理效率低下和创新动力不足的问题，既可能导致上游产品价格出现不合理上涨，也不利于产品质量升级，下游企业由此面临生产成本上升、产品质量下降、利润缩减等发展难题。因此，在国有企业过度控制上游行业的情形下，下游行业绩效提升受挫会进一步挤占创新活动资源，导致国内外上游垄断对创新的消极影响在更大程度上相互强化。

表 7-9 上游国有资本占比

创新	(1) 占比低	(2) 占比中	(3) 占比高
国外上游垄断	0.032 6*** (0.010 7)	0.028 8*** (0.008 6)	0.029 9*** (0.005 6)
国外上游垄断二次项	-0.042 6*** (0.011 9)	-0.041 9*** (0.008 3)	-0.047 1*** (0.008 2)
国内上游垄断	0.051 9 (0.040 3)	0.247 4*** (0.050 5)	0.101 3*** (0.021 8)
国内上游垄断二次项	-0.134 2*** (0.050 6)	-0.463 1*** (0.045 3)	-0.123 1*** (0.019 5)
国内外上游垄断交互项	0.028 1* (0.015 8)	0.060 3*** (0.013 8)	0.047 8*** (0.006 0)
国内外上游垄断交互二次项	-0.174 4 (0.148 7)	-0.215 8*** (0.020 7)	-0.777 9*** (0.148 2)
企业控制变量	是	是	是
行业控制变量	是	是	是
地区控制变量	是	是	是
行业固定效应	是	是	是
年份固定效应	是	是	是

（续上表）

创新	(1) 占比低	(2) 占比中	(3) 占比高
常数项	2.076 6* (1.182 0)	-0.347 4*** (0.039 3)	4.259 0*** (0.985 9)
观测值	184 713	395 445	192 870
R^2	0.033	0.026	0.021

注：*、**和***分别表示10%、5%和1%的显著性水平；括号内为标准误。

7.4 拓展性分析

7.4.1 国内外上游垄断互补性的再检验

前文基于本土企业整体面临的国外上游垄断，分析其与国内上游垄断的相互作用，有利于揭示国内上游垄断对国外上游垄断总体效应的影响，但国外上游垄断总体效应包含其对企业个体创新活动的直接影响及国内价值链传导效应（间接影响）。上述研究还未明确国内上游垄断对这些细分效应的作用，是否国外上游垄断与国内上游垄断在对企业创新的直接和间接影响中均具有互补性？为了回答这一问题，本书在此进一步检验国内上游垄断与直接、间接国外供应商势力在企业创新影响中的关系。

表7－10报告了国内上游垄断与直接国外供应商势力对企业创新影响的回归结果。从第（1）列的回归结果可见，国内上游垄断与企业直接受到的国外供应商势力的交互项系数显著，且一次项系数为正而二次项系数为负，表明与总体效应一致，国外上游垄断在其对企业创新的直接影响中与国内上游垄断具有互补关系。在国外供应商势力较小时，市场势力适度增强有利于激励国外上游企业向本土企业提供高质量的中间产品，而国内上游垄断能够加强产业配套体系建设，进一步增强本土企业吸收进口中间产品的创新促进效应；随着国外供应商势力逐渐增大，其对中间产品质量的提升促进作用减小，以至在越过临界值时无法弥补垄断定价对本土企业创新的抑制作用，此时国内上游垄断会加重本土企业成本负担，在更大程度上造成本土企业利润的缩减，导致创新活动对国外上游垄断的负向效应更为敏感。

表 7－10　再检验结果

创新	(1)	(2)	(3)
	直接国外供应商势力	间接国外供应商势力	
		进口企业	非进口企业
国外上游垄断	0.016 1***	0.032 8***	0.037 8**
	(0.004 2)	(0.001 0)	(0.016 6)
国外上游垄断二次项	－0.028 5***	－0.190 6***	－0.092 4**
	(0.004 0)	(0.001 9)	(0.043 8)
国内上游垄断	0.196 4***	0.026 7***	0.008 1
	(0.003 5)	(0.000 5)	(0.010 2)
国内上游垄断二次项	－0.134 9***	－0.117 8***	－0.109 6***
	(0.004 3)	(0.003 6)	(0.015 4)
国内外上游垄断交互项	0.088 5***	0.051 4***	0.122 0***
	(0.011 0)	(0.002 0)	(0.042 2)
国内外上游垄断交互二次项	－0.054 8***	－0.528 6*	－1.658 9*
	(0.019 6)	(0.292 7)	(0.984 0)
企业控制变量	是	是	是
行业控制变量	是	是	是
地区控制变量	是	是	是
企业固定效应	是	是	是
年份固定效应	是	是	是
常数项	0.541 5***	－0.037 8***	－4.691 6
	(0.208 4)	(0.001 3)	(4.073 4)
观测值	713 760	282 025	445 207
R^2	0.889	0.761	0.840

注：*、** 和 *** 分别表示 10%、5% 和 1% 的显著性水平；括号内为标准误。

本书还考察了国内上游垄断与间接国外供应商势力对企业创新影响的相互作用，表 7－10 第（2）（3）列分别报告了进口企业和非进口企业的分组回归结果。从中可见，国外供应商势力对进口企业和非进口企业均有显著的间接影响，并且国内上游垄断与间接国外供应商势力的交互一次项、二次项系数与基础回归结果一致，表明国外供应商势力与国内上游垄断在其对企业创新的间接影响中仍具有互补性。总之，上述回归结果证实了国内上游垄断对企业创新的影响不仅与国外上游垄断总体效应相互强化，这一互补作用显然还存在于国外上游垄断的直接和间接影响。

7.4.2 国有企业改革的作用

国有企业改革是中国经济体制改革不可或缺的组成部分，发挥着培育创新和竞争优势企业、优化经济规模和布局、保障国计民生等重要作用。自党的十一届三中全会召开以来，国有企业改革稳步前进，国有企业活力、竞争力、影响力不断增强，在国内上游行业进一步占据主导地位，为下游行业的生产和发展持续护航。但是，国有企业改革在国有经济规模、市场准入壁垒、企业管理制度等方面存在一些问题。鉴于国有企业改革既有成就，也存在不足之处，无法直接断言其对国内外上游市场的运行机制和下游影响力是否具有或利或弊的显著作用，由此本书关注国有企业改革在国内外上游垄断对企业创新互补效应中的作用。在国有企业改革历程中，完善国有资产管理制度是贯穿其中的重要举措。1993 年党的十四届三中全会《中共中央关于建立社会主义市场经济体制若干问题的决定》首先提出要加强国有资产管理，1999 年党的十五届四中全会《中共中央关于国有企业改革和发展若干重大问题的决定》明确了国有资产管理改革方向，2002 年党的第十六次全国代表大会进一步提出要设立国有资产管理机构，此后 2013 年党的十八届三中全会《中共中央关于全面深化改革若干重大问题的决定》和 2015 年《中共中央国务院关于深化国有企业改革的指导意见》将国有资产管理改革推向新的阶段。因此，本书选择国有企业改革中的国有资产管理完善措施为具体研究对象，并采用 2003 年国务院国有资产监督管理委员会（以下称“国资委”）成立的虚拟变量进行回归分析。

表 7 - 11 报告了国有资产管理改革调节作用的回归结果。从第（1）列的回归结果来看，国有资产管理改革变量与国内外上游垄断双重效应的交互项系数显著，且一次项系数和二次项系数均为正，表明在国资委成立之后，国内外上游垄断对企业创新积极影响的互补作用得到强化，而在消极作用方面的互补性被弱化，可见，完善国有资产管理体制能够调整国内与国外上游垄断效应的关系。一方面，在国外上游垄断程度较低时，加强国有资产管理能够深化国有企业改革，调动国有经济活力，提升国内上游产业体系发展水平，从而使本土企业依托于国内基础性资源，更好地利用国外先进知识技术、提升技术创新水平；另一方面，在国外上游垄断程度

较高时，本土企业创新在国内上游垄断影响下受到更大的抑制作用，而国资委成立有利于完善绩效考核机制，打破国有企业缺乏竞争、过度垄断的局面，削弱了国内上游垄断对企业创新的抑制作用，也由此进一步减弱其对国外上游垄断负向影响的强化作用。

表 7－11　国有资产管理改革的作用

	(1) 创新	(2) 国有资产增值能力	(3) 创新
国有资产增值能力			0.001 0*** (0.000 2)
改革	0.011 3*** (0.002 0)	0.427 8*** (0.121 9)	0.005 4*** (0.001 7)
国外上游垄断	0.027 1*** (0.001 6)		0.026 0*** (0.002 5)
国外上游垄断二次项	－0.019 7*** (0.004 4)		－0.030 2*** (0.003 0)
国内上游垄断	0.087 2*** (0.019 8)		0.037 2*** (0.009 4)
国内上游垄断二次项	－0.192 5*** (0.033 0)		－0.121 2*** (0.014 4)
国内外上游垄断交互项	0.025 0*** (0.007 5)		0.005 9** (0.002 9)
国内外上游垄断交互二次项	－0.071 4*** (0.011 8)		－0.046 1*** (0.005 1)
国内外上游垄断交互项×改革	0.008 4*** (0.001 9)		0.005 6*** (0.001 6)
国内外上游垄断交互二次项×改革	0.009 5*** (0.001 9)		0.007 1*** (0.001 6)
企业控制变量	是	否	是
行业控制变量	是	是	是
地区控制变量	是	否	是

（续上表）

	（1） 创新	（2） 国有资产增值能力	（3） 创新
行业固定效应	是	是	是
年份固定效应	是	是	是
常数项	−0.070 2*** （0.020 8）	−1.452 4*** （0.559 8）	−0.037 5** （0.017 9）
观测值	773 028	5 756	772 922
R^2	0.025	0.257	0.023

注：*、**和***分别表示10%、5%和1%的显著性水平；括号内为标准误。

加强国有资产管理工作和监管国有资产增值保值情况是国资委的主要职责，那么国资委的设立是否促进了国有资产配置优化和增值保值能力提升，进而通过国有经济规模和布局的调整来改善本土企业所面临的国内上游市场环境？本书进一步检验国有资产管理改革对国内外上游垄断效应相互作用的影响机制，以国有资产增值能力为中介变量，并采用国有企业工业增加值与总资产之比衡量行业层面的国有资产增值水平。首先，从第（2）列的回归结果来看，国有资产管理改革对国有资产增值能力的回归系数显著为正，说明国资委的设立有利于完善国有资产管理体制，对国有资产增值能力具有促进作用。然后，从第（3）列的回归结果可见，在加入国有资产增值能力变量之后，国有资产管理改革与国内外上游垄断双重效应的交互项系数显著且符号方向未发生改变，但系数值明显变小，表明国有资产管理改革通过提升国有资产增值能力对国内外上游垄断效应相互作用产生影响。上述回归结果表明，2003年国资委设立以来逐步建立了国有资产监管体制，实现了政企分离、适度竞争和充分激励，对国有资产增值保值具有显著的积极作用，既巩固了国有企业在上游行业的控制地位，也消减了上游国有经济规模和结构的不合理性，由此更有利于发挥国内上游垄断对国外上游垄断正向效应的强化作用，同时抑制负向效应的互补性。

本书研究了国内外上游垄断对创新影响的关系，重点分析国内上游垄断对国外上游垄断效应的作用，并探讨了国有企业改革这一作用的影响。研究结果表明：①国内外上游垄断在创新效应方面具有互补关系，即在国内上游垄断存在时，国外上游垄断对企业创新的影响更为明显。而且，国内上游垄断这一强化作用不仅体现于国外上游行业整体垄断对企业创新的影响，还存在于国外上游垄断对企业创新的直接影响和间接作用。②国内外上游垄断对创新影响的相互关系在不同行业间存在显著差异，其中资本、技术密集度较高、上游国有经济占比较大的行业其创新对国内外上游垄断的互补作用更为敏感，而行业竞争度较为激烈的行业其创新容易受制于国内外上游垄断相互强化的负向效应，但不易获取两者共同的正向效应。③国有资产管理改革能够改善国内上游垄断对创新影响的互补关系，在国外上游垄断程度较低时，完善国有资产管理有利于加强国内外上游垄断对企业创新相互强化的促进作用；而当国外上游垄断越过临界值超过一定程度时，国有资产管理改革能够削弱国内外上游垄断对企业创新阻碍的互补性。因此，为了企业在国内外上游垄断双重影响下保持创新水平的提升，要推进国有企业改革的进程，不断健全国有资产管理制度，增强国有企业效率和国有经济活力。

8 国外上游垄断对企业创新影响的异质性分析

第6章和第7章已证实国外上游垄断对企业创新具有显著影响，为了更全面地理解国外上游垄断对企业创新的作用机制，本章进一步考察国外上游垄断对企业创新影响的异质性。首先，考虑不同行业具有鲜明的生产技术特征，检验国外上游垄断在不同行业间对企业创新的影响差异；其次，由于企业个体生产能力存在差异，检验国外上游垄断对异质性企业创新的影响；最后，国外上游环节在价值链上的作用有所不同，从价值链地位的角度检验不同国外上游的市场垄断对企业创新的影响。

8.1 行业异质性检验

不同行业在发展阶段、价值链地位、国内产业配套体系等方面的表现参差不齐，其全球价值链相关构成、运行模式及分工环节之间的相互作用机制也有所不同，这可能导致不同行业在面对同样的国外上游垄断时，其创新所受影响存在差异。为此，本书基于行业要素密集度、价值链地位、国内技术供给能力等不同侧面进行相关异质性检验。

表8-1第（1）~（3）列报告了基于要素密集度划分行业的分组回归结果，参照鲁桐和党印（2014）的研究划分要素密集度不同的行业。从中可以看出，各组国外上游垄断的回归系数均显著但绝对值大小明显不同，说明国外上游垄断在不同要素密集型行业中对企业创新产生差异化影响，特别是在技术密集型行业，国外上游垄断的系数明显大于其他两类行业，表明技术密集型行业的创新更易受到国外上游垄断的影响。与一些发达国家相比，中国技术密集型行业的发展还存在较大差距，总体上在全球价值链中仍处于中下游位置，国内产业配套体系发展不够充分，核心中间产品主要源于进口。因此，当国外上游垄断程度较低时，进口中间产品更有利于推动行业技术进步与创新；而当国外上游垄断程度较高时，对进口中间产品的依赖容易使行业发展受制于国外上游，从而抑制企业创新。相比之下，劳动密集型行业受国外上游垄断影响最小，主要原因在于劳动密

集型行业是中国传统优势行业，相较资本、技术密集型行业拥有更加完备的国内产业体系。

表 8－1　行业异质性（要素密集度）

创新	(1) 劳动密集型	(2) 资本密集型	(3) 技术密集型
国外上游垄断	0.005 1*** (0.000 9)	0.012 5*** (0.002 5)	0.037 0*** (0.003 5)
国外上游垄断二次项	－0.011 5*** (0.001 7)	－0.057 4** (0.028 0)	－0.064 6*** (0.006 1)
企业控制变量	是	是	是
行业控制变量	是	是	是
地区控制变量	是	是	是
行业固定效应	是	是	是
年份固定效应	是	是	是
常数项	0.216 4*** (0.029 0)	0.004 8 (0.018 7)	0.086 9* (0.047 7)
观测值	206 330	362 280	204 418
R^2	0.012	0.007	0.036

注：*、**和***分别表示10%、5%和1%的显著性水平；括号内为标准误。

下面进一步考察国外上游垄断对价值链地位不同行业的差异性影响，采用 Koopman 等（2010）的全球价值链位置指数衡量。表 8－2 第（1）（2）列报告了基于价值链地位分组的回归结果，可见两组国外上游垄断的回归系数均显著，表明不同价值链地位行业的企业创新都会受到国外上游垄断影响。但比较第（1）（2）列的回归结果，可见价值链地位较高行业的国外上游垄断系数小于价值链地位较低的行业。第（3）列还报告了国外上游垄断与行业价值链地位交互项的回归结果，可见国外上游垄断一次项与行业价值链地位的交互项系数显著为负，而二次项的交互项系数显著为正，表明国外上游垄断对价值链地位较高行业创新的影响相对较小。从上述回归结果来看，价值链地位较高的行业处于相对上游位置，主要作为中间产品供给者参与国际生产分工，对进口中间产品的依赖程度较低，因此不易受到国外上游垄断的影响，虽然在国外上游垄断程度较低时，从中间产品进口中实现创新水平提升的幅度相对较小，但在国外上游垄断程度过高时，能够在更大程度上规避国外上游垄断对创新的抑制作用。价值链地位较低行业的创新更容易为国外上游行业所左右，价值链地位的提升有利于缓解国外上游垄断效应。

表 8－2　行业异质性（价值链地位）

创新	(1) 价值链地位高	(2) 价值链地位低	(3) 交互项
国外上游垄断	0.036 6*** (0.001 8)	0.061 9*** (0.002 2)	0.039 0*** (0.001 8)
国外上游垄断二次项	-0.042 5*** (0.002 1)	-0.097 8*** (0.003 7)	-0.065 4*** (0.002 7)
价值链地位			1.126 4*** (0.064 3)
国外上游垄断 × 价值链地位			-0.015 4*** (0.000 9)
国外上游垄断二次项 × 价值链地位			0.028 3*** (0.001 6)
控制变量	是	是	是
行业固定效应	是	是	是
年份固定效应	是	是	是
常数项	-0.080 5*** (0.021 5)	-0.231 0*** (0.030 9)	-0.114 3*** (0.019 7)
观测值	395 389	377 639	773 028
R^2	0.018	0.024	0.023

注：＊＊＊表示1%的显著性水平；括号内为标准误。

最后，本书从国内技术供给能力的角度，检验国外上游垄断效应的行业异质性，参照李杨等（2017）采用进出口中间产品技术复杂度的差值衡量技术供给能力，并将行业分为技术供给能力高、低两组。从表 8－3 第（1）（2）列的分组回归结果来看，国外上游垄断在不同分组中的回归系数均显著，说明在国内产业体系具备技术自给能力的条件下，本土企业创新仍然在一定程度上受到国外上游垄断的影响。进一步比较不同分组的回归结果，可见国外上游垄断的回归系数在技术供给能力较高分组中更小。再从第（3）列的交互项回归结果来看，国外上游垄断与技术供给能力的交互项系数显著且符号方向与主效应相反，即创新所受国外上游垄断的影响随着行业技术供给能力的增大而减弱。技术供给能力强的行业拥有相对完备的国内价值链体系，更可能掌握核心技术和控制关键中间产品的生产，其创新的内源性更强，因此不易受到国外上游垄断的影响。

表8-3　行业异质性（国内技术供给能力）

创新	(1) 技术供给能力高	(2) 技术供给能力低	(3) 交互项
国外上游垄断	0.029 5*** (0.001 9)	0.045 7*** (0.002 3)	0.021 0*** (0.001 1)
国外上游垄断二次项	-0.049 3*** (0.002 8)	-0.072 4*** (0.003 8)	-0.032 9*** (0.001 7)
技术供给能力			0.025 8** (0.010 9)
国外上游垄断×技术供给能力			-0.004 0*** (0.001 4)
国外上游垄断二次项×技术供给能力			0.006 6** (0.002 8)
控制变量	是	是	是
行业固定效应	是	是	是
年份固定效应	是	是	是
常数项	-0.134 6*** (0.025 0)	-0.003 7 (0.029 2)	0.026 3 (0.017 7)
观测值	419 747	353 281	773 028
R^2	0.026	0.023	0.023

注：**、***分别表示5%和1%的显著性水平；括号内为标准误。

为了验证上述回归结果，本书进一步做如下稳健性检验：

第一，处理变量测量误差问题，上述回归分析均基于国外上游垄断的行业层面指标，探讨了行业内企业共同面临的国外上游垄断问题，但未能准确地反映企业个体面临的国外上游垄断具体情况。因此，本书进一步衡量企业层面所受的国外上游垄断程度，采用企业层面的国外上游垄断指标——国外供应商势力指数进行实证检验。同时，考虑市场集中度指数是衡量市场垄断的主要指标，在此也采用赫芬达尔指数衡量国外上游垄断。然后，改变被解释变量衡量方法。参照一般做法，本书采用企业专利申请量的对数值重新测度企业创新水平。

变换关键变量测度方法的回归结果如表 8－4 至表 8－6 所示。一方面，从表 8－4 和表 8－6 第（1）～（3）列的回归结果来看，国外上游垄断的回归系数在要素密集度不同的行业分组中均显著，并且在技术密集型行业的系数绝对值明显较大；另一方面，从表 8－5 第（4）列和表 8－6 第（5）列的回归结果来看，国外上游垄断与行业价值链地位、行业技术供给能力的交互项系数符号方向均与主效应相反。上述回归结果表明，在变换国外上游垄断和创新变量测度方法之后，国外上游垄断对创新影响的行业异质性未发生改变。

表 8－4　变换国外上游垄断变量的回归结果（要素密集度）

创新	(1) 劳动密集型	(2) 资本密集型	(3) 技术密集型	(4) 劳动密集型	(5) 资本密集型	(6) 技术密集型
	国外供应商势力指数			赫芬达尔指数		
国外上游垄断	0.012 6*	0.042 1***	0.068 7***	0.002 8***	0.013 8***	0.051 2***
	(0.007 6)	(0.001 5)	(0.021 7)	(0.000 5)	(0.002 2)	(0.006 0)
国外上游垄断二次项	−0.010 1**	−0.037 6***	−0.062 4**	−0.006 3***	−0.012 9***	−0.072 4***
	(0.005 0)	(0.002 0)	(0.029 7)	(0.000 8)	(0.004 6)	(0.007 6)
控制变量	是	是	是	是	是	是
行业固定效应	是	是	是	是	是	是
年份固定效应	是	是	是	是	是	是
常数项	−0.038 5***	−0.146 6***	1.058 6***	0.457 3***	0.032 7**	0.083 9*
	(0.001 0)	(0.000 9)	(0.172 3)	(0.029 7)	(0.015 4)	(0.050 7)
观测值	131 539	272 403	179 048	206 330	362 280	204 418
R^2	0.762	0.787	0.749	0.011	0.003	0.036

注：*、**和***分别表示 10%、5%和 1%的显著性水平；括号内为标准误。

表 8-5　变换国外上游垄断变量的回归结果（价值链地位和国内技术供给能力）

创新	(1) 价值链地位	(2) 技术供给能力	(3) 价值链地位	(4) 技术供给能力
	国外供应商势力指数		赫芬达尔指数	
国外上游垄断	0.029 4*** (0.001 0)	0.032 6*** (0.001 3)	0.085 5*** (0.002 3)	0.062 6*** (0.002 0)
国外上游垄断二次项	-0.024 8*** (0.001 3)	-0.027 8*** (0.001 7)	-0.114 2*** (0.002 9)	-0.081 0*** (0.002 5)
异质性变量	-0.030 0*** (0.000 9)	-0.027 2*** (0.000 2)	2.233 8*** (0.100 3)	0.206 6*** (0.027 8)
国外上游垄断×异质性变量	-0.002 4*** (0.000 1)	-0.009 8*** (0.002 0)	-0.355 7*** (0.016 1)	-0.031 2*** (0.004 1)
国外上游垄断二次项×异质性变量	0.002 4*** (0.000 1)	0.009 0*** (0.002 7)	0.490 5*** (0.021 3)	0.047 8*** (0.006 4)
控制变量	是	是	是	是
企业固定效应	是	是	否	否
行业、年份固定效应	是	是	是	是
常数项	-0.105 8*** (0.000 5)	-0.089 4*** (0.000 5)	-0.376 8*** (0.021 3)	-0.213 7*** (0.020 1)
观测值	713 760	713 760	773 028	773 028
R^2	0.626	0.635	0.024	0.024

注：＊＊＊表示1%的显著性水平；括号内为标准误。

表 8-6　专利申请量的回归结果（行业异质性）

创新	(1) 劳动密集型	(2) 资本密集型	(3) 技术密集型	(4) 价值链地位	(5) 技术供给能力
国外上游垄断	0.006 4*** (0.001 4)	0.024 6*** (0.002 0)	0.034 2*** (0.007 7)	0.143 5*** (0.016 0)	0.067 1*** (0.002 3)
国外上游垄断二次项	-0.014 5*** (0.002 6)	-0.035 3*** (0.002 8)	-0.074 5*** (0.013 4)	-0.187 6*** (0.028 1)	-0.106 9*** (0.003 2)

（续上表）

创新	(1) 劳动密集型	(2) 资本密集型	(3) 技术密集型	(4) 价值链地位	(5) 技术供给能力
异质性变量				0.545 9*** (0.126 7)	0.004 8 (0.003 2)
国外上游垄断 × 异质性变量				-0.008 1*** (0.001 7)	-0.001 1*** (0.000 3)
国外上游垄断二次项 × 异质性变量				0.008 0*** (0.003 1)	0.002 6** (0.001 0)
控制变量	是	是	是	是	是
行业、年份固定效应	是	是	是	是	是
常数项	0.453 9*** (0.045 2)	0.037 9 (0.029 5)	-0.810 4*** (0.104 8)	-0.816 4*** (0.120 9)	-0.248 5*** (0.034 8)
观测值	206 330	362 280	204 418	773 068	773 068
R^2	0.015	0.026	0.042	0.030	0.030

注：**、***分别表示5%和1%的显著性水平；括号内为标准误。

第二，处理样本选择性偏差问题。是否开展创新活动是企业的内生性选择且一定程度上受到国外上游垄断的影响，为了解决企业创新自选择行为导致的样本选择性偏差问题，在此采用 Heckman 两步法对国外上游垄断的异质性影响做进一步检验。首先通过 Probit 模型估计企业进行创新的概率并估算逆米尔斯比率（*Lambda*），然后在基础模型加入 *Lambda* 进行回归分析，相应回归结果如表 8－7 所示。国外上游垄断在劳动、资本、技术密集型行业分组中的系数估计值逐渐增大，并且国外上游垄断分别与行业价值链地位、技术供给能力的交互项系数显著，且一次项系数为负、二次项系数为正，表明国外上游垄断效应在要素密集度、价值链地位、技术供给能力等方面的行业异质性与基础回归结果一致。

表 8-7 Heckman 两步法的回归结果（行业异质性）

创新	(1) 劳动密集型	(2) 资本密集型	(3) 技术密集型	(4) 价值链地位	(5) 技术供给能力
国外上游垄断	0.004 7*** (0.000 6)	0.042 0*** (0.013 1)	0.041 9*** (0.003 6)	0.009 0*** (0.001 0)	0.047 7*** (0.006 5)
国外上游垄断二次项	-0.010 5*** (0.001 1)	-0.047 6** (0.020 4)	-0.062 4*** (0.006 4)	-0.151 8*** (0.016 8)	-0.086 4*** (0.009 6)
Lambda	0.204 5*** (0.000 4)	0.164 1*** (0.000 3)	0.209 0*** (0.000 4)	0.189 6*** (0.000 2)	0.189 6*** (0.000 2)
异质性变量				0.131 9*** (0.019 0)	0.034 3*** (0.008 1)
国外上游垄断×异质性变量				-0.034 2*** (0.003 0)	-0.006 0*** (0.001 1)
国外上游垄断二次项×异质性变量				0.011 0** (0.004 5)	0.006 4*** (0.002 1)
控制变量	是	是	是	是	是
行业、年份固定效应	是	是	是	是	是
常数项	0.250 5*** (0.020 2)	0.110 0 (0.248 5)	0.030 5 (0.043 9)	0.101 2*** (0.011 9)	0.151 5*** (0.011 9)
观测值	192 735	335 943	192 866	721 544	721 544
R^2	0.555	0.480	0.533	0.527	0.516

注：**、***分别表示5%和1%的显著性水平；括号内为标准误。

第三，逆向因果关系问题。虽然本书利用行业层面的国外上游垄断对企业个体创新进行回归分析，在一定程度上缓解了逆向因果关系的内生性问题，但为了进一步处理逆向因果关系的内生性问题，在此使用两阶段最小二乘法进行回归分析，工具变量为主要解释变量的滞后项。一方面，主要解释变量的当期项与其历史发展密切相关；另一方面，当期主要解释变量无法反向影响过去的发展情况，因此核心变量滞后项可满足工具变量的外生性条件。行业要素密集度异质性的回归结果分别如表 8-8 第（1）～（3）列所示，同时第（4）（5）列分别报告了行业价值链地位和技术供给能力异质性的回归结果，可见国外上游垄断在不同行业间对企业创新的影响差异仍然成立。

表 8-8　工具变量法的回归结果（行业异质性）

创新	(1) 劳动密集型	(2) 资本密集型	(3) 技术密集型	(4) 价值链地位	(5) 技术供给能力
国外上游垄断	0.012 3*** (0.002 2)	0.042 1*** (0.010 3)	0.062 5** (0.026 2)	0.121 2*** (0.027 5)	0.047 5*** (0.014 1)
国外上游垄断二次项	-0.021 8*** (0.003 8)	-0.083 4*** (0.021 1)	-0.097 3*** (0.037 1)	-0.189 6*** (0.042 9)	-0.072 5*** (0.021 7)
价值链地位				4.767 7*** (1.001 6)	
国外上游垄断×价值链地位				-0.068 2*** (0.013 9)	
国外上游垄断二次项×价值链地位				0.110 5*** (0.023 3)	
技术供给能力					0.575 3*** (0.097 4)
国外上游垄断×技术供给能力					-0.084 6*** (0.013 9)
国外上游垄断二次项×技术供给能力					0.133 4*** (0.023 0)
Kleibergen & Paap rk *LM*	860.676 0 (0.000 0)	875.287 0 (0.000 0)	3 329.176 0 (0.000 0)	2 756.270 0 (0.000 0)	5 069.764 0 (0.000 0)
Kleibergen & Paap rk *F*	391.435 0 (7.030 0)	432.410 0 (7.030 0)	2 027.505 0 (7.030 0)	1 323.456 0 (7.030 0)	2 447.410 0 (7.030 0)
控制变量	是	是	是	是	是
行业、年份固定效应	是	是	是	是	是
常数项	-0.161 8*** (0.034 9)	-0.992 4*** (0.268 3)	-0.737 5*** (0.151 1)	-0.679 7*** (0.180 5)	-0.181 6* (0.094 4)

（续上表）

创新	(1) 劳动密集型	(2) 资本密集型	(3) 技术密集型	(4) 价值链地位	(5) 技术供给能力
观测值	94 199	151 382	82 863	308 444	308 444
R^2	-0.078	-0.000	0.049	0.020	0.021

注：*、**和***分别表示10%、5%和1%的显著性水平；括号内为标准误；Kleibergen & Paap rk *LM* 数值下括号为 *P* 值；Kleibergen & Paap rk *F* 数值下括号为 Stock-Yogo 弱识别检验的10%显著性水平临界值。

8.2 企业异质性检验

首先，检验国外上游垄断对不同贸易方式企业的创新影响异质性。根据贸易方式将进口企业子样本分为加工贸易和一般贸易两类，表8-9第（1）（2）列报告了相应的分组回归结果。从中可以看出，加工贸易企业和一般贸易企业的创新均会在中间产品进口中受到国外上游垄断的影响，但对比第（1）列和第（2）列的回归结果可见，第（1）列的国外上游垄断系数更大，表明国外上游垄断对加工贸易企业的创新具有更大影响。加工贸易企业普遍通过低附加值环节嵌入价值链分工，缺乏核心技术，生产发展长期依赖于进口中间产品，技术创新和生产转型升级往往高度依赖国外上游环节，从而导致其创新严重受制于国外上游垄断。第（3）列报告了相应的交互项回归结果，可见国外上游垄断与加工贸易的交互项系数显著且符号方向与主效应一致，再次表明加工贸易会强化国外上游垄断对企业创新的影响。

表8-9 企业异质性（贸易方式）

创新	(1) 加工贸易	(2) 一般贸易	(3) 交互项
国外上游垄断	0.049 3*** (0.010 3)	0.022 8*** (0.000 7)	0.015 9** (0.006 5)
国外上游垄断二次项	-0.074 4*** (0.012 7)	-0.031 5*** (0.001 0)	-0.039 5*** (0.008 3)
加工贸易			-0.108 8*** (0.010 0)

（续上表）

创新	(1) 加工贸易	(2) 一般贸易	(3) 交互项
国外上游垄断×加工贸易			0.011 8*** (0.001 5)
国外上游垄断二次项×加工贸易			-0.023 4*** (0.002 2)
控制变量	是	是	是
行业、年份固定效应	是	是	是
常数项	9.205 9*** (0.239 6)	17.874 2*** (0.150 4)	-0.089 0*** (0.001 4)
观测值	126 804	155 221	282 025
R^2	0.116	0.297	0.350

注：**、***分别表示5%和1%的显著性水平；括号内为标准误。

其次，检验国外上游垄断对资源配置效率异质性企业的创新是否存在影响差异，参考孙元元和张建清（2015）采用OP（Olley & Pakes）协方差衡量企业资源配置效率。从表8-10第（1）（2）列的分组回归结果来看，国外上游垄断的回归系数均显著且二次项系数相近，而一次项系数在第（1）列中明显更大。第（3）列进一步报告了国外上游垄断与资源配置效率交互项的回归结果，其中一次项的交互项系数显著为正，而二次项的交互项系数不显著，表明企业资源配置效率越高，国外上游垄断对其创新的促进效应越大，而抑制作用越小。资源配置效率高的企业能够通过整合和优化内外部资源配置来提高部门协同性和生产效率，既能更充分地利用国外上游垄断所带来的“质量提升”正效应的积极影响，也更容易消化“价格上涨”负效应的消极影响。

表 8－10 企业异质性（资源配置效率）

创新	(1) 资源配置效率高	(2) 资源配置效率低	(3) 交互项
国外上游垄断	0.098 2*** (0.004 0)	0.067 1*** (0.003 5)	0.075 2*** (0.002 6)
国外上游垄断二次项	−0.146 7*** (0.005 3)	−0.107 0*** (0.007 7)	−0.101 7*** (0.003 4)
资源配置效率			−0.004 7 (0.009 5)
国外上游垄断×资源配置效率			0.004 5*** (0.001 3)
国外上游垄断二次项×资源配置效率			0.002 3 (0.002 2)
控制变量	是	是	是
行业、年份固定效应	是	是	是
常数项	−0.512 9*** (0.058 7)	1.600 8*** (0.391 0)	−0.306 5*** (0.022 9)
观测值	393 330	379 698	773 028
R^2	0.041	0.011	0.023

注：＊＊＊表示1%的显著性水平；括号内为标准误。

最后，进一步检验国外上游垄断对人才吸引力异质性企业的影响，借鉴樊纲等（2003）采用主成分分析法构造企业吸引人才能力的综合指标。从表8－11第（1）（2）列的回归结果可见，第（1）列的回归系数明显较第（2）列更小，进一步从第（3）列的回归结果可以看出，企业人才吸引力交互项的回归系数显著，且符号方向与主效应相反，表明国外上游垄断对人才吸引力较强的企业影响较小。一方面，人才吸引力较强的企业更可能吸纳创新型人才，提升自主创新能力，减少对国外技术“模仿、再创新”的路径依赖，进而降低中间产品进口对于企业创新的重要性。因此，在国外上游垄断程度较低时，国外上游垄断对人才吸引力较强企业的创新的积极影响相对有限。另一方面，人力资本对企业绩效具有重要积极作用，企业能够通过积累人力资本来降低生产成本和提升盈利水平（程虹等，2016）。人才吸引力较强的企业可以通过吸纳高素质人才而较快地实现人力资本积累，增强企业整体盈利能力和巩固创新的物质基础，从而在国外上游垄断越过临界值之后，其创新受到的消极效应相对较小。

表 8－11　企业异质性（人才吸引力）

创新	(1) 人才吸引力强	(2) 人才吸引力弱	(3) 交互项
国外上游垄断	0.029 0*** (0.001 4)	0.046 1*** (0.002 5)	0.031 2*** (0.000 9)
国外上游垄断二次项	－0.040 9*** (0.002 1)	－0.057 2*** (0.003 1)	－0.044 5*** (0.001 4)
人才吸引力			0.071 8*** (0.009 3)
国外上游垄断 × 人才吸引力			－0.005 6*** (0.001 4)
国外上游垄断二次项 × 人才吸引力			0.017 5*** (0.002 1)
控制变量	是	是	是
行业、年份固定效应	是	是	是
常数项	－0.102 9*** (0.025 6)	－0.060 1** (0.026 2)	－0.007 3 (0.017 3)
观测值	390 033	382 995	773 028
R^2	0.036	0.008	0.024

注：**、***分别表示5%和1%的显著性水平；括号内为标准误。

为了进一步验证上述回归结果，本书进行如下稳健性检验：

第一，处理变量测量误差问题。本书进一步采用企业层面的国外上游垄断指标——国外供应商势力指数进行实证检验。同时，考虑市场集中度指数是衡量市场垄断主要指标，在此也采用赫芬达尔指数衡量国外上游垄断。然后，改变被解释变量衡量方法。参照一般做法，本书采用企业专利申请量的对数值重新衡量企业创新。表 8－12 和表 8－13 报告了变换变量测度方法的回归结果。从中可见，国外上游垄断与加工贸易的交互项系数符号方向与主效应相同，而国外上游垄断与资源配置效率、人才吸引力的交互项系数符号方向与主效应有异，表明在变换国外上游垄断和创新变量测度方法之后，国外上游垄断对创新影响的企业异质性仍然成立。

表8-12　变换国外上游垄断变量的回归结果（企业异质性）

创新	(1) 加工贸易	(2) 资源配置效率	(3) 人才吸引力	(4) 加工贸易	(5) 资源配置效率	(6) 人才吸引力
	国外供应商势力指数			赫芬达尔指数		
国外上游垄断	0.029 4***	0.031 4***	0.027 6***	0.254 5***	0.020 4***	0.097 8***
	(0.001 4)	(0.001 0)	(0.001 1)	(0.014 2)	(0.001 2)	(0.003 4)
国外上游垄断二次项	-0.025 3***	-0.027 1***	-0.022 6***	-0.622 4***	-0.026 3***	-0.111 8***
	(0.001 8)	(0.001 4)	(0.001 4)	(0.025 2)	(0.002 0)	(0.004 3)
异质性	0.001 2***	-0.013 6***	-0.038 7***	-0.154 1***	-0.350 8***	0.104 7***
	(0.000 2)	(0.000 7)	(0.000 3)	(0.019 4)	(0.021 9)	(0.017 0)
国外上游垄断×异质性	0.003 8*	0.011 2*	-0.025 1***	0.020 1***	0.409 1***	-0.023 8***
	(0.002 0)	(0.006 1)	(0.003 0)	(0.003 2)	(0.025 6)	(0.002 8)
国外上游垄断二次项×异质性	-0.003 0	-0.006 3	0.017 0***	-0.033 1***	0.729 9***	0.019 2***
	(0.002 6)	(0.007 9)	(0.004 2)	(0.004 0)	(0.042 9)	(0.003 5)
控制变量	是	是	是	是	是	是
企业固定效应	是	是	是	否	否	否
行业、年份固定效应	是	是	是	是	是	是
常数项	-0.108 8***	-0.108 2***	-0.133 0***	18.282 8***	0.040 4**	-0.366 0***
	(0.000 5)	(0.000 5)	(0.000 6)	(0.130 0)	(0.018 1)	(0.026 1)
观测值	713 760	713 760	713 760	282 025	773 028	773 028
R^2	0.624	0.625	0.635	0.262	0.023	0.024

注：*、**和***分别表示10%、5%和1%的显著性水平；括号内为标准误。

表 8 - 13　专利申请量的回归结果（企业异质性）

创新	(1) 加工贸易	(2) 资源配置效率	(3) 人才吸引力
国外上游垄断	0. 906 9 *** (0. 019 0)	0. 152 6 *** (0. 004 1)	0. 117 6 *** (0. 003 2)
国外上游垄断二次项	- 1. 015 2 *** (0. 024 3)	- 0. 212 5 *** (0. 005 2)	- 0. 149 5 *** (0. 004 9)
异质性	- 2. 844 3 *** (0. 199 1)	- 0. 050 6 *** (0. 015 8)	0. 215 7 *** (0. 018 0)
国外上游垄断 × 异质性	0. 403 3 *** (0. 029 4)	0. 009 8 *** (0. 001 3)	- 0. 058 2 *** (0. 002 7)
国外上游垄断二次项 × 异质性	- 0. 560 9 *** (0. 044 8)	0. 021 7 (0. 013 7)	0. 056 2 *** (0. 004 1)
控制变量	是	是	是
行业、年份固定效应	是	是	是
常数项	- 189. 134 4 *** (2. 557 2)	- 0. 774 6 *** (0. 040 5)	- 0. 222 8 *** (0. 038 1)
观测值	282 025	773 028	773 028
R^2	0. 409	0. 030	0. 057

注：＊＊＊表示 1% 的显著性水平；括号内为标准误。

第二，处理样本选择性偏差问题。是否开展创新活动是企业的内生性选择且一定程度上会受到国外上游垄断的影响。为了解决企业创新自选择行为导致的样本选择性偏差问题，在此采用 Heckman 两步法对国外上游垄断的异质性影响做进一步检验。从表 8 - 14 的回归结果可见，国外上游垄断与加工贸易的交互项系数显著且符号方向与主效应相同，同时国外上游垄断与资源配置效率的交互项系数显著为正，而国外上游垄断与人才吸引力的交互项系数的符号方向与主效应相反，证明国外上游垄断对不同性质企业创新的异质性影响与基础回归结果相同。

表 8－14 Heckman 两步法的回归结果（企业异质性）

创新	(1) 加工贸易	(2) 资源配置效率	(3) 人才吸引力
国外上游垄断	0.548 3*** (0.016 4)	0.007 1*** (0.000 9)	0.009 4*** (0.001 2)
国外上游垄断二次项	-1.057 4*** (0.030 3)	-0.012 4*** (0.001 3)	-0.010 0*** (0.001 0)
异质性	-0.277 6*** (0.016 8)	-0.004 9*** (0.001 0)	0.015 9** (0.006 7)
国外上游垄断×异质性	0.040 4*** (0.002 7)	0.002 1*** (0.000 4)	-0.001 5 (0.001 0)
国外上游垄断二次项×异质性	-0.058 3*** (0.003 5)	0.018 8*** (0.004 1)	0.005 2*** (0.001 5)
Lambda	0.079 6*** (0.000 4)	0.189 6*** (0.000 2)	0.189 5*** (0.000 2)
控制变量、行业、年份固定效应	是	是	是
常数项	190 348 0.507	721 544 0.526	721 544 0.527
观测值	212 903	721 544	721 544
R^2	0.507	0.526	0.527

注：**、***分别表示5%和1%的显著性水平；括号内为标准误。

第三，处理逆向因果关系问题。虽然本书利用行业层面的国外上游垄断对企业个体创新进行回归分析，在一定程度上缓解了逆向因果关系的内生性问题，但企业创新仍可能反向作用于国外上游市场结构。为了进一步处理逆向因果关系的内生性问题，在此使用两阶段最小二乘法进行回归分析，工具变量为主要解释变量的滞后项。一方面，主要解释变量的当期项与其历史发展密切相关；另一方面，当期情况无法反向影响历史发展，因此主要解释变量滞后项可满足工具变量的外生性条件。由表 8－15 的回归结果可见，国外上游垄断与企业异质性变量的交互项回归系数和基础回归结果一致，再次证明国外上游垄断的创新效应具有企业异质性。

表 8-15　工具变量法的回归结果（企业异质性）

创新	(1) 加工贸易	(2) 资源配置效率	(3) 人才吸引力
国外上游垄断	0.181 5**	0.144 5***	0.053 7***
	(0.073 3)	(0.021 3)	(0.006 4)
国外上游垄断二次项	-0.181 2*	-0.179 7***	-0.080 3***
	(0.107 4)	(0.028 0)	(0.010 4)
异质性	-0.106 8	-0.099 3	0.074 4***
	(0.072 2)	(0.070 8)	(0.011 7)
国外上游垄断×异质性	0.009 5	0.011 2**	-0.006 1***
	(0.011 3)	(0.005 4)	(0.001 8)
国外上游垄断二次项×异质性	-0.025 3*	0.081 2	0.017 8***
	(0.015 3)	(0.061 0)	(0.002 6)
Kleibergen & Paap rk *LM*	254.343 0	6 027.310 0	8 815.884 0
	(0.000 0)	(0.000 0)	(0.000 0)
Kleibergen & Paap rk *F*	135.275 0	2 938.414 0	6 050.980 0
	(7.030 0)	(7.030 0)	(7.030 0)
控制变量	是	是	是
行业、年份固定效应	是	是	是
常数项	-0.122 2***	-0.729 1***	-0.186 6***
	(0.012 1)	(0.134 3)	(0.047 2)
观测值	96 304	308 444	308 444
R^2	0.307	0.021	0.022

注：*、**和***分别表示10%、5%和1%的显著性水平；括号内为标准误；Kleibergen & Paap rk *LM* 数值下括号为 *P* 值；Kleibergen & Paap rk *F* 数值下括号为 Stock-Yogo 弱识别检验的10%显著性水平临界值。

8.3　国外上游价值链地位的异质性检验

国外上游环节在价值链地位上存在明显差异，其市场垄断程度的变动对企业创新的影响是否有所不同？为了回答这一问题，在此分别通过价值链上游度和价值链位置指数衡量国外上游价值链地位，基于此考察价值链地位不同的国外上游环节的市场垄断是否对企业创新具有影响差异。本书分别参考 Antràs 等（2012）、Koopman 等（2010）的研究衡量国外上游环节的上游度和价值链位置，并从行业和国家两个维度进行测算。

表 8 - 16 报告了基于上游度的检验结果。从第（1）（2）列的回归结果来看，国外上游垄断的一次项系数显著为正而二次项系数显著为负，表明国外上游垄断在不同上游度行业分组中均与企业创新呈显著的“倒 U 形”关系，这与国外上游垄断的总体效应一致。但对比第（1）（2）列的回归结果来看，国外上游垄断的回归系数在高上游度行业分组中明显较大，可见相比于低上游度行业，高上游度行业的国外上游垄断对企业创新具有较大影响。再从第（3）（4）列的回归结果来看，第（3）列的国外上游垄断系数明显较大，表明高上游度国家的上游垄断对企业创新的影响更大。

表 8 - 16　基于上游度的检验结果

创新	(1) 高上游度行业	(2) 低上游度行业	(3) 高上游度国家	(4) 低上游度国家
国外上游垄断	0.042 5*** (0.003 0)	0.023 2*** (0.004 6)	0.052 1*** (0.011 4)	0.051 7*** (0.002 5)
国外上游垄断二次项	-0.157 5*** (0.037 0)	-0.050 5*** (0.004 3)	-0.211 3*** (0.052 8)	-0.188 8*** (0.007 4)
控制变量	是	是	是	是
行业固定效应	是	是	是	是
年份固定效应	是	是	是	是
常数项	0.110 7*** (0.016 3)	0.154 4*** (0.016 3)	0.123 2*** (0.017 9)	0.232 2*** (0.016 4)
观测值	773 028	773 028	773 028	773 028
R^2	0.023	0.023	0.027	0.011

注：＊＊＊表示 1% 的显著性水平；括号内为标准误。

进一步地，本书采用价值链位置指数衡量国外上游的价值链地位，相应异质性检验结果如表 8 - 17 所示。由第（1）（2）列的回归结果可见，国外上游垄断的回归系数均显著，且一次项系数为正而二次项系数为负，表明价值链位置不同的国外上游行业垄断对企业创新的影响与国外上游垄断总体效应相同。而且，国外上游垄断在第（1）列中的回归系数相较第（2）列更大，说明价值链位置较高行业的国外上游垄断更易对企业创新产生影响。同时，第（3）（4）列的回归结果表明，价值链位置较高国家的上游垄断对本土企业创新具有更大影响。

表 8－17　基于价值链位置的检验结果

创新	(1) 高价值链 位置行业	(2) 低价值链 位置行业	(3) 高价值链 位置国家	(4) 低价值链 位置国家
国外上游垄断	0.069 6*** (0.002 0)	0.054 6*** (0.004 0)	0.037 6*** (0.002 6)	0.018 3*** (0.000 6)
国外上游垄断二次项	－0.107 1*** (0.005 8)	－0.063 5*** (0.001 9)	－0.075 3*** (0.003 0)	－0.010 3*** (0.000 3)
控制变量	是	是	是	是
行业、年份固定效应	是	是	是	是
常数项	0.165 0*** (0.016 3)	1.270 9*** (0.281 2)	0.251 3*** (0.015 4)	－0.006 3** (0.002 8)
观测值	773 028	773 028	773 028	773 028
R^2	0.021	0.022	0.021	0.018

注：**、***分别表示5%和1%的显著性水平；括号内为标准误。

综合表 8－16 和表 8－17 来看，价值链地位越高的国外上游环节，其市场垄断对企业创新的影响越大。一方面，价值链地位较高的国外上游环节往往上游度较高，其到达最终环节所需经历的生产阶段较多，能够通过投入、产出关联在更多国内价值链环节的生产中占据一定地位；另一方面，价值链地位较高的国外上游环节，其国内增值能力较强且对国外资源的依赖性较低，控制着价值链生产所需关键技术和中间产品的配置，对于价值链整体运行和发展至关重要。因此，本土企业在价值链上对这些国外上游环节更易产生依赖，从而企业创新对价值链地位较高环节的国外上游垄断更为敏感。

为了进一步验证上述回归结果，本书进行如下稳健性检验：

第一，处理变量测量误差问题。上述回归分析均基于勒纳指数衡量国外上游行业垄断，考虑到市场集中度指数也是衡量市场垄断的重要指标，在此进一步采用赫芬达尔指数衡量国外上游市场垄断。然后，改变被解释变量衡量方法。参照一般做法，本书采用企业专利申请量的对数值重新测度企业创新水平。表 8 -18 至表 8 -21 报告了变换国外上游垄断和创新衡量方法的回归结果。从中可见，国外上游垄断的回归系数显著，且符号方向及其在不同分组间的差异均与基础检验结果一致，表明在变换国外上游垄断和创新变量测度方法之后，价值链地位不同的国外上游市场垄断对企业创新仍具有异质性影响。

表 8 -18　变换国外上游垄断变量的回归结果（上游度）

创新	(1) 高上游度行业	(2) 低上游度行业	(3) 高上游度国家	(4) 低上游度国家
国外上游垄断	0.013 3*** (0.004 3)	0.014 1* (0.007 7)	0.027 9*** (0.001 5)	0.019 6*** (0.000 9)
国外上游垄断二次项	-0.031 6*** (0.011 7)	-0.014 2** (0.005 8)	-0.098 9*** (0.007 0)	-0.039 9*** (0.001 8)
控制变量	是	是	是	是
行业、年份固定效应	是	是	是	是
常数项	0.152 2*** (0.016 4)	0.149 3*** (0.016 6)	2.923 7*** (0.284 0)	0.186 7*** (0.016 3)
观测值	773 028	773 028	773 028	773 028
R^2	0.027	0.027	0.021	0.021

注：*、**和***分别表示 10%、5%和 1%的显著性水平；括号内为标准误。

表 8 -19　变换国外上游垄断变量的回归结果（价值链位置）

创新	(1) 高价值链 位置行业	(2) 低价值链 位置行业	(3) 高价值链 位置国家	(4) 低价值链 位置国家
国外上游垄断	0.097 7*** (0.020 7)	0.015 6*** (0.003 2)	0.058 6*** (0.002 5)	0.034 1*** (0.001 6)

（续上表）

创新	(1) 高价值链 位置行业	(2) 低价值链 位置行业	(3) 高价值链 位置国家	(4) 低价值链 位置国家
国外上游垄断二次项	-0.274 9*** (0.086 8)	-0.021 2*** (0.003 3)	-0.258 6*** (0.010 1)	-0.139 9*** (0.008 5)
控制变量	是	是	是	是
行业固定效应	是	是	是	是
年份固定效应	是	是	是	是
常数项	2.336 7*** (0.284 7)	0.160 9*** (0.016 3)	0.187 7*** (0.016 3)	0.179 7*** (0.016 3)
观测值	773 028	773 028	773 028	773 028
R^2	0.027	0.020	0.021	0.021

注：＊＊＊表示1%的显著性水平；括号内为标准误。

表8-20　变换创新变量的回归结果（上游度）

创新	(1) 高上游度行业	(2) 低上游度行业	(3) 高上游度国家	(4) 低上游度国家
国外上游垄断	0.122 7*** (0.006 5)	0.109 3*** (0.011 9)	0.106 9*** (0.013 2)	0.061 6*** (0.004 7)
国外上游垄断二次项	-0.164 4*** (0.012 2)	-0.119 5*** (0.006 0)	-0.574 5*** (0.104 0)	-0.182 7*** (0.012 2)
控制变量	是	是	是	是
行业固定效应	是	是	是	是
年份固定效应	是	是	是	是
常数项	0.198 3*** (0.023 4)	0.143 2*** (0.022 7)	0.275 2*** (0.032 5)	-3.287 4*** (0.649 4)
观测值	773 068	773 068	773 068	773 068
R^2	0.019	0.014	0.034	0.006

注：＊＊＊表示1%的显著性水平；括号内为标准误。

表 8-21　变换创新变量的回归结果（价值链位置）

创新	(1) 高价值链 位置行业	(2) 低价值链 位置行业	(3) 高价值链 位置国家	(4) 低价值链 位置国家
国外上游垄断	0.088 9*** (0.007 9)	0.015 0*** (0.000 4)	0.100 1*** (0.005 1)	0.032 3*** (0.001 3)
国外上游垄断二次项	-0.162 1*** (0.011 5)	-0.149 1*** (0.003 7)	-0.144 1*** (0.005 9)	-0.018 9*** (0.000 7)
控制变量	是	是	是	是
行业固定效应	是	是	是	是
年份固定效应	是	是	是	是
常数项	0.197 7*** (0.032 0)	-4.339 1*** (0.553 6)	0.384 8*** (0.030 4)	-0.129 3*** (0.005 9)
观测值	773 068	773 068	773 068	773 068
R^2	0.028	0.030	0.028	0.027

注：***表示1%的显著性水平；括号内为标准误。

第二，处理样本选择性偏差问题。是否开展创新活动是企业的内生性选择且一定程度上受到国外上游垄断的影响。为了解决企业创新自选择行为导致的样本选择性偏差问题，在此采用 Heckman 两步法对国外上游垄断的异质性影响做进一步检验。首先通过 Probit 模型估计企业进行创新的概率，并估算逆米尔斯比率（*Lambda*），然后加入 *Lambda* 对价值链地位不同的国外上游垄断效应进行回归分析。从表 8-22 和表 8-23 的回归结果可见，价值链地位较高的国外上游市场垄断对企业创新的影响更大，证明基础回归结果稳健。

表 8-22　Heckman 两步法的回归结果（上游度）

创新	(1) 高上游度行业	(2) 低上游度行业	(3) 高上游度国家	(4) 低上游度国家
国外上游垄断	0.020 6*** (0.002 2)	0.008 3*** (0.000 6)	0.029 4*** (0.003 2)	0.014 8*** (0.001 8)

（续上表）

创新	(1) 高上游度行业	(2) 低上游度行业	(3) 高上游度国家	(4) 低上游度国家
国外上游垄断二次项	-0.197 6*** (0.027 1)	-0.027 8*** (0.003 1)	-0.276 5*** (0.030 0)	-0.132 3*** (0.005 5)
Lambda	0.189 7*** (0.000 2)	0.189 7*** (0.000 2)	0.189 7*** (0.000 2)	0.189 8*** (0.000 2)
控制变量	是	是	是	是
行业固定效应	是	是	是	是
年份固定效应	是	是	是	是
常数项	0.110 4*** (0.011 7)	0.104 8*** (0.011 7)	0.118 0*** (0.011 7)	0.172 1*** (0.011 9)
观测值	721 544	721 544	721 544	721 544
R^2	0.526	0.526	0.526	0.516

注：＊＊＊表示1%的显著性水平；括号内为标准误。

表 8－23　Heckman 两步法的回归结果（价值链位置）

创新	(1) 高价值链 位置行业	(2) 低价值链 位置行业	(3) 高价值链 位置国家	(4) 低价值链 位置国家
国外上游垄断	0.096 3** (0.043 3)	0.010 3*** (0.001 9)	0.017 6*** (0.001 9)	0.005 6*** (0.000 5)
国外上游垄断二次项	-0.144 8*** (0.055 6)	-0.012 7*** (0.002 1)	-0.033 7*** (0.002 2)	-0.002 5*** (0.000 2)
Lambda	0.189 6*** (0.000 2)	0.190 9*** (0.000 2)	0.189 7*** (0.000 2)	0.191 0*** (0.000 2)
控制变量	是	是	是	是
行业、年份固定效应	是	是	是	是
常数项	0.122 9*** (0.011 9)	-1.130 4*** (0.101 9)	0.192 3*** (0.011 1)	-0.039 8*** (0.002 1)

（续上表）

创新	(1) 高价值链 位置行业	(2) 低价值链 位置行业	(3) 高价值链 位置国家	(4) 低价值链 位置国家
观测值	721 544	721 544	721 544	721 544
R^2	0.527	0.524	0.526	0.523

注：**、***分别表示5%和1%的显著性水平；括号内为标准误。

第三，处理逆向因果关系问题。虽然本书利用行业层面的国外上游垄断对企业个体创新进行回归分析，在一定程度上缓解了逆向因果关系的内生性问题，但企业创新仍可能反向作用于国外上游市场结构。为了进一步处理逆向因果关系的内生性问题，在此使用两阶段最小二乘法进行回归分析，工具变量为国外上游垄断的滞后项。一方面，国外上游垄断的当期项与其历史发展密切相关；另一方面，当期国外上游垄断无法反向影响过去发展情况，因此国外上游垄断滞后项可满足工具变量的外生性条件。由表8-24和表8-25的回归结果可见，不同分组的国外上游垄断回归系数显著地与基础检验结果一致，Kleibergen & Paap rk *LM* 统计量、Kleibergen & Paap rk *F* 值表示不存在“工具变量不可识别”和“工具变量弱识别”的问题，再次证明价值链地位不同的国外上游环节的市场垄断对企业创新具有差异性影响。

表8-24　工具变量法的回归结果（上游度）

创新	(1) 高上游度行业	(2) 低上游度行业	(3) 高上游度国家	(4) 低上游度国家
国外上游垄断	0.181 0** (0.071 1)	0.106 2*** (0.021 4)	0.136 6* (0.077 5)	0.069 6*** (0.013 2)
国外上游垄断二次项	-0.927 0*** (0.242 1)	-0.203 2*** (0.065 7)	-0.676 3* (0.390 7)	-0.290 9*** (0.048 3)
Kleibergen & Paap rk *LM*	20 000 (0.000 0)	4 405.384 0 (0.000 0)	133.407 0 (0.000 0)	260.227 0 (0.000 0)
Kleibergen & Paap rk *F*	9 421.392 0 (7.030 0)	2 371.366 0 (7.030 0)	66.900 0 (7.030 0)	130.900 0 (7.030 0)

（续上表）

创新	(1) 高上游度行业	(2) 低上游度行业	(3) 高上游度国家	(4) 低上游度国家
控制变量	是	是	是	是
行业、年份固定效应	是	是	是	是
常数项	0.109 9*** (0.015 9)	4.956 8*** (0.603 6)	-0.736 1** (0.365 9)	9.666 7*** (1.554 5)
观测值	308 444	308 444	308 444	308 444
R^2	0.022	0.021	-0.022	-0.197

注：*、**和***分别表示10%、5%和1%的显著性水平；括号内为标准误；Kleibergen & Paap rk *LM* 数值下括号为 *P* 值；Kleibergen & Paap rk *F* 数值下括号为 Stock-Yogo 弱识别检验的10%显著性水平临界值。

表8-25　工具变量法的回归结果（价值链位置）

创新	(1) 高价值链位置行业	(2) 低价值链位置行业	(3) 高价值链位置国家	(4) 低价值链位置国家
国外上游垄断	0.049 0** (0.022 4)	0.032 7* (0.018 1)	0.086 8*** (0.014 0)	0.014 9* (0.007 9)
国外上游垄断二次项	-0.127 4*** (0.030 5)	-0.024 7* (0.014 9)	-0.157 1*** (0.027 0)	-0.076 2* (0.039 9)
Kleibergen & Paap rk *LM*	28 000 (0.000 0)	11 000 (0.000 0)	4 964.298 0 (0.000 0)	56.013 0 (0.000 0)
Kleibergen & Paap rk *F*	22 000 (7.030 0)	5 591.318 0 (7.030 0)	2 870.372 0 (7.030 0)	27.987 0 (7.030 0)
企业控制变量	是	是	是	是
行业控制变量	是	是	是	是
地区控制变量	是	是	是	是
行业固定效应	是	是	是	是
年份固定效应	是	是	是	是

（续上表）

创新	(1) 高价值链 位置行业	(2) 低价值链 位置行业	(3) 高价值链 位置国家	(4) 低价值链 位置国家
常数项	0.170 8*** (0.015 2)	1.569 3*** (0.381 5)	-0.123 8 (0.596 4)	-4.897 6** (2.284 2)
观测值	308 444	308 444	308 444	308 444
R^2	0.021	0.021	0.020	-0.032

注：*、**和***分别表示10%、5%和1%的显著性水平；括号内为标准误；Kleibergen & Paap rk *LM* 数值下括号为 *P* 值；Kleibergen & Paap rk *F* 数值下括号为 Stock-Yogo 弱识别检验的10%显著性水平临界值。

在检验国外上游垄断对企业创新总效应的基础上，本书分别从行业和企业层面进行异质性分析，相关研究结果表明：首先，国外上游垄断对创新的影响在不同行业间存在显著差异。从要素密集度来看，技术密集型行业的发展尚不充分，相对其他要素密集型行业，其创新发展更易受到国外上游垄断的影响。从价值链地位来看，价值链地位偏低行业的发展容易受制于国外上游，相比价值链地位较高的行业受国外上游垄断影响更大。再从行业的技术供给能力来看，技术供给能力较弱的行业由于对核心中间产品进口存在较大依赖，其创新对国外上游垄断效应更敏感。其次，从国外上游垄断效应的企业异质性来看，资源配置效率较高、人才吸引力较强的企业对国外先进知识和技术的吸收能力较强，在国外上游垄断影响下更易实现创新水平的提升。此外，相比加工贸易企业，一般贸易企业更可能掌握自主生产技术，其创新受国外上游垄断的影响较小。最后，源于不同国外上游环节的市场垄断对企业创新具有异质性影响，上游度和价值链位置指数的检验结果均表明，相比于价值链地位较低的国外上游环节，在价值链上占据较高地位的国外上游市场垄断能够在更大程度上影响本土企业创新。

9 国内市场垄断作用下国外上游垄断对企业创新的影响

本土企业所处行业作为国外上游行业的相对下游，事实上存在着一定的市场势力，根据买方抗衡势力理论，这会对国外上游垄断效应产生影响。本章由此考虑在企业所处行业的国内市场垄断作用之下，国外上游垄断对企业创新的影响的变动情况，并进一步厘清相关的作用机制。此外，从行业和企业两个层面检验国内市场垄断是否对国外上游垄断效应产生异质性作用。

9.1 计量模型设定和数据说明

9.1.1 计量模型设定

为了检验国外上游垄断在本土企业所处行业的国内市场垄断作用下对创新的影响，设定计量模型如下：

$$\begin{aligned} Innov_{ijt} = {} & \beta_0 + \beta_1 FUmonopoly_{jt} + \beta_2 FUmonopoly_{jt}^2 + \\ & \beta_3 Dmonopoly_{jt} + \beta_4 Dmonopoly_{jt} \times FUmonopoly_{jt} + \\ & \beta_5 Dmonopoly_{jt} \times FUmonopoly_{jt}^2 + Controls + \gamma_j + \gamma_t + \varepsilon_{ijt} \end{aligned} \tag{9-1}$$

其中，i 、j 、t 分别表示企业、行业和年份。$Innov$ 为企业的创新活动水平；$FUmonopoly$ 、$Dmonopoly$ 分别表示国外上游垄断和本土企业所在行业的国内市场垄断；$Controls$ 表示控制了其他影响创新的时变因素；同时，在回归中控制行业固定效应 γ_j 和年份固定效应 γ_t ；ε 为随机扰动项。相关变量说明如下：

第一，企业创新水平 $Innov$ 。当前实证研究中的创新指标主要有投入和产出两类，创新投入指标包括研发人员强度、研发支出强度和研发强度（Braga & Willmore，1991）；创新产出指标包括专利申请量、新产品产出强度和产品创新二值变量（刘啟仁和黄建忠，2016）。本书在实证分析中主要根据企业报告的新产品产值构建创新产出指标，具体采用新产品产值率即新产品产值与工业总产值之比来测度创新产出水平。采用上述指标衡量企业创新活动水平的主要原因在于：一方面，相比研发人员强度、研发支出强度等创新投入指标，新产品产值率作为创新产出指标能够直接衡量企业创新活动的结果，有助于更好地体现企业真实创新水平；另一方面，新产品产值率相比产品创新二值变量包含更多企业创新活动的相关信息，从中不仅能够获悉企业是否进行创新活动的信息，还能得到企业个体之间创新产出的差距。

第二，本土企业所在行业的国内市场垄断 *Dmonopoly* 。本书采用加权勒纳指数衡量本土企业所在行业的国内市场垄断程度，权重为企业市场销售份额，在稳健性检验中采用赫芬达尔指数进行相关测算。下文分析均将企业所在行业的国内市场垄断简称为“国内市场垄断”。

第三，国外上游垄断 *FUmonopoly* 。本书采用基于勒纳指数的行业层面国外上游垄断指标衡量核心解释变量，具体测算方法如第 5 章 5.1.2 所述。其主要原因如下：一方面，行业层面国外上游垄断指数能够衡量企业共同面临的国外上游垄断，无论企业是否直接进口中间产品，其创新均可能会受到国外上游垄断的影响，而企业层面的国外上游垄断指数局限于进口中间产品企业，不能满足本书尝试全面分析国外上游垄断效应的需求。另一方面，基于测算准确性、行业可比性以及数据可得性，发现勒纳指数及市场集中度指数较其他指标更适用于国外上游垄断的测算，并且考虑勒纳指数的测算逻辑在于企业市场势力的基本定义，相对市场集中度指数更能直接反映市场垄断程度。本书还采用企业层面的国外上游垄断指数及基于市场集中度指数的行业层面国外上游垄断指数替换核心解释变量的衡量方法，以进行稳健性检验。

第四，控制变量。①企业控制变量：企业年龄，采用当期年份与成立年份之差衡量；企业规模，采用从业人数的对数值衡量；资本密集度，采用固定资产与从业人数的比值衡量；融资约束，采用利息支出与固定资产之比衡量；政府补贴，采用企业的补贴收入与其销售额之比衡量；员工薪资水平，采用人均工资的对数值衡量。②行业控制变量：行业资本情况，采用行业层面的固定资产增长率衡量；行业融资情况，采用行业层面的利息支出增长率衡量；行业发展情况，采用行业层面的销售额增长率衡量。③地区控制变量：经济发展水平，采用省级人均 GDP 的对数值衡量；财政支出水平，采用财政支出与 GDP 之比衡量；产业发展水平，采用第二、第三产业增长率衡量。

9.1.2 数据说明

本书主要数据来源包括两个微观企业数据库：一是中国工业企业数据库，包含国有企业及规模以上（年主营业务收入500万元及以上）非国有企业的新产品产值、工业总产值、成立年份、从业人数、利息支出、固定资产、政府补贴、人均工资等基本信息及财务数据。二是Osiris数据库，包含全球150多个国家企业的基本信息及资本财务成本、营业利润和销售额等财务数据。其他数据来源包括：WIOD数据库，提供本国对外直接消耗数据；中国统计年鉴，提供行业固定资产、行业利息支出、行业销售额、省级人均GDP、省级GDP总值、省级财政支出、省级产业增长率等行业及地区特征数据。此外，考虑在2008—2010年中国工业企业数据库中，一些重要变量如新产品产值、销售收入、补贴收入等缺失，同时2011年及以后年份的工业企业"规模以上"标准从"500万元及以上"变更为"2 000万元及以上"，故本书采用2008年以前的数据进行实证检验，样本区间为2000—2007年。

9.2 基础回归结果

表9-1报告了根据式（9-1）的分步回归结果。首先，本书在第（1）列仅加入国外上游垄断及其与国内市场垄断的交互项。从中可见，国外上游垄断的一次项系数显著为正、二次项系数显著为负，并且其与国内市场垄断的交互项系数均显著为正。然后，在第（2）（3）列中逐步加入企业、行业、地区等层面的控制变量及行业、年份的固定效应，可见国外上游垄断与国内市场垄断的交互项系数仍在1%的显著性水平上显著为正，与第（1）列的回归结果一致，表明在国内市场垄断的作用下，国外上游垄断对企业创新的影响具有显著变化。从上述回归结果来看，随着国内市场垄断程度的提升，国外上游垄断的"质量提升"正效应得到增强，同时其"价格上涨"负效应减弱，由此在国外上游垄断程度较低时，"质量提升"正效应相对"价格上涨"负效应的优势在国内市场垄断作用下更为明显，进而在总体上更能推进企业创新水平的提升；而在国外上游垄断超过临界值之后，虽然"价格上涨"负效应仍然处于主导地位，但国内市场垄断缩小"质量提升"正效应与"价格上涨"负效应的差距，从而能够缓解国外上游垄断对创新产生的消极影响，这表明本土企业所处行业的国内市

场垄断能在一定程度上改善国外上游垄断对创新的影响。

表 9-1　基础回归结果

创新	(1)	(2)	(3)
国外上游垄断	0.017 9*** (0.000 4)	0.013 9*** (0.000 5)	0.015 5*** (0.006 0)
国外上游垄断二次项	-0.022 0*** (0.000 7)	-0.016 8*** (0.000 8)	-0.022 1*** (0.008 3)
国内市场垄断	0.166 4*** (0.004 1)	0.127 7*** (0.005 1)	0.440 8*** (0.086 2)
国外上游垄断×国内市场垄断	0.313 8*** (0.007 3)	0.236 4*** (0.008 9)	0.367 9*** (0.116 8)
国外上游垄断二次项×国内市场垄断	0.399 4*** (0.010 7)	0.298 6*** (0.013 5)	0.473 3*** (0.167 3)
企业年龄		0.000 0 (0.000 0)	0.000 0 (0.000 0)
企业规模		0.013 7*** (0.000 1)	0.013 2*** (0.000 1)
资本密集度		0.243 2*** (0.030 5)	0.271 7*** (0.030 4)
融资约束		-0.037 6 (0.063 9)	-0.044 5 (0.063 6)
政府补贴		0.042 8*** (0.007 4)	0.045 4*** (0.007 3)
员工薪资水平		0.038 7*** (0.002 9)	0.034 2*** (0.002 9)
行业控制变量	否	是	是
地区控制变量	否	是	是
行业固定效应	否	否	是
年份固定效应	否	否	是

（续上表）

创新	（1）	（2）	（3）
常数项	-1.076 2*** (0.029 2)	-0.523 7*** (0.039 6)	0.142 9*** (0.017 3)
观测值	953 332	773 028	773 028
R^2	0.006	0.020	0.027

注：＊＊＊表示1%的显著性水平；括号内为标准误。

为了进一步验证国内市场垄断是否对国外上游垄断效应具有上述作用，本书进行如下稳健性检验。

1. 变量测量误差问题

首先，在前文中只采用基于勒纳指数的行业层面国外上游垄断指数衡量核心解释变量，未进一步考虑企业个体面临的国外上游垄断特定情况可能会产生变量测量误差问题，本书进一步采用企业层面的国外上游垄断指数——国外供应商势力指数检验国内市场垄断对国外上游垄断效应的作用。回归结果如表9-2第（1）列所示，可见国外上游垄断与国内市场垄断交互项的回归系数显著为正，表明当国内市场垄断程度提升时，国外上游垄断对创新会具有更强的“质量提升”正效应，同时产生较弱的“价格上涨”负效应，这一作用与基础回归结果一致，再次表明本书关于国内市场垄断对国外上游垄断效应作用的核心结论成立。鉴于衡量市场垄断的常用指标还包括市场集中度指数，本书再基于赫芬达尔指数测算行业层面的国外上游垄断指数，由表9-2第（2）列可见，国外上游垄断与国内市场垄断的交互项系数与上述回归结果一致，再次证明国外上游垄断效应在国内市场垄断存在情况下发生显著变化。

表9-2　变换变量指标和测算样本的回归结果

创新	（1） 国外供应商势力	（2） *FHHI*	（3） *DHHI*	（4） 专利总数	（5） 发明专利	（6） Osiris
国外上游垄断	0.029 5*** (0.001 0)	0.820 5*** (0.076 9)	0.023 2*** (0.001 1)	0.138 3*** (0.011 0)	0.099 6*** (0.015 4)	0.060 8*** (0.006 3)

(续上表)

创新	(1) 国外供应商势力	(2) *FHHI*	(3) *DHHI*	(4) 专利总数	(5) 发明专利	(6) Osiris
国外上游垄断二次项	−0.073 3* (0.042 4)	−0.913 5*** (0.136 1)	−0.035 8*** (0.001 6)	−0.160 6*** (0.017 4)	−0.156 5*** (0.021 5)	−0.062 6*** (0.008 7)
国内市场垄断	0.469 7*** (0.010 3)	−0.135 5*** (0.009 6)	−0.575 0*** (0.204 3)	8.271 3*** (1.112 4)	11.394 8*** (1.343 7)	0.799 0*** (0.133 4)
国外上游垄断×国内市场垄断	0.084 3*** (0.023 3)	0.187 3*** (0.013 0)	0.341 1*** (0.082 1)	1.630 2*** (0.191 6)	1.835 4*** (0.240 3)	0.174 4*** (0.027 0)
国外上游垄断二次项×国内市场垄断	0.050 1 (0.044 7)	0.257 7*** (0.023 7)	1.137 0 (0.695 3)	1.654 2*** (0.293 0)	3.079 7*** (0.334 6)	0.160 9*** (0.033 1)
控制变量	是	是	是	是	是	是
企业固定效应	是	否	否	否	否	否
行业固定效应	是	是	是	是	是	是
年份固定效应	是	是	是	是	是	是
常数项	−0.420 2*** (0.009 8)	0.149 3*** (0.016 3)	0.013 6 (0.017 6)	−0.177 4*** (0.036 5)	−0.509 9*** (0.104 0)	−0.192 7*** (0.042 9)
观测值	713 760	773 028	773 028	773 068	773 068	773 028
R^2	0.626	0.023	0.022	0.031	0.019	0.022

注：*、***分别表示10%和1%的显著性水平；括号内为标准误。

其次，变换国内市场垄断的衡量指标。在此使用赫芬达尔指数衡量企业所处行业的国内市场垄断程度。相应回归结果如表9－2第（3）列所示，虽然国外上游垄断二次项与国内市场垄断的交互项系数不显著，但一次项的交互项系数显著为正，仍然说明在国内市场垄断的作用下，国外上游垄断“质量提升”正效应和“价格上涨”负效应呈现明显变化。

再次，变换被解释变量的衡量指标，在此采用专利申请量的对数值衡量企业创新水平。从表 9 - 2 第（4）列的回归结果来看，在企业创新水平由专利申请总量衡量的情况下，国外上游垄断与国内市场垄断交互项系数均显著为正，可见与基础回归结果一致。同时，考虑发明专利比其他专利更能反映企业真实的创新水平，还采用发明专利申请量的对数值衡量创新产出，从表 9 - 2 第（5）列可见基础回归结果稳健。

最后，变换测算样本。国外上游垄断指标的测算需要多个国家的企业个体数据，为了尽可能涵盖国外上游所涉及的国家及行业，并考虑数据可得性，本书均采用 Osiris 企业数据库数据测算的国外上游垄断进行回归分析，但由于中国工业企业数据库所含企业类型较 Osiris 数据库更全面，有助于更准确地反映国内市场结构特征，而在上述分析中均采用中国工业企业数据库数据测算国内市场垄断指标。本书在此进一步统一采用 Osiris 企业数据库数据测算国内市场垄断与国外上游垄断。从表 9 - 2 第（6）列的回归结果来看，国外上游垄断与国内市场垄断的交互项系数显著地与基础回归结果一致。因此，在处理变量测量误差问题之后，国内市场垄断仍然使国外上游垄断对企业创新的影响显著变动。

2. 样本选择性偏差问题

创新是企业生存和发展不可或缺的重要品质，由此企业自由选择地开展创新活动，这一创新决策在一定程度上受制于其所处行业及国外上游行业的市场结构而可能导致样本选择性偏差问题。为了处理企业创新内生性选择导致的样本选择性偏差问题，本书在此采用 Heckman 两步法对国内市场垄断的作用做进一步检验。首先在 Probit 模型中加入影响创新决策的企业、行业等层面的因素，估计企业进行创新的概率，并估算逆米尔斯比率（*Lambda*），然后在式（9 - 1）中加入 *Lambda* 进行回归分析，表 9 - 3 第（1）列呈现了相应的回归结果。从中可见，国外上游垄断及其与国内市场垄断交互项的回归系数显著为正，再次证明国内市场垄断对国外上游垄断效应变动具有显著的作用。

表 9 - 3　Heckman 两步法和工具变量法的回归结果

创新	(1) Heckman 两步法	(2) 工具变量 Ⅰ	(3) 工具变量 Ⅱ	(4) 工具变量 Ⅲ
国外上游垄断	0.014 4*** (0.001 2)	3.254 3*** (0.530 8)	0.576 0*** (0.065 9)	0.165 2*** (0.035 8)

（续上表）

创新	(1) Heckman 两步法	(2) 工具变量Ⅰ	(3) 工具变量Ⅱ	(4) 工具变量Ⅲ
国外上游垄断二次项	-0.017 4*** (0.001 8)	-2.567 3** (1.170 5)	-0.653 0*** (0.075 3)	-0.157 2*** (0.052 3)
国内市场垄断	0.904 1*** (0.116 3)	5.754 9*** (1.408 2)	9.981 2*** (1.121 0)	3.199 3*** (0.391 0)
国外上游垄断×国内市场垄断	0.174 5*** (0.020 0)	5.049 5*** (0.955 4)	1.023 2*** (0.114 3)	2.735 0*** (0.628 9)
国外上游垄断二次项×国内市场垄断	0.190 7*** (0.030 7)	3.720 2 (2.816 3)	1.192 3*** (0.132 9)	2.711 7*** (0.953 2)
Lambda	0.039 9*** (0.000 6)			
Kleibergen & Paap rk *LM*		83.977 0 (0.000 0)	3 361.447 0 (0.000 0)	2 549.744 0 (0.000 0)
Kleibergen & Paap rk *F*		42.806 0 (7.030 0)	3 524.624 0 (16.380 0)	432.424 0 (26.870 0)
控制变量	是	是	是	是
行业固定效应	是	是	是	是
年份固定效应	是	是	是	是
常数项	-0.702 9*** (0.087 4)	2.978 2*** (0.951 6)	-0.604 9 (0.524 8)	-0.672 3 (0.908 3)
观测值	721 576	308 444	308 444	308 444
R^2	0.037	-0.002	-0.003	0.015

注：＊＊、＊＊＊分别表示5%和1%的显著性水平；括号内为标准误；Kleibergen & Paap rk *LM* 数值下括号为 *P* 值；Kleibergen & Paap rk *F* 数值下括号为 Stock-Yogo 弱识别检验的10%显著性水平临界值。

3. 逆向因果关系问题

本书核心解释变量为行业层面的国外上游垄断，被解释变量是企业层面的创新产出，在一定程度上可避免逆向因果关系的内生性问题，但可能存在企业创新影响行业市场结构的作用机制而未被本书识别。为了更好地处理逆向因果关系问题，在此以国外上游垄断和国内市场垄断的滞后项及两者交互项为工具变量，并使用两阶段最小二乘法进行回归分析。一方面，市场垄断的滞后项与当期项具有较强的相关关系；另一方面，企业当期创新水平无法影响其所处行业及上游行业市场结构的历史变动，可见上述核心解释变量的滞后项满足工具变量的外生性条件。本书在表 9－3 第（2）（3）列中分别仅采用国外上游垄断、国内市场垄断的滞后项为工具变量，在第（4）列中同时采用两者的滞后项为工具变量进行回归分析，从回归结果来看，国外上游垄断与国内市场垄断的交互项回归系数显著为正。同时，Kleibergen & Paap rk *LM* 统计量的 *P* 值为 0. 000 0，表明不存在“工具变量不可识别”的问题，Kleibergen & Paap rk *F* 值也大于 Stock-Yogo 10% 显著性水平上的临界值，可拒绝“工具变量不可识别”的原假设。因此，在处理逆向因果关系问题之后，国外上游垄断对企业创新的“质量提升”正效应仍然可随着国内市场垄断的提升而强化，而“价格上涨”负效应的变动与此相反，说明本书核心结论依然成立。

9. 3 影响机制检验

下游垄断是对上游垄断的抗衡势力，对上游企业行为决策具有重要影响。一方面，下游垄断影响着上游企业的市场定价行为及盈利能力。随着下游垄断程度的提升，上游企业倾向于降低中间产品的交易价格，这对利润水平的提升具有消极影响（Fauli-Oller & Sandonis，2013；Zhu 等，2016）。另一方面，下游垄断促进了上游行业竞争，上游企业在更为激烈的市场竞争中需要不断创新和提高生产率水平，促进生产成本下降和产品质量提升（Inderst & Wey，2011；周霄雪，2016）。进一步地，下游行业垄断主要通过形成买方势力来影响上游企业行为决策，进而使下游企业从中增加利润收益（Fee & Thomas，2004）。下游行业集中程度的提升主要从两方面增大企业的买方势力，一是有利于企业形成买方集团，并通过集中产品购买量的方式获取数量折扣，进而降低中间产品价格（Dobson，2002）；二是有利于统一企业对中间产品的评价标准，增强相应需求弹性和促进上游行业竞争，进而削弱上游企业相对议价谈判地位（Inderst & Shaffer，2007）。由此可见，扩大企业买方势力是下游垄断影响上游垄断经济效应的重要作用机制，那么国内市场垄断是否也通过作用于本土企业买方势力而影响国外上游垄断效应？本书尝试通过检验国内市场垄断作用机制来回答这一问题。Dobson 和 Inderst（2007）认为相比买方市场份额，从谈判力量视角衡量买方势力更符合产品差异化及上下游市场不完全竞争的情形。本书也将买方势力定义为下游相对上游的议价能力，并参考刘海洋等（2012）采用 $1-IRatio_{it}$ 衡量企业议价能力，*IRatio* 为中间投入支出占工业总产值比重。

国内市场垄断影响国外上游垄断效应的作用机制检验结果如表 9－4 所示。首先，从第（1）列的回归结果来看，国内市场垄断对企业议价能力的回归系数显著为正，表明本土企业所在行业的国内市场垄断程度提升总体上有利于增强其相对于国外上游企业的议价能力。然后，从第（2）列的回归结果可见，在加入议价能力变量之后，国外上游垄断与国内市场垄断的交互项系数仍然显著为正，但相较第（3）列［同表 9－1 第（3）列］的回归系数更小，表明国内市场垄断通过增大本土企业的相对议价能力而调整国外上游垄断对创新的影响。由上述回归结果来看，国内市场垄断程度升高，本土企业的买方势力随之增大，更有可能通过议价谈判来降低国外上游产品的交易价格和提升其质量水平，这既能够降低中间产品投入成本，也可以随着中间产品质量的升级而提高生产率水平。因此，在国内市场垄断作用下，本土企业在国外上游垄断程度较低时可从中间产品进口中更好地实现技术创新，而在国外上游过度垄断时能够在一定程度上化解创新受到的抑制效应。

表 9－4　影响机制检验结果

	(1) 议价能力	(2) 创新	(3) 创新	(4) 议价能力	(5) 创新	(6) 创新
国外上游垄断		0.015 4** (0.006 0)	0.015 5*** (0.006 0)		0.033 7*** (0.006 6)	0.064 5*** (0.006 8)
国外上游垄断二次项		−0.022 0*** (0.008 3)	−0.022 1*** (0.008 3)		−0.098 3*** (0.011 9)	−0.097 7*** (0.009 0)
国内市场垄断	0.248 7*** (0.045 4)	0.437 3*** (0.086 2)	0.440 8*** (0.086 2)	0.014 4** (0.006 0)	−0.984 5*** (0.185 5)	−1.683 6*** (0.131 7)
国外上游垄断×国内市场垄断		0.365 7*** (0.116 8)	0.367 9*** (0.116 8)		0.957 4*** (0.127 7)	1.347 1*** (0.092 5)
国外上游垄断二次项×国内市场垄断		0.470 9*** (0.167 3)	0.473 3*** (0.167 3)		1.011 5*** (0.185 1)	1.502 7*** (0.130 6)

（续上表）

	(1) 议价能力	(2) 创新	(3) 创新	(4) 议价能力	(5) 创新	(6) 创新
议价能力		0.007 6*** (0.001 3)			5.929 0*** (0.321 1)	
控制变量	是	是	是	是	是	是
行业固定效应	是	是	是	是	是	是
年份固定效应	是	是	是	是	是	是
常数项	0.198 9*** (0.014 8)	0.141 3*** (0.017 3)	0.142 9*** (0.017 3)	0.019 3*** (0.000 0)	-58.247 6*** (3.149 3)	16.741 6*** (0.129 8)
观测值	773 028	773 028	773 028	282 025	282 025	282 025
R^2	0.033	0.027	0.027	0.001	0.236	0.251

注：**、***分别表示5%和1%的显著性水平；括号内为标准误。

此外，采用上述方法衡量企业议价能力可能存在偏误，本书进一步借鉴刘海洋等（2013）的研究，通过如下随机前沿模型估计企业议价能力：下游企业与上游企业的交易价格为 $p_i = \varphi(X_i) + \varepsilon_i$，$\varepsilon_i = \nu_i - u_i + \varepsilon_i$，其中 $\varphi(X_i) = X_i'\beta$，X 表示企业个体特征向量，包括产品交易数量及企业年龄、企业规模、资本密集度等因素；扰动项 u_i、ν_i 分别表示下游企业和上游企业从交易中所得剩余，即可衡量企业的议价能力。用最大似然估计法来估计上述交易价格模型，得到 $\frac{\sigma_u}{\sigma_v}$ 的估计值用以衡量下游企业相对上游的议价能力，并采用进口企业的海关数据进行测算。回归结果如表9-4第（4）~（6）列所示。从第（4）列的回归结果来看，国内市场垄断对议价能力的回归系数仍显著为正，表明在处理变量测度问题之后，国内市场垄断程度的提升对企业议价能力仍具有积极影响。进一步加入议价能力变量，从第（5）列的回归结果可见，国外上游垄断与国内市场垄断的交互项系数仍然显著为正。第（6）列报告了以进口企业为样本的国内市场垄断作用检验结果，将其与第（5）列的回归结果相比较，从中可见，国外上游垄断与国内市场垄断的交互项系数在第（5）列中明显较小，表明在加入议价能力变量之后，国内市场垄断对国外上游垄断效应的影响有所减小，可见上述回归结果与表9-4第（1）~（3）列一致，再次证明增大本土企业买方势力是国内市场垄断对国外上游垄断效应产生作用的重要机制。

9.4 异质性分析

企业的买方势力不仅受到本行业市场垄断程度的影响，还依赖于行业技术特征及企业自身性质，这可能使国外上游垄断在国内市场垄断作用下对企业创新的影响呈现差异化。因此，本书分别从要素密集度、国内上游技术水平、价值链地位等角度考察国内市场垄断对国外上游垄断效应的异质性作用，同时也关注国内市场垄断作用在不同性质企业间的差异。

9.4.1 行业异质性检验

基于要素密集度的分组回归结果如表9－5所示，本书按照鲁桐和党印（2014）的方法划分要素密集度不同的行业。从中可见，国外上游垄断与国内市场垄断的交互项系数显著为正，说明在国内市场垄断作用下，不同要素密集型行业面临的国外上游垄断“质量提升”正效应均会强化，而“价格上涨”负效应均会削弱。比较第（1）～（3）列的回归结果来看，相对于资本、技术密集型行业，国外上游垄断与国内市场垄断交互项系数在劳动密集型行业中较大，尤其二次项系数明显更大，可见在国内市场垄断提升一定程度时，劳动密集型行业面临的国外上游垄断效应变动更明显。中国劳动密集型行业凭借传统竞争优势已然发展成熟，相比其他密集型行业，其在价值链上占据更重要的地位，核心技术和关键中间产品不依赖于国外上游行业，由此具有更大的买方势力，更能发挥国内市场垄断程度，提升对国外上游垄断效应的作用。

表9－5 国内市场垄断作用异质性（行业要素密集度）

创新	（1） 劳动	（2） 资本	（3） 技术
国外上游垄断	0.127 4**	0.296 1*	0.670 7***
	（0.064 6）	（0.157 0）	（0.099 1）
国外上游垄断二次项	－0.219 5**	－0.601 2**	－0.571 7***
	（0.108 4）	（0.273 2）	（0.156 7）
国内市场垄断	1.501 9***	－2.257 5	1.493 7***
	（0.531 6）	（1.904 9）	（0.120 4）

（续上表）

创新	（1） 劳动	（2） 资本	（3） 技术
国外上游垄断×国内市场垄断	2.565 7** （1.094 3）	0.034 7 （0.025 8）	0.098 4*** （0.022 2）
国外上游垄断二次项×国内市场垄断	4.034 2** （1.790 1）	0.105 2** （0.045 5）	0.088 1** （0.037 7）
控制变量	是	是	是
行业固定效应	是	是	是
年份固定效应	是	是	是
常数项	0.047 9 （0.076 5）	0.049 5*** （0.018 0）	0.286 3*** （0.046 4）
观测值	206 330	362 280	204 418
R^2	0.018	0.008	0.037

注：*、**和***分别表示10%、5%和1%的显著性水平；括号内为标准误。

本书在此进一步从国内上游行业技术水平的维度来考察国内市场垄断作用的行业异质性，采用国内技术密集型投入占行业总生产投入的比重来衡量国内上游技术水平。从表9-6的回归结果来看，国外上游垄断与国内市场垄断的回归系数显著为正，表明对于国内上游技术水平不同的行业，随着国内市场垄断程度的提升，其所面临的国外上游垄断效应均有所改善。而且，比较第（1）~（3）列的回归结果可见，国内市场垄断交互项系数在国内上游技术水平高、中、低不同分组中依次递减，说明随着国内上游行业技术水平的提升，国内市场垄断对国外上游垄断效应的作用逐渐增强。对于国内上游行业技术水平较高的行业，国外上游行业对生产发展的重要性相对较小，由此对国外上游产品具有较大的需求弹性，国内市场垄断程度的提升更容易通过增大买方势力、提升企业相对议价能力而在更大程度上改善国外上游垄断对创新的影响。

表9-6　国内市场垄断作用异质性（国内上游行业技术水平）

创新	(1) 技术水平高	(2) 技术水平中	(3) 技术水平低
国外上游垄断	0.094 8*** (0.006 2)	0.348 7*** (0.057 8)	0.923 8*** (0.091 7)
国外上游垄断二次项	-0.130 0*** (0.008 2)	-0.565 7*** (0.093 1)	-1.946 2*** (0.200 6)
国内市场垄断	0.635 2*** (0.047 5)	0.652 9*** (0.247 8)	1.156 3*** (0.119 2)
国外上游垄断×国内市场垄断	1.155 7*** (0.109 4)	0.531 6*** (0.159 6)	0.164 1*** (0.016 9)
国外上游垄断二次项×国内市场垄断	1.271 6*** (0.117 4)	1.256 9*** (0.277 6)	0.352 6*** (0.037 0)
控制变量	是	是	是
行业固定效应	是	是	是
年份固定效应	是	是	是
常数项	-0.605 3*** (0.045 5)	2.977 5*** (0.523 6)	-1.565 7* (0.845 4)
观测值	254 293	319 829	198 906
R^2	0.030	0.022	0.026

注：*、***分别表示10%和1%的显著性水平；括号内为标准误。

表9-7第（1）（2）列报告了基于行业价值链地位分组的回归结果，行业价值链地位由Koopman等（2010）的全球价值链位置指数衡量。从中可见，两组国外上游垄断与国内市场垄断交互项的回归系数均显著，表明不同价值链地位行业的国内市场垄断均会对国外上游垄断效应产生作用。但对比第（1）（2）列的回归结果，价值链地位较高行业的国内市场垄断交互项系数明显大于价值链地位较低的行业，并且从行业价值链地位交互项的回归结果可见［表9-7第（3）列］，国外上游垄断、国内市场垄断、价值链地位三者交互项的回归系数均显著为正。上述回归结果表明，在国内市场垄断作用下，价值链地位较高行业面临的国外上游垄断效应在更大程度上得到改善。可能主要是因为价值链地位较高行业对国外上游行业的依赖性较小，其国内市场垄断会更显著地促进企业议价谈判地位的提升，

从而更明显地影响国外上游垄断对企业创新的效应。

表 9－7　国内市场垄断作用异质性（行业价值链地位）

创新	(1) 行业价值链地位高	(2) 行业价值链地位低	(3) 交互项
国外上游垄断	0.025 3*** (0.002 8)	0.035 9*** (0.002 3)	0.016 8*** (0.001 4)
国外上游垄断二次项	－0.026 9*** (0.003 7)	－0.051 9*** (0.003 8)	－0.023 2*** (0.002 1)
国内市场垄断	－0.349 7 (0.359 5)	0.845 5*** (0.243 9)	1.185 3*** (0.089 9)
国外上游垄断 × 国内市场垄断	0.592 0** (0.297 8)	0.358 6*** (0.113 5)	0.364 9*** (0.043 2)
国外上游垄断二次项 × 国内市场垄断	0.679 9* (0.384 5)	0.295 5*** (0.062 8)	1.744 8*** (0.595 1)
价值链地位			－0.005 8** (0.002 4)
国外上游垄断 × 国内市场垄断 × 价值链地位			0.382 6*** (0.090 7)
国外上游垄断二次项 × 国内市场垄断 × 价值链地位			4.530 8*** (0.227 0)
控制变量	是	是	是
行业固定效应	是	是	是
年份固定效应	是	是	是
常数项	0.618 8 (0.446 7)	1.694 4*** (0.442 3)	1.987 6*** (0.291 9)
观测值	395 389	377 639	773 028
R^2	0.018	0.027	0.024

注：*、**和***分别表示10%、5%和1%的显著性水平；括号内为标准误。

9.4.2 企业异质性检验

首先，检验国内市场垄断对不同所有制企业所受国外上游垄断效应的异质性作用。根据所有制形式将企业划分成国有、外资和民营三类，相应分组回归结果如表9-8所示。从中可以看出，国外上游垄断与国内市场垄断的交互项系数在不同分组中均显著为正，表明不同所有制企业面临的国外上游垄断效应在国内市场垄断作用下均有明显改善。但对比第（1）~（3）列的回归结果可见，第（1）列的国内市场垄断交互项系数较大，表明在国内市场垄断程度提升一定幅度的情形下，国有企业面临的国外上游垄断效应得到更大程度的改善。国有企业相对于其他所有制企业具有政策优势，并且整体规模较大、资金基础较好，在议价谈判中处于更为主动的地位，因此国有企业在国内市场垄断作用下能更有效地调整国外上游垄断对创新的影响。

表9-8 国内市场垄断作用异质性（企业所有制形式）

创新	（1） 国有	（2） 外资	（3） 民营
国外上游垄断	0.058 1*** （0.007 3）	0.060 8*** （0.015 9）	0.063 1*** （0.006 5）
国外上游垄断二次项	-0.046 8*** （0.012 2）	-0.047 7* （0.025 9）	-0.045 4*** （0.010 2）
国内市场垄断	1.071 4*** （0.167 8）	4.525 1*** （1.681 1）	2.813 0*** （0.646 1）
国外上游垄断×国内市场垄断	1.122 2*** （0.151 2）	0.993 3*** （0.283 8）	0.757 6*** （0.111 6）
国外上游垄断二次项×国内市场垄断	0.842 7*** （0.165 5）	0.823 4* （0.444 9）	0.382 3** （0.170 2）
企业控制变量	是	是	是
行业控制变量	是	是	是
地区控制变量	是	是	是
行业固定效应	是	是	是
年份固定效应	是	是	是

（续上表）

创新	（1） 国有	（2） 外资	（3） 民营
常数项	−0.051 4 （0.071 5）	−0.330 9*** （0.125 2）	−0.156 5*** （0.048 8）
观测值	131 999	145 971	495 058
R^2	0.082	0.012	0.022

注：*、**和***分别表示10%、5%和1%的显著性水平；括号内为标准误。

其次，对于生产效率不同的企业，检验国内市场垄断对国外上游垄断效应的作用是否存在差异，采用LP全要素生产率（Levinsohn & Petrin，2003）衡量企业生产效率。从表9－9第（1）（2）列的分组回归结果来看，生产率较高企业的国内市场垄断交互项系数显著为正，且相应的显著性和绝对值与生产率较低企业相比更高；同时，表9－9第（3）列报告了交互项的回归结果，国外上游垄断、国内市场垄断与生产效率的交互项系数均显著为正。上述回归结果表明，企业生产效率越高，国内市场垄断程度提升对国外上游垄断效应的作用越明显。生产效率较高企业更有能力通过更新生产技术和调整生产投入结构来应对外部冲击，由此，相比生产效率较低企业对国外上游产品具有更大的需求弹性，这有利于提升其相对国外上游企业的议价谈判地位。在国内市场垄断程度相同的情况下，生产效率较高企业的买方势力可以在更大程度上得到提升，有利于获取价格更低而质量更高的国外中间产品，进而更显著地改善国外上游垄断对创新的影响。

表9－9　国内市场垄断作用异质性（企业生产效率）

创新	（1） 生产率高	（2） 生产率低	（3） 交互项
国外上游垄断	0.078 5*** （0.010 5）	0.012 3*** （0.001 2）	0.051 2*** （0.005 9）
国外上游垄断二次项	−0.056 5*** （0.016 6）	−0.014 3*** （0.001 9）	−0.030 4*** （0.009 3）

(续上表)

创新	(1) 生产率高	(2) 生产率低	(3) 交互项
国内市场垄断	3.946 5*** (1.065 1)	0.215 5 (0.405 3)	2.063 7*** (0.593 4)
国外上游垄断×国内市场垄断	0.990 5*** (0.182 8)	0.136 5 (0.113 7)	0.628 6*** (0.102 4)
国外上游垄断二次项×国内市场垄断	0.552 5** (0.280 5)	0.291 8* (0.173 6)	0.212 9 (0.156 4)
生产率			0.004 9 (0.011 1)
国外上游垄断×国内市场垄断×生产率			0.007 5*** (0.000 6)
国外上游垄断二次项×国内市场垄断×生产率			0.001 6*** (0.000 2)
企业控制变量	是	是	是
行业控制变量	是	是	是
地区控制变量	是	是	是
行业固定效应	是	是	是
年份固定效应	是	是	是
常数项	-0.169 6** (0.079 9)	0.150 4*** (0.018 9)	-0.046 9 (0.044 6)
观测值	245 545	527 483	721 544
R^2	0.046	0.011	0.025

注：*、**和***分别表示10%、5%和1%的显著性水平；括号内为标准误。

最后，从市场规模增长潜力方面来检验国内市场垄断作用的企业异质性，采用销售额年平均增长率衡量市场规模增长潜力。从表9-10第(1)(2)列的分组回归结果可见，市场规模增长较快的企业，其国内市场垄断交互项系数显著大于增长较慢的企业。进一步从表9-10第(3)列的交互项回归结果可以看出，国内市场垄断程度提升更有利于市场规模增长潜力较大的企业积极应对国外上游垄断效应。增大买方势力是国内市场垄断对国外上游垄断效应产生影响的重要作用机制，而市场规模增长潜力较大的企业能够较快地提升市场地位，这无疑会增大其对于国外上游企业的买方势力，进而更有利于发挥国内市场垄断的作用。

表 9-10　国内市场垄断作用异质性（企业市场规模增长潜力）

创新	(1) 增长快	(2) 增长慢	(3) 交互项
国外上游垄断	0.014 0*** (0.001 6)	0.036 8*** (0.002 0)	0.036 7*** (0.001 8)
国外上游垄断二次项	-0.016 8*** (0.002 5)	-0.016 3*** (0.002 6)	-0.012 3*** (0.002 0)
国内市场垄断	-1.043 5 (0.825 2)	1.203 2*** (0.049 7)	1.268 4*** (0.057 9)
国外上游垄断×国内市场垄断	0.275 3*** (0.066 2)	0.047 7*** (0.002 5)	0.535 3*** (0.029 1)
国外上游垄断二次项×国内市场垄断	0.214 3*** (0.078 6)	0.127 3*** (0.023 0)	1.447 0*** (0.181 4)
销售额增长率			0.001 6*** (0.000 2)
国外上游垄断×国内市场垄断×市场规模增长潜力			0.041 4** (0.016 4)
国外上游垄断二次项×国内市场垄断×市场规模增长潜力			0.030 3 (0.019 5)
企业控制变量	是	是	是
行业控制变量	是	是	是
地区控制变量	是	是	是
行业固定效应	是	是	是
年份固定效应	是	是	是
常数项	1.091 3** (0.452 2)	3.186 2*** (0.366 0)	2.022 0*** (0.284 1)

（续上表）

创新	(1) 增长快	(2) 增长慢	(3) 交互项
观测值	325 511	447 517	773 028
R^2	0. 025	0. 023	0. 024

注：＊＊、＊＊＊分别表示5%和1%的显著性水平；括号内为标准误。

本书探讨了国外上游垄断在企业所处行业的国内市场垄断作用下对创新的影响，研究结果表明：①国内市场垄断对国外上游垄断效应具有显著的作用。随着国内市场垄断程度的提升，国外上游垄断一方面对企业创新具有更强的“质量提升”正效应；另一方面具有较弱的“价格上涨”负效应。②国内市场垄断主要通过买方势力效应而作用于国外上游垄断对企业创新的影响。国内市场垄断程度的提升有利于增强本土企业对国外上游企业的议价能力，进而促使国外上游企业降低中间产品交易价格而削弱“价格上涨”负效应，同时也有利于提高中间产品质量而强化“质量提升”正效应。③国内市场垄断对国外上游垄断效应的作用在不同性质的行业间存在明显差异。在国内市场垄断提升一定程度时，劳动密集度较大、国内上游技术含量较多、价值链地位较高的行业面临的国外上游垄断效应会得到更大程度的改善。另外，国内市场垄断的作用还具有企业异质性，其更有利于国有企业及生产率较高、市场规模增长潜力较大的企业积极应对国外上游垄断对创新的影响。

10 政府政策作用下国外上游垄断对企业创新的影响

第 3 章至第 9 章的理论和实证分析表明，国外上游垄断是本土企业嵌入全球价值链不可避免的常态问题，当务之急是如何正确应对这一问题以促进本土企业持续创新和发展。考虑产业政策和贸易政策是一国应对外部经济冲击和维持经济发展的重要手段，并且为了贴合本书研究主题，本章考察上游产业政策及中间产品贸易政策对国外上游垄断效应的作用，并详细分析了两种政策措施在行业和企业层面的异质性作用，为应对国外上游垄断问题的政策选择提供经验证据。

10.1 产业政策的作用

10.1.1 产业政策作用的计量模型设定和数据说明

为了检验企业所处行业上游的产业政策对国外上游垄断效应的作用，设定计量模型如下：

$$\begin{aligned} Innov_{ijt} = {} & \beta_0 + \beta_1 FUmonopoly_{jt} + \beta_2 FUmonopoly_{jt}^{\ 2} + \beta_3 UIpolicy_{jt} + \\ & \beta_4 UIpolicy_{jt} \times FUmonopoly_{jt} + \beta_5 UIpolicy_{jt} \times FUmonopoly_{jt}^{\ 2} + \\ & Controls + \gamma_j + \gamma_t + \varepsilon_{ijt} \end{aligned} \quad (10-1)$$

其中，i 、j 、t 分别表示企业、行业和年份。$Innov$ 为企业创新水平；$FUmonopoly$ 、$UIpolicy$ 分别表示国外上游垄断和国内上游产业政策；$Controls$ 表示控制了其他影响创新的时变因素，在回归中控制行业固定效应 γ_j 和年份固定效应 γ_t ；ε 为随机扰动项。同时，加入上游产业政策与国外上游垄断的交互项，以检验上游产业政策对国外上游垄断效应的作用。相关变量说明如下：

第一，企业创新水平 $Innov$ 。当前实证研究中的创新指标主要有投入和产出两类，创新投入指标包括研发人员强度、研发支出强度和研发强度

（Braga & Willmore，1991）；创新产出指标包括专利申请量、新产品产出强度和产品创新二值变量（刘啟仁和黄建忠，2016）。本书在实证分析中主要根据企业报告的新产品产值构建创新产出指标，具体采用新产品产值率即新产品产值与工业总产值之比来测度创新产出水平。采用上述指标衡量企业创新活动水平的主要原因在于：一方面，相比研发人员强度、研发支出强度等创新投入指标，新产品产值率作为创新产出指标能够直接衡量企业创新活动的结果，有助于更好地体现企业真实创新水平；另一方面，新产品产值率相比产品创新二值变量包含更多企业创新活动的相关信息，从中不仅能够获悉企业是否进行创新活动，还能得到企业个体之间创新产出的差距。

第二，上游产业政策 *UIpolicy* 。首先，通过中国投入产出表识别企业所处行业是否属于国内上游行业，以及该行业在国际标准行业分类（ISIC Rev. 4）中的二位码标识。其次，参照国家发展改革委员会官方网站发布的国家产业政策文件定义受政策鼓励的行业。在本书样本区间内所能观测的与产业政策相关的文件包括《当前国家重点鼓励发展的产业、产品和技术目录（试行）》《当前国家重点鼓励发展的产业、产品和技术目录（2000 年修订）》《产业结构调整指导目录（2005 年本）》，基于上述文件内容，在国民经济分类标准（GB）三位码行业层面设置产业政策虚拟变量，受政策鼓励的行业取值为 1，其他行业取值为 0。最后，将 GB 三位码细分行业的产业政策数据与 ISIC 二位码行业的投入产出数据相匹配，并以上游占下游生产投入比重为权重，在二位码行业层面加总得到上游产业政策指标值，由此衡量国内上游行业受产业政策扶持的总体水平。

第三，国外上游垄断 *FUmonopoly* 。本书采用基于勒纳指数的行业层面的国外上游垄断指标衡量核心解释变量，具体测算方法如第 5 章 5. 1. 2 所述。其主要原因如下：一方面，行业层面的国外上游垄断指数能够衡量企业共同面临的国外上游垄断，无论企业是否直接进口中间产品，其创新均可能会受到国外上游垄断的影响，而企业层面的国外上游垄断指数局限于进口中间产品企业，不能满足本书尝试全面分析国外上游垄断效应的需求；另一方面，基于测算准确性、行业可比性以及数据可得性，发现勒纳指数及市场集中度指数较其他指标更适用于国外上游垄断的测算，并且考虑到勒纳指数的测算逻辑是基于企业市场势力的定义，相对市场集中度指数更能直接反映市场垄断程度。为了稳健性检验，本书还采用企业层面的国外上游垄断指数及基于市场集中度指数的行业层面的国外上游垄断指数替换核心解释变量的衡量方法。

第四，控制变量。①企业特征：企业年龄，采用当期年份与成立年份的差值衡量；企业规模，采用从业人数的对数值衡量；资本密集度，采用固定资产与从业人数的比值衡量；融资约束，采用利息支出与固定资产之比衡量；政府补贴，采用企业补贴收入与销售额之比衡量；员工薪资水平，采用人均工资的对数值衡量。②行业特征：行业资本发展情况，采用行业层面的固定资产增长率衡量；行业融资情况，采用利息支出增长率衡量；行业发展情况，采用行业层面的销售额增长率衡量；产业政策，采用基于国家产业政策文件内容设置的产业政策虚拟变量衡量。③地区特征：经济发展水平，采用省级人均 GDP 的对数值衡量；财政支出水平，采用财政支出与 GDP 之比衡量；产业发展水平，采用第二、第三产业的增长率衡量。

本书主要数据来源包括两个微观企业数据库：一是中国工业企业数据库，包含国有企业以及规模以上（年主营业务收入 500 万元及以上）非国有企业的新产品产值、工业总产值、企业成立年份、从业人数、利息支出、固定资产、政府补贴、人均工资等基本信息及财务数据。二是 Osiris 数据库，包含全球 150 多个国家企业的基本信息及资本财务成本、营业利润和销售额等财务数据。其他数据来源包括：WIOD 数据库，提供本国对外直接消耗数据；中国统计年鉴，提供行业固定资产、行业利息支出、行业销售额、行业增长率、省级人均 GDP、省级 GDP 总值、省级财政支出等行业及地区特征数据。此外，考虑到在 2008—2010 年中国工业企业数据库中，一些重要变量如新产品产值、销售收入、补贴收入等缺失，同时 2011 年及以后年份的工业企业“规模以上”标准从“500 万元及以上”变更为“2 000 万元及以上”，故本书采用 2008 年以前的数据进行实证检验，样本区间为 2000—2007 年。

10.1.2 产业政策作用的实证结果分析

10.1.2.1 产业政策作用的基础回归结果

表 10－1 报告了式（10－1）的回归结果。第（1）列的回归结果表明，国外上游垄断的回归系数显著，一次项、二次项的系数符号分别为正和负，而且国外上游垄断与上游产业政策的交互项系数显著且符号方向与主效应相反。可见，在上游产业政策实施后，虽然国外上游垄断与企业创新仍存在“倒 U 形”关系，但国外上游垄断总体上对企业创新的影响减弱，表明上游产业政策对国外上游垄断效应具有削弱作用。进一步地，在第（2）（3）列中逐步加入企业、行业、地区等一系列控制变量及行业、

年份固定效应，国外上游垄断与上游产业政策交互项系数仍在1%的显著性水平上显著，且符号方向与第（1）列的回归结果一致，再次表明上游产业政策对企业创新所受的国外上游垄断效应产生了削弱作用。从上述回归结果来看，上游产业政策对国外上游垄断的“质量提升”正效应和“价格上涨”负效应同时产生削弱作用，由此进一步作用于国外上游垄断对创新的总体效应。当国外上游存在过度垄断时，国外上游垄断“价格上涨”负效应超过“质量提升”正效应，国外上游垄断总体上对企业创新具有抑制作用，此时上游产业政策的实施能够改善本土企业生产和发展所需的产业环境，降低企业对国外上游行业的依赖，从而缓解国外上游垄断的消极影响。当国外上游垄断程度仍在临界值以下的较低水平时，国外上游垄断对创新的影响以“质量提升”正效应为主，进口中间产品质量的提升相较于价格的提升，更能够激励企业创新，但上游产业政策的实施会减少进口中间产品在本土市场的竞争优势，而对国内上游行业竞争力产生积极作用，导致国外上游行业对企业创新水平提升的贡献度降低，从而减弱国外上游垄断对创新的积极影响。

表10-1 产业政策作用的基础回归结果

创新	（1）	（2）	（3）
国外上游垄断	0.059 2***	0.035 7***	0.040 8***
	（0.003 0）	（0.003 4）	（0.003 5）
国外上游垄断二次项	-0.076 4***	-0.053 6***	-0.061 0***
	（0.003 6）	（0.004 0）	（0.004 3）
上游产业政策	0.057 0***	0.020 4**	0.028 8***
	（0.007 5）	（0.008 5）	（0.008 8）
国外上游垄断×上游产业政策	-0.009 7***	-0.002 6*	-0.004 0***
	（0.001 2）	（0.001 4）	（0.001 4）
国外上游垄断二次项×上游产业政策	0.011 1***	0.004 7***	0.006 3***
	（0.001 6）	（0.001 8）	（0.001 9）
企业年龄		0.000 0	0.000 0
		（0.000 0）	（0.000 0）
企业规模		0.013 7***	0.013 7***
		（0.000 1）	（0.000 1）

（续上表）

创新	（1）	（2）	（3）
资本密集度		0.258 9*** （0.030 5）	0.257 5*** （0.030 5）
融资约束		−0.047 5 （0.063 8）	−0.048 6 （0.063 8）
政府补贴		0.042 1*** （0.007 4）	0.041 3*** （0.007 4）
员工薪资水平		0.036 3*** （0.002 9）	0.036 1*** （0.002 9）
行业控制变量	否	是	是
地区控制变量	否	是	是
行业固定效应	否	否	是
年份固定效应	否	否	是
常数项	−0.440 4*** （0.018 1）	−0.045 8* （0.024 6）	−0.098 5*** （0.026 6）
观测值	953 332	773 028	773 028
R^2	0.018	0.022	0.023

注：*、**和***分别表示10%、5%和1%的显著性水平；括号内为标准误。

为了进一步验证上述回归结果，本书进行如下稳健性检验：

1. 变量测量误差问题

在基础回归中只采用一种指标衡量核心解释变量和被解释变量，可能会存在变量测量误差问题，在此通过更换变量衡量方法来解决这一问题。

首先，更换上游产业政策的度量指标。前文根据产业政策的内容构建了上游行业的产业政策虚拟变量，在此参考戴小勇和成力为（2019）使用企业层面数据从政府补贴、税收减免和利率优惠等方面量化上游产业政策。回归结果如表10－2所示，可见国外上游垄断与上游产业政策的交互项系数显著，并且一次项系数为负而二次项系数为正，说明国外上游垄断对企业创新的影响在上游产业政策实施后有所缓解，证明基础回归结果稳健。

表 10-2　变换产业政策衡量指标的回归结果

创新	(1) 税收减免	(2) 财政补贴	(3) 利率优惠
国外上游垄断	0.103 0*** (0.005 6)	0.019 7*** (0.001 3)	3.356 8*** (0.237 3)
国外上游垄断二次项	-1.339 7*** (0.092 2)	-0.025 5*** (0.002 1)	-5.326 2*** (0.351 5)
上游产业政策	0.041 0*** (0.005 2)	0.008 9*** (0.003 5)	2.635 6*** (0.163 4)
国外上游垄断×上游产业政策	-0.061 1*** (0.003 9)	-0.000 6 (0.000 9)	-0.341 0*** (0.024 2)
国外上游垄断二次项×上游产业政策	0.829 6*** (0.063 9)	0.006 3*** (0.001 4)	0.541 1*** (0.035 8)
企业控制变量	是	是	是
行业控制变量	是	是	是
地区控制变量	是	是	是
行业固定效应	是	是	是
年份固定效应	是	是	是
常数项	0.035 7** (0.018 0)	2.126 7*** (0.283 9)	-25.822 7*** (1.605 9)
观测值	773 028	773 028	773 028
R^2	0.024	0.023	0.024

注：**、***分别表示5%和1%的显著性水平；括号内为标准误。

其次，更换国外上游垄断的衡量指标。企业个体在经营策略、技术水平、管理能力等方面存在较大差异，同一行业的不同企业具有同中存异的生产投入结构，进而面临着既有行业共性、又存在个体异质性的国外上游垄断，由此前文使用基于勒纳指数测算的国外上游垄断行业层面指标可能会导致测量误差问题，从而本书进一步使用国外供应商势力指数衡量企业个体面临的国外上游垄断。从表 10-3 第（1）列的回归结果来看，国外上游垄断与上游产业政策的交互项系数显著，且系数符号方向与主效应相反，表明上游产业政策的实施能够削弱特定企业面临的国外上游垄断效应。此外，市场集中度也是衡量市场垄断的常用指标，在此基于赫芬达尔指数测算行业层面的国外上游垄断，相应的回归结果如表 10－3 第（2）列所示，可见上游产业政策对国外上游垄断效应的作用与基础回归结果一致。

表 10－3　其他稳健性检验结果

创新	(1) 国外供应商势力	(2) *HHI*	(3) 专利总数	(4) 发明专利	(5) Heckman 两步法	(6) 工具变量法
国外上游垄断	0.024 2*** (0.002 0)	0.097 1*** (0.002 9)	0.055 3*** (0.007 0)	0.092 7*** (0.017 0)	0.022 5*** (0.002 6)	0.083 0*** (0.012 4)
国外上游垄断二次项	－0.021 3*** (0.002 7)	－0.125 8*** (0.003 9)	－0.108 0*** (0.008 4)	－0.252 8*** (0.031 9)	－0.021 8*** (0.003 1)	－0.132 3*** (0.020 6)
上游产业政策	0.018 0*** (0.000 1)	0.031 4*** (0.002 3)	0.067 2*** (0.017 2)	0.013 4*** (0.002 2)	0.021 2*** (0.006 4)	0.044 5*** (0.010 9)
国外上游垄断 × 上游产业政策	－0.003 9*** (0.001 1)	－0.022 4*** (0.001 8)	－0.006 2** (0.002 8)	－0.011 3*** (0.001 4)	－0.004 8*** (0.001 0)	－0.024 8*** (0.006 5)
国外上游垄断二次项 × 上游产业政策	0.003 2** (0.001 4)	0.039 8*** (0.003 3)	0.019 0*** (0.003 7)	0.020 9*** (0.002 2)	0.003 8*** (0.001 4)	0.349 2*** (0.095 8)
Kleibergen & Paap rk *LM*						130 000 (0.000 0)
Kleibergen & Paap rk *F*						7 719.365 0 (7.030 0)
Lambda					0.189 7*** (0.000 2)	
企业控制变量	是	是	是	是	是	是
行业控制变量	是	是	是	是	是	是
地区控制变量	是	是	是	是	是	是
行业固定效应	是	是	是	是	是	是
企业固定效应	是	否	否	否	否	否
年份固定效应	是	是	是	是	是	是

（续上表）

创新	(1) 国外供应商势力	(2) *HHI*	(3) 专利总数	(4) 发明专利	(5) Heckman两步法	(6) 工具变量法
常数项	-0.022 3***	-0.392 0***	-0.214 9***	0.203 4***	0.001 3	-0.414 3***
	(0.000 5)	(0.024 6)	(0.052 4)	(0.023 0)	(0.019 3)	(0.086 4)
观测值	713 760	773 028	773 068	773 068	721 544	308 444
R^2	0.642	0.012	0.030	0.003	0.526	0.020

注：**、***分别表示5%和1%的显著性水平；括号内为标准误；Kleibergen & Paap rk *LM*数值下括号为*P*值；Kleibergen & Paap rk *F*数值下括号为Stock-Yogo弱识别检验的10%显著性水平临界值。

最后，更换企业创新的衡量指标。其一，采用企业专利申请总量的对数值衡量创新产出水平；其二，为了更加准确地衡量创新活动水平，进一步采用企业发明专利申请量的对数值衡量创新产出，回归结果如表10-3第（3）（4）列所示。从上述回归结果可见，国外上游垄断的回归系数估计结果仍可表明其与企业创新具有“倒U形”关系，同时国外上游垄断与上游产业政策的交互项回归系数显著且符号方向与主效应相反，证明上游产业政策对国外上游垄断效应具有削弱作用。

2. 样本选择性偏差问题

是否开展创新活动是企业的内生性选择，且一定程度上受到国外上游垄断及产业政策的影响。为了解决企业创新自选择行为导致的样本选择性偏差问题，在此进一步采用Heckman两步法检验上游产业政策对国外上游垄断效应的作用。首先通过Probit模型估计企业进行创新的概率，并估算逆米尔斯比率（*Lambda*），然后将*Lambda*加入式（10-1）中进行回归。回归结果如表10-3第（5）列所示，国外上游垄断一次项、二次项与上游产业政策的交互项系数显著，且符号方向与基础回归结果相同，再次证明上游产业政策的实施能够削弱国外上游垄断效应。

3. 逆向因果关系问题

虽然本书利用行业层面的国外上游垄断及产业政策对企业个体创新进行回归，在一定程度上缓解了逆向因果关系的内生性问题，然而，可能存在企业创新对国外上游市场结构的作用机制，并且上游产业政策的制定也可能需要考虑下游生产发展情况。为了进一步处理逆向因果关系问题，在此使用两阶段最小二乘法检验上游产业政策的作用，工具变量为国外上游垄断及上游产业政策的滞后项及两者交互项。一方面，国外上游垄断及上游产业政策当期情况与其历史发展密切相关；另一方面，当期的国外上游垄断及上游产业政策无法反向影响历史，因此核心变量的滞后项能够满足工具变量的外生性条件。从表 10 - 3 第（6）列的回归结果来看，国外上游垄断与上游产业政策交互项的回归系数显著地与基础回归结果一致，并且由 Kleibergen & Paap rk *LM* 统计量的 *P* 值、Kleibergen & Paap rk *F* 值的估计结果可见，“工具变量不可识别”和“工具变量弱识别”的问题均不存在。上述工具变量检验结果再次证明上游产业政策对国外上游垄断效应产生作用的基础回归结果稳健。

10.1.2.2　产业政策作用机制检验

已有研究表明，产业政策对行业的生产率提升、资源配置及结构调整具有显著作用（李力行和申广军，2015；张莉等，2017）。那么，上游产业政策是否通过影响这些行业发展特征削弱国外上游垄断对本土企业创新的影响？本书对上述上游产业政策发挥作用的可能机制进行检验。

首先，对于上游产业政策的生产率效应，采用 Levinsohn 和 Petrin（2003）的全要素生产率衡量行业生产率水平。从表 10 - 4 第（1）列的回归结果来看，国外上游垄断与上游生产率交互项的回归系数显著，且一次项系数为负、二次项系数为正，表明上游行业生产率水平的提升有利于缓解企业创新受到的国外上游垄断效应。在此基础上，上游产业政策与国外上游垄断、上游行业生产率的交互项回归系数显著且符号方向与主效应相反，说明产业政策的实施有利于强化上游生产率水平，提升对国外上游垄断效应的削弱作用，可见，产业政策能够通过提升上游行业的生产率水平而弱化国外上游垄断对企业创新的影响。一方面，产业政策为企业提供了优惠的政策环境（林毅夫等，2018），有利于降低企业税负水平和融资成本，提高企业盈利能力，进而为生产技术水平的提升奠定物质基础。另一方面，产业政策具有创新驱动性，能够引导企业加大研发投入（黄先海和张胜利，2019），这有利于企业通过创新实现生产效率的提升，因此产业政策对推进上游行业生产率提升具有积极作用。进一步地，上游行业生产效率的提升有利于降低国内中间产品价格，增强其相对进口中间产品的竞争优势，这可能使本土企业更多地使用国内中间产品而减少进口中间产品的投入比重，其创新活动受国外上游垄断的影响随之减弱。

表 10－4　产业政策作用的机制检验结果

创新	(1) 上游生产效率	(2) 上游资源配置	(3) 上游行业结构
国外上游垄断	0.016 6*** (0.001 3)	0.074 0*** (0.002 8)	0.034 8*** (0.002 8)
国外上游垄断二次项	-0.021 0*** (0.002 1)	-0.096 0*** (0.003 6)	-0.041 0*** (0.003 6)
上游产业政策	-0.001 6*** (0.000 3)	0.005 6*** (0.000 3)	-0.001 0*** (0.000 3)
上游行业性质	4.820 6*** (0.491 4)	0.046 7*** (0.003 3)	0.378 8*** (0.020 7)
国外上游垄断×上游行业性质	-0.007 3*** (0.000 8)	-0.008 5*** (0.000 6)	-0.991 2*** (0.109 0)
国外上游垄断二次项×上游行业性质	0.008 9*** (0.001 0)	0.008 8*** (0.000 6)	0.296 7* (0.157 9)
国外上游垄断×上游行业性质×产业政策	0.000 0 (0.000 1)	-0.003 4*** (0.000 5)	-0.267 1*** (0.019 4)
国外上游垄断二次项×上游行业性质×产业政策	0.003 5** (0.001 5)	0.015 9*** (0.001 5)	0.745 2*** (0.070 2)
企业控制变量	是	是	是
行业控制变量	是	是	是
地区控制变量	是	是	是
行业固定效应	是	是	是
年份固定效应	是	是	是
常数项	0.057 8*** (0.018 4)	-0.335 1*** (0.023 7)	-0.046 5** (0.023 7)
观测值	773 028	773 028	773 028
R^2	0.024	0.024	0.025

注：**、***分别表示5%和1%的显著性水平；括号内为标准误。

其次，关于上游产业政策的资源配置效应，参照孙元元和张建清（2015）的研究，采用 OP（Olley & Pakes）协方差衡量资源配置效率。如

表10-4第（2）列的回归结果所示，国外上游垄断与上游资源配置效率的交互项系数显著且符号方向与主效应相反，并且上游产业政策与国外上游垄断、上游资源配置效率的交互项系数显著且符号方向也与主效应相反。从中可见，行业资源配置是上游产业政策削弱国外上游垄断对企业创新影响的重要渠道。随着上游行业资源配置效率的提升，国外上游垄断对企业创新的“质量提升”正效应和“价格上涨”负效应均逐渐减小，并最终导致总效应弱化，产业政策的实施促进了上游行业资源配置优化对国外上游垄断效应的削弱作用。产业政策对生产发展水平较高的企业具有偏向性，促使资源从生产率增速较高的企业向生产率增速较低的企业转移，实现了不同生产率水平企业间的资源再配置（宋凌云和王贤彬，2013），由此，实力较强企业能够实现更充分的发展，同时抑制发展实力较薄弱的企业对行业资源的不合理占用，有利于提升行业内部资源配置效率。同时，产业政策还侧重于为重点发展的行业提供更优惠的生产要素（张莉等，2017），也有利于提升行业间的资源配置效率。因此，上游产业政策的实施能够优化上游行业整体资源配置，提高上游行业内外部的协调性，有利于本土企业依托国内产业体系实现创新发展，降低对国外上游行业的依赖，进而削弱国外上游垄断对企业创新的影响。

最后，对于上游产业政策的行业结构调整效应，在此关注高技术行业地位，具体通过高技术产品占下游总投入的比重衡量。从表10-4第（3）列的回归结果来看，国外上游垄断与上游高技术行业比重的交互项系数的符号显著且符号方向与主效应相反，表明高技术行业在上游行业中的地位越高，越有利于缓解国外上游垄断对企业创新的影响。同时，上游产业政策与国外上游垄断、上游高技术行业比重的交互项系数的符号方向显著地与主效应相反，可见产业政策能够调整上游行业结构、提升上游高技术行业的重要性，进而减弱企业创新所受的国外上游垄断效应。中国产业政策重点扶持技术密集型行业的发展，尤其对机械设备制造、交通运输、信息技术、航空航天等行业实施了支持性政策措施，同时也注重提高其他行业的生产技术水平，例如在矿产开发、金属制造、轻工纺织等行业中鼓励新型材料与生产工艺的研发和应用，使行业整体实现技术进步和转型升级。因此，产业政策的实施对上游行业结构升级具有促进作用，使上游高技术行业的比重不断上升，这有利于更好地发挥国内产业体系对企业创新的技术溢出作用，降低国外上游产品技术对本土企业创新的重要性，进而缓解国外上游垄断的消极影响。由此说明，产业政策能够通过影响上游行业结构而对国外上游垄断效应产生削弱作用。

10.1.2.3　不同性质产业政策的作用

产业政策的制定需要与其他宏观经济政策相协调，在不同宏观经济目标下，政府会有选择地鼓励和支持特定行业进行优先发展。支持不同类型行业的产业政策在措施工具和实施方法方面有所差异，这可能会影响其对国外上游垄断效应的作用效果，由此本书进一步从技术水平、市场竞争、国际竞争力等角度分析上游产业政策因其行业偏向性而对国外上游垄断效应产生的作用差异，并参考戴小勇和成力为（2019）的研究采用相关系数衡量产业政策对特定行业的偏向程度，相关系数取值越大，说明产业政策更倾向于支持具有某一特性的行业的发展。

首先，根据上游产业政策的技术偏向程度进行分组回归，其中上游行业的技术水平由其生产率衡量。从表 10－5 的回归结果来看，国外上游垄断与上游产业政策交互项的一次项系数显著为负、二次项系数显著为正，表明无论上游产业政策对技术水平较高行业的偏向程度如何，上游产业政策对企业创新所受的国外上游垄断效应均有削弱作用。比较不同分组的回归结果可见，在上游产业政策对行业技术水平偏向程度较高的分组中，产业政策交互项系数绝对值较大，说明具有较高技术偏向性的上游产业政策更有利于缓解国外上游行业垄断对企业创新的影响。本土企业主要受国外上游高技术行业的垄断，尤其是在核心知识技术和关键中间产品方面对国外上游行业具有较大依赖，而实施技术偏向性较强的上游产业政策有助于改善这一被动局面。具有较强技术偏向性的上游产业政策对国内高技术行业的发展有更大的促进作用，为这些行业的研发创新提供了更优惠的融资条件和技术支持，同时也能够引导基础科学研究为生产技术研发和应用做出贡献，推动国内上游高技术行业迈向国际技术前沿，这有利于本土企业在嵌入全球价值链过程中占据更重要的地位，使其创新活动对国外上游垄断效应的敏感性降低。

表 10－5　产业政策技术偏向性的检验结果

创新	(1) 技术偏向高	(2) 技术偏向中	(3) 技术偏向低
国外上游垄断	0.209 8*** (0.063 7)	0.252 7* (0.146 7)	0.189 2*** (0.057 6)
国外上游垄断二次项	－0.169 2*** (0.056 9)	－0.511 8* (0.265 4)	－0.325 1*** (0.065 8)

（续上表）

创新	(1) 技术偏向高	(2) 技术偏向中	(3) 技术偏向低
上游产业政策	0.052 2 (0.037 1)	2.541 3 (2.040 3)	0.039 0*** (0.003 4)
国外上游垄断×上游产业政策	-0.114 4*** (0.035 4)	-0.258 8* (0.149 9)	-0.015 2*** (0.001 9)
国外上游垄断二次项×上游产业政策	0.889 6** (0.363 6)	0.523 5* (0.271 1)	0.154 4*** (0.026 5)
企业控制变量	是	是	是
行业控制变量	是	是	是
地区控制变量	是	是	是
行业固定效应	是	是	是
年份固定效应	是	是	是
常数项	-0.016 4 (0.189 2)	-2.423 6 (1.996 2)	0.036 2 (0.045 0)
观测值	188 720	356 344	227 964
R^2	0.009	0.001	0.026

注：*、**和***分别表示10%、5%和1%的显著性水平；括号内为标准误。

其次，进一步考察行业竞争偏向性不同的上游产业政策对国外上游垄断效应的异质性影响，在此采用赫芬达尔指数衡量上游行业的竞争程度。从表10-6的回归结果可见，在不同行业竞争偏向性的分组中，上游产业政策对国外上游垄断效应均有削弱作用。而且，随着上游产业政策对市场竞争的偏向程度升高，国外上游垄断与上游产业政策的交互项系数显著且绝对值不断增大，表明相对于市场竞争偏向性较小的产业政策，市场竞争偏向性较大的上游产业政策能够在更大程度上削弱国外上游垄断对企业创新的影响。上述结果表明，促进上游市场竞争的产业政策能够更有效地发挥其对国外上游垄断效应的削弱作用。主要原因是，市场竞争程度升高能够加速国内上游企业的优胜劣汰，对上游企业的生产技术升级、产品质量提升、组织管理优化等方面均有积极影响，有利于提升国内上游行业整体的生产率水平和产品质量，增强下游企业对于国外中间产品的需求弹性，从而使国外上游垄断对本土企业创新的影响减弱。

表 10－6　产业政策市场竞争偏向性的检验结果

创新	(1) 竞争偏向高	(2) 竞争偏向中	(3) 竞争偏向低
国外上游垄断	0. 216 0*** (0. 038 0)	0. 033 0*** (0. 006 9)	0. 158 5*** (0. 023 6)
国外上游垄断二次项	－0. 318 4*** (0. 059 8)	－0. 076 1*** (0. 008 3)	－0. 241 7*** (0. 033 3)
上游产业政策	0. 360 3*** (0. 096 0)	0. 203 1*** (0. 016 7)	0. 167 2*** (0. 060 5)
国外上游垄断×上游产业政策	－0. 053 5*** (0. 014 3)	－0. 025 9*** (0. 002 6)	－0. 023 0** (0. 009 3)
国外上游垄断二次项×上游产业政策	0. 081 5*** (0. 022 0)	0. 049 9*** (0. 003 9)	0. 038 3*** (0. 013 3)
企业控制变量	是	是	是
行业控制变量	是	是	是
地区控制变量	是	是	是
行业固定效应	是	是	是
年份固定效应	是	是	是
常数项	－1. 282 7*** (0. 251 9)	－0. 208 2*** (0. 046 7)	－0. 868 7*** (0. 152 8)
观测值	219 411	387 247	166 370
R^2	0. 027	0. 026	0. 030

注：**、***分别表示5%和1%的显著性水平；括号内为标准误。

最后，产业政策的目标之一在于保护国内产业发展、增强国际竞争优势，由此对行业国际竞争力也具有一定偏向性，本书采用比较优势指数测度上游行业的国际竞争力。从表 10－7 的回归结果来看，国外上游垄断与上游产业政策的交互项系数显著且符号方向与主效应相反，并且在行业竞争力偏向性处于中位的水平分组中，二次项系数绝对值明显较大而一次项系数绝对值较小，表明行业竞争力偏向性适中的上游产业政策更有利于改善国外上游垄断对企业创新的影响，因为相对于其他分组，行业竞争力偏向性中等的上游产业政策对国外上游垄断消极影响的削弱作用更大，而对积极作用的削弱幅度更小。一方面，实施适度偏向于国际竞争力的上游产业政策需要聚焦于比较优势行业，可以避免扶持劣势行业所致的资源错配问题，而不断提升行业整体资源配置效率，促进产业结构从劳动、资本密集型向技术密集型方向发展，有利于实现价值链地位的升级（石奇和孔群喜，2012）。另一方面，相比以强竞争优势行业为主导的产业政策措施，国际竞争力偏向性适度的产业政策会更多地关注竞争力较弱行业的发展，对国内产业体系的完善具有积极作用。因此，国际竞争力偏向性适中的上游产业政策有利于从整体上增强国内上游行业相对于国外上游行业的竞争优势，更适于调整国外上游垄断对企业创新的效应。

表 10－7　产业政策竞争力偏向性的检验结果

创新	(1) 竞争力偏向高	(2) 竞争力偏向中	(3) 竞争力偏向低
国外上游垄断	0.048 9*** (0.004 3)	0.072 0*** (0.021 3)	0.082 9** (0.039 4)
国外上游垄断二次项	−0.075 0*** (0.005 5)	−0.080 0*** (0.029 3)	−0.129 3** (0.051 5)
上游产业政策	−0.002 8*** (0.000 5)	0.032 3** (0.016 1)	0.577 3** (0.260 8)
国外上游垄断×上游产业政策	−0.085 4*** (0.022 6)	−0.019 4** (0.008 9)	−0.042 9** (0.018 3)
国外上游垄断二次项×上游产业政策	0.052 8 (0.045 3)	0.268 0** (0.122 5)	0.068 1*** (0.025 7)
企业控制变量	是	是	是
行业控制变量	是	是	是
地区控制变量	是	是	是
行业固定效应	是	是	是
年份固定效应	是	是	是
常数项	−0.265 8*** (0.036 3)	−0.018 2 (0.051 9)	−0.496 8** (0.246 3)

(续上表)

创新	(1) 竞争力偏向高	(2) 竞争力偏向中	(3) 竞争力偏向低
观测值	360 221	254 806	158 012
R^2	0.034	0.024	0.028

注：**、***分别表示5%和1%的显著性水平；括号内为标准误。

10.1.2.4 产业政策作用的行业异质性

不同行业在生产特点、技术水平以及发展阶段等方面存在差异，这可能导致国外上游垄断效应在不同性质的行业中受上游产业政策的影响而有所不同。因此，本书关注上游产业政策对不同生产技术特征行业所受国外上游垄断效应的异质性影响，分别从行业的要素密集度和上游技术水平两方面进行实证检验，在此参照鲁桐和党印（2014）的研究划分要素密集度不同的行业，并采用国内技术密集型投入占行业总投入的比重来衡量国内上游技术水平。

表10－8报告了基于行业要素密集度异质性的检验结果。从中可以看出，国外上游垄断与上游产业政策的交互项系数显著，并且相应的符号方向与主效应相反，说明上游产业政策对不同要素密集型行业面临的国外上游垄断效应均有削弱作用。比较第（1）～（3）列的回归结果来看，资本、技术密集型行业的上游产业政策交互项系数明显较大，其中技术密集型行业的上游产业政策交互项系数更大，可见上游产业政策对国外上游垄断效应的影响在不同要素密集型行业之间存在显著差异，特别是对技术密集型行业面临的国外上游垄断效应具有更大的削弱作用。技术密集型行业是中国增强国际竞争力和实现经济高质量发展的关键，相比资本、劳动密集型行业更受国家政策鼓励和支持，能够与上游行业相互协作而更好地发挥产业政策的作用，由此上游产业政策在技术密集型行业中对国外上游垄断效应的削弱作用更明显。

表10－8 产业政策作用异质性（行业要素密集度）

创新	(1) 劳动密集型	(2) 资本密集型	(3) 技术密集型
国外上游垄断	0.058 4* (0.030 3)	0.411 4*** (0.061 0)	0.245 4 (0.162 0)

（续上表）

创新	(1) 劳动密集型	(2) 资本密集型	(3) 技术密集型
国外上游垄断二次项	-0.105 0** (0.042 2)	-0.791 8*** (0.118 3)	-0.525 8* (0.273 9)
上游产业政策	0.214 2*** (0.081 3)	0.027 2*** (0.004 4)	0.598 5*** (0.144 6)
国外上游垄断×上游产业政策	-0.031 7** (0.012 9)	-0.222 3*** (0.032 7)	-0.896 5*** (0.220 4)
国外上游垄断二次项×上游产业政策	0.045 4*** (0.017 4)	0.472 2*** (0.061 6)	1.365 9*** (0.323 6)
企业控制变量	是	是	是
行业控制变量	是	是	是
地区控制变量	是	是	是
行业固定效应	是	是	是
年份固定效应	是	是	是
常数项	-0.360 3* (0.197 7)	0.010 3 (0.019 5)	-9.220 1*** (1.782 8)
观测值	206 330	362 280	204 418
R^2	0.014	0.027	0.044

注：*、**和***分别表示10%、5%和1%的显著性水平；括号内为标准误。

投入结构及其技术含量也是行业重要的生产技术特征，本书在此进一步从国内上游行业技术水平的维度来考察上游产业政策作用的行业异质性，回归结果如表10-9所示。从中可见，国外上游垄断与上游产业政策的回归系数显著且符号方向与主效应相反，表明对于国内上游技术水平不同的行业，上游产业政策的实施均有利于弱化国外上游垄断对企业创新的影响。而且，比较第（1）~（3）列的回归结果，上游产业政策交互项系数在国内上游技术水平较高的分组中更大，说明上游产业政策在国内上游技术水平不同的行业间对国外上游垄断效应产生异质性影响，即随着国内上游行业技术水平的提升，上游产业政策对国外上游垄断效应的削弱作用逐渐增强。国内上游技术水平较高行业相对具有更完备的国内供应链体系，更有可能获取较高质量和技术含量的国内资源，上游产业政策的实施更有利于促进这类行业的研发创新和技术进步，进而更大程度地降低国外上游行业对技术升级的重要性，导致国外上游垄断较难对其创新产生影响。

表 10－9　产业政策作用异质性（国内上游技术水平）

创新	(1) 技术水平低	(2) 技术水平中	(3) 技术水平高
国外上游垄断	0.387 2*** (0.054 3)	0.015 4* (0.008 5)	0.016 9** (0.007 6)
国外上游垄断二次项	−0.382 5*** (0.057 4)	−0.031 9*** (0.012 0)	−0.059 5*** (0.015 6)
上游产业政策	0.302 4*** (0.046 2)	0.349 2*** (0.039 2)	0.019 5*** (0.004 7)
国外上游垄断×上游产业政策	−0.013 2*** (0.002 0)	−0.045 5*** (0.005 6)	−0.021 2*** (0.002 9)
国外上游垄断二次项×上游产业政策	0.013 5*** (0.002 2)	0.086 8*** (0.009 3)	0.491 4*** (0.051 1)
企业控制变量	是	是	是
行业控制变量	是	是	是
地区控制变量	是	是	是
行业固定效应	是	是	是
年份固定效应	是	是	是
常数项	−0.809 3*** (0.134 3)	0.071 5 (0.062 0)	0.135 8*** (0.023 6)
观测值	198 906	319 829	254 293
R^2	0.026	0.024	0.026

注：*、**和***分别表示10%、5%和1%的显著性水平；括号内为标准误。

10.1.2.5　产业政策作用的企业异质性

首先，检验上游产业政策对不同所有制企业所受国外上游垄断效应的异质性作用。根据所有制将企业分成国有、外资和民营三类，相应分组回归结果如表10-10所示。从中可以看出，不同所有制企业面临的国外上游垄断影响均因上游产业政策有所降低，但对比各组回归结果可见，在国有企业分组中，上游产业政策与国外上游垄断二次项的交互项系数显著为正且绝对值较大，而与一次项的交互项系数不显著，表明上游产业政策在更大程度上降低了国外上游垄断对企业创新的消极效应，而对积极影响的削弱作用较小。而相对于国有企业，上游产业政策也有利于减弱国外上游垄断对非国有企业创新的消极效应，但对其积极影响产生的削弱作用更大。从上述结果可见，在上游产业政策实施后，国有企业相比非国有企业更可能在国外上游垄断下趋利避害，可能是因为国有企业与政府联系更为紧密，本身具有更大的政策优势，同时更能及时和准确地获取上游产业政策相关信息，在上游产业政策实施后可以更快调整生产资源配置，这更能发挥上游产业政策对国外上游垄断消极效应的缓解作用，也能在一定程度上避免上游产业政策减弱国外上游垄断的积极影响。

表10-10　产业政策作用异质性（企业所有制形式）

创新	(1) 国有	(2) 外资	(3) 民营
国外上游垄断	0.042 4*** (0.005 7)	0.024 5*** (0.004 4)	0.044 8*** (0.004 0)
国外上游垄断二次项	-0.065 5*** (0.009 6)	-0.038 0*** (0.007 7)	-0.062 7*** (0.004 8)
上游产业政策	0.031 1* (0.016 2)	0.001 5* (0.000 8)	0.030 5*** (0.009 7)
国外上游垄断×上游产业政策	-0.006 1 (0.005 2)	-0.010 3** (0.004 1)	-0.004 8*** (0.001 6)
国外上游垄断二次项×上游产业政策	0.013 1* (0.006 7)	0.012 4** (0.005 5)	0.006 7*** (0.002 1)
企业控制变量	是	是	是
行业控制变量	是	是	是
地区控制变量	是	是	是
行业、年份固定效应	是	是	是

（续上表）

创新	(1) 国有	(2) 外资	(3) 民营
常数项	−0.062 2 (0.064 2)	−0.159 1*** (0.060 6)	−0.117 3*** (0.030 0)
观测值	131 999	145 971	495 058
R^2	0.082	0.012	0.021

注：*、**和***分别表示10%、5%和1%的显著性水平；括号内为标准误。

其次，采用LP全要素生产率衡量企业生产效率（Levinsohn & Petrin, 2003），检验生产效率异质性企业的国外上游垄断效应受上游产业政策作用的差异。从表10－11第（1）（2）列的回归结果来看，国外上游垄断与上游产业政策的交互项系数均显著地与主效应相反，但第（1）列的交互项系数绝对值明显较大，表明相对于生产效率较低的企业，上游产业政策对生产效率较高企业面临的国外上游垄断效应具有更大削弱作用。生产效率较高企业的技术水平更高，相比生产效率较低企业能够更灵活地配合上游产业政策来调整现有生产模式，从而更大程度地提升对进口中间产品的需求弹性，减弱国外上游行业对其创新活动的制约，由此更有利于发挥上游产业政策对国外上游垄断效应的削弱作用。

表10－11　产业政策作用异质性（企业生产效率和吸收能力）

创新	(1) 生产效率高	(2) 生产效率低	(3) 吸收能力强	(4) 吸收能力弱
国外上游垄断	0.038 4*** (0.002 1)	0.020 4*** (0.001 3)	0.050 7*** (0.005 6)	0.021 7*** (0.001 9)
国外上游垄断二次项	−0.058 5*** (0.003 4)	−0.029 3*** (0.002 0)	−0.082 0*** (0.006 8)	−0.029 5*** (0.003 2)
上游产业政策	0.039 4*** (0.002 8)	0.015 9*** (0.001 7)	0.067 9*** (0.014 1)	0.006 4** (0.002 8)
国外上游垄断×上游产业政策	−0.275 9*** (0.019 5)	−0.113 2*** (0.011 7)	−0.008 4*** (0.002 3)	−0.079 8*** (0.020 8)

（续上表）

创新	(1) 生产效率高	(2) 生产效率低	(3) 吸收能力强	(4) 吸收能力弱
国外上游垄断二次项×上游产业政策	0.496 2*** (0.032 7)	0.199 7*** (0.019 6)	0.014 2*** (0.003 0)	0.015 2*** (0.003 9)
企业控制变量	是	是	是	是
行业控制变量	是	是	是	是
地区控制变量	是	是	是	是
行业、年份固定效应	是	是	是	是
常数项	-0.025 5 (0.034 0)	0.011 5 (0.020 6)	-0.283 0*** (0.041 9)	0.062 2** (0.025 0)
观测值	245 545	527 483	361 533	411 495
R^2	0.045	0.011	0.041	0.009

注：**、***分别表示5%和1%的显著性水平；括号内为标准误。

最后，在吸收能力不同的企业间考察上游产业政策对国外上游垄断效应的作用差异，现有研究多采用人力资本来衡量行业吸收能力。由于缺乏企业层面的人力资本数据，本书在此借鉴樊纲等（2003）采用主成分分析法构造企业吸引人才能力的综合指标以作为吸收能力的代理变量。从表10-11第（3）（4）列的回归结果可以看出，上游产业政策与国外上游垄断二次项的交互项系数在不同分组中显著且数值大小相近，但与一次项的交互项系数在第（3）列中明显较小，表明上游产业政策更有利于吸收能力较强的企业在国外上游垄断下实现创新发展，即在国外上游垄断程度过高时，上游产业政策对吸收能力不同企业所受的国外上游垄断消极效应有程度相当的缓解作用；在国外上游垄断程度较低时，由于吸收能力较强的企业在中间产品进口中能够学习和消化更多知识、技术，上游产业政策对吸收能力较强企业面临的国外上游垄断积极影响的冲击相对更小。

10.2 贸易政策的作用

10.2.1 贸易政策作用的计量模型设定和数据说明

为了检验中间产品进口的贸易政策对国外上游垄断效应的作用，设定计量模型如下：

$$\begin{aligned} Innov_{ijt} = {} & \beta_0 + \beta_1 FUmonopoly_{jt} + \beta_2 FUmonopoly_{jt}^2 + \beta_3 IIPolicy_{jt} + \\ & \beta_4 FUmonopoly_{jt} \times IIPolicy_{jt} + \beta_5 FUmonopoly_{jt}^2 \times IIPolicy_{jt} + \\ & Controls + \gamma_j + \gamma_t + \varepsilon_{ijt} \end{aligned} \tag{10-2}$$

其中，i、j、t 分别表示企业个体、行业和时间，$Innov$、$FUmonopoly$ 分别表示企业创新水平和国外上游垄断程度；$IIPolicy$ 为中间产品进口贸易政策变量，包括关税措施和非关税措施两类；$Controls$ 包含企业、行业、地区等层面的控制变量，同时加入行业固定效应 γ_j 和年份固定效应 γ_t，ε 为随机扰动项。

中间产品进口贸易政策变量的衡量方法如下：

（1）关税措施。中间产品进口关税 $intertariff_{it} = \sum w_{ijt} finaltariff_{jt}$，其中 $finaltariff$ 为上游行业的最终产品关税税率，w_{ij} 为 j 行业占 i 行业中间投入的比重。

（2）非关税措施。中间产品进口的非关税措施指数 $interNTM_{it} = \sum w_{ijt} finalNTM_{jt}$，其中 $finalNTM$ 为上游行业的非关税措施，w_{ij} 的含义与上述一致。参照 Kee 等（2009）、Cadot 和 Gourdon（2016）的方法量化上游行业的非关税措施 $finalNTM$，首先采用 $\ln v_{kn} = \alpha + \beta_1 N_{kn} + \beta_2 \ln(1+t_{kn}) + X_n + Z + \varepsilon_{kn}$ 估计非关税措施对贸易产品平均价值的影响系数，v_{kn}、N_{kn}、t_{kn} 分别表示从 n 国进口 k 产品的价值、非关税措施虚拟变量和关税，同时加入本国与 n 国的贸易引力特征变量 X_n 和本国特征变量 Z；然后，计算得到非关税措施等价当量 $AVEs = \beta_1 \gamma^{-1}$，$\gamma$ 为参照 Kee 等（2008）测度的产品需求弹性，相关数据源于世界银行 WITS 数据库和联合国贸易与发展会议（UNCTAD）TRAINS 数据库。此外，企业创新、国外上游垄断的衡量方法与第十章第一节一致。

10.2.2 贸易政策作用的实证结果分析

10.2.2.1 贸易政策作用的基础回归结果

一方面，中间产品进口关税措施的作用。从表 10-12 第（1）列的回归结果来看，国外上游垄断与关税措施的交互项系数显著且符号方向与主效应相反，可见中间产品进口关税对国外上游垄断效应具有削弱作用，企业所在行业的中间产品进口关税水平越高，其创新行为受国外上游垄断的影响越小。中间产品进口关税提高了国外上游企业的贸易成本和市场准入门槛，提升国外上游产品进口价格也增大了本土企业替代使用国内上游产品的可能性，从而直接或间接地降低本土企业对国外上游产品的需求，总体上抑制国外上游产品在本土市场的供给和需求。因此，关税措施的实施有利于缓解国外上游垄断对本土企业创新的影响。在第（2）（3）列的回归中逐步加入企业、行业、地区等层面的控制变量及固定效应，国外上游垄断与关税措施的交互项系数的符号方向及显著性均与第（1）列所示结果一致，进一步证实关税措施的实施能够减弱国外上游垄断对本土企业创新的影响。

表 10－12　关税措施作用的基础回归结果

创新	(1)	(2)	(3)
国外上游垄断	0.013 8*** (0.000 5)	0.010 6*** (0.000 6)	0.008 9*** (0.000 6)
国外上游垄断二次项	−0.011 6*** (0.000 8)	−0.007 1*** (0.000 9)	−0.003 2*** (0.000 9)
关税	−0.002 6** (0.001 1)	−0.011 8*** (0.001 3)	−0.014 7*** (0.001 5)
国外上游垄断×关税	−0.054 2*** (0.005 1)	−0.037 4*** (0.005 7)	−0.026 3*** (0.006 2)
国外上游垄断二次项×关税	0.663 6*** (0.060 3)	0.524 5*** (0.067 0)	0.389 6*** (0.072 5)
企业年龄		0.000 0 (0.000 0)	0.000 0 (0.000 0)
企业规模		0.013 6*** (0.000 1)	0.013 7*** (0.000 1)
资本密集度		0.251 0*** (0.030 5)	0.247 7*** (0.030 5)
融资约束		−0.045 5 (0.064 0)	−0.048 2 (0.063 9)
政府补贴		0.050 2*** (0.007 4)	0.047 6*** (0.007 4)

（续上表）

创新	（1）	（2）	（3）
员工薪资水平		0.039 3*** （0.002 9）	0.038 7*** （0.002 9）
行业、地区控制变量	否	是	是
行业、年份固定效应	否	否	是
常数项	-0.036 3*** （0.003 4）	0.303 2*** （0.013 6）	0.172 7*** （0.016 8）
观测值	953 332	773 028	773 028
R^2	0.003	0.017	0.018

注：**、***分别表示5%和1%的显著性水平；括号内为标准误。

另一方面，中间产品进口非关税措施的作用。从表10-13第（1）列的回归结果来看，国外上游垄断与非关税措施的交互项系数显著且符号方向与主效应相同，表明中间产品进口的非关税措施对国外上游垄断效应具有强化作用。与关税措施相似，非关税措施也提高了国外上游企业的贸易成本和市场准入门槛，但其对国外上游垄断效应的作用效果与关税措施相异，可能因为关税措施对国外企业具有针对性，而非关税措施可能同时限制了国内企业，由于进入本土市场的国外企业具有相对竞争优势，非关税措施的实施会扩大国外企业相对国内企业的市场势力（Asprilla等，2019）。本书在第（2）（3）列中进一步检验非关税措施对国外上游垄断效应的作用，在逐步加入一系列控制变量和行业、年份固定效应之后，国外上游垄断与非关税措施交互项的回归结果未发生本质性变化，进一步证实了非关税措施对国外上游垄断效应的强化作用。

表10-13　非关税措施作用的基础回归结果

创新	（1）	（2）	（3）	（4）
国外上游垄断	0.032 9*** （0.001 3）	0.041 3*** （0.001 5）	0.034 1*** （0.001 5）	0.027 7*** （0.001 6）
国外上游垄断二次项	-0.034 8*** （0.001 8）	-0.046 4*** （0.002 2）	-0.045 0*** （0.002 2）	-0.038 8*** （0.002 0）

（续上表）

创新	(1)	(2)	(3)	(4)
NTM	−3.225 6*** (0.274 1)	−5.017 6*** (0.322 3)	−3.050 9*** (0.332 0)	
国外上游垄断×*NTM*	0.580 2*** (0.042 8)	0.873 5*** (0.050 0)	0.552 7*** (0.051 5)	
国外上游垄断二次项×*NTM*	−0.658 0*** (0.059 4)	−1.025 9*** (0.070 3)	−0.562 4*** (0.072 5)	
国外上游垄断×*NTM a*				0.000 1 (0.000 9)
国外上游垄断二次项×*NTM a*				−0.059 0*** (0.020 7)
国外上游垄断×*NTM b*				0.022 1*** (0.003 2)
国外上游垄断二次项×*NTM b*				−0.808 4*** (0.131 1)
国外上游垄断×*NTM c*				0.025 2*** (0.003 8)
国外上游垄断二次项×*NTM c*				−0.708 1*** (0.123 4)
国外上游垄断×*NTM other*				−0.184 0*** (0.008 7)
国外上游垄断二次项×*NTM other*				4.976 8*** (0.299 1)
企业控制变量	否	是	是	是
行业控制变量	否	是	是	是
地区控制变量	否	是	是	是
行业固定效应	否	否	是	是
年份固定效应	否	否	是	是

（续上表）

创新	（1）	（2）	（3）	（4）
常数项	0.032 9***	0.041 3***	0.034 1***	0.004 7
	（0.001 3）	（0.001 5）	（0.001 5）	（0.018 8）
观测值	953 332	773 028	773 028	773 028
R^2	0.004	0.018	0.023	0.023

注：＊＊＊表示1%的显著性水平；括号内为标准误；*NTM a*、*NTM b*、*NTM c* 分别表示卫生和动植物检疫、技术性贸易壁垒、装运前检验和其他技术性措施，*NTM other* 是非技术性措施。

此外，本书进一步将中间产品进口的非关税措施分为卫生和动植物检疫、技术性贸易壁垒、装运前检验和其他技术性措施和非技术性措施，考察非关税具体措施对国外上游垄断效应的作用差异，表 10－13 第（4）列报告了相应的回归结果。技术性措施的回归系数均与非关税措施总体情况一致，而非技术性措施与此相反，表明非关税措施对国外上游垄断效应的强化作用源于技术性措施；非技术性措施包含配额、反倾销、反补贴等价格和数量控制措施，其对国外上游垄断效应的作用与关税措施相似。而且，技术性贸易壁垒的回归系数总体上大于其他技术性措施，进一步表明，非关税措施主要以技术法规、技术标准、合格评定程序等技术性贸易壁垒对国外上游垄断效应产生强化作用。

10.2.2.2　贸易政策作用的稳健性检验

1. 变量遗漏问题

考虑中间产品进口的关税措施和非关税措施可能存在相互替代的关系，单独检验其中一种贸易政策措施对国外上游垄断效应的影响可能会导致变量遗漏问题，本书在表 10－14 将两种措施统一纳入回归方程，同时检验两种措施对国外上游垄断效应的作用。由表 10－14 第（1）列可见，在控制关税措施的影响之后，非关税措施对国外上游垄断效应仍具有强化作用；相应地，在控制非关税措施的影响之后，关税措施对国外上游垄断效应的削弱作用也未发生本质性变化。在逐步控制其他影响创新的时变因素及固定效应之后，第（2）（3）列的回归结果与第（1）列一致，进一步证明关税措施与非关税措施对国外上游垄断效应作用的差异性。

表 10-14　贸易政策变量遗漏问题处理结果

创新	(1)	(2)	(3)
国外上游垄断	0.195 9*** (0.002 1)	0.194 2*** (0.002 2)	0.207 8*** (0.002 2)
国外上游垄断二次项	-0.169 5*** (0.002 4)	-0.179 4*** (0.002 4)	-0.193 5*** (0.002 6)
NTM	-0.302 0*** (0.150 1)	-0.383 5*** (0.150 7)	-0.430 9*** (0.155 9)
关税	0.025 9*** (0.003 1)	0.030 5*** (0.003 2)	0.040 6*** (0.003 8)
国外上游垄断×关税	-0.004 1*** (0.000 9)	-0.005 6*** (0.000 9)	-0.007 1*** (0.001 0)
国外上游垄断二次项×关税	0.013 1*** (0.004 6)	0.024 6*** (0.004 6)	0.026 8*** (0.004 7)
国外上游垄断×*NTM*	0.306 8*** (0.050 2)	0.394 2*** (0.050 4)	0.442 7*** (0.052 2)
国外上游垄断二次项×*NTM*	-0.067 1*** (0.070 7)	-0.090 1*** (0.071 0)	-0.105 7*** (0.073 8)
企业控制变量	否	是	是
行业控制变量	否	是	是
地区控制变量	否	是	是
行业固定效应	否	否	是
年份固定效应	否	否	是
常数项	-0.161 2*** (0.012 0)	0.007 1 (0.018 9)	0.013 8 (0.020 8)
观测值	953 332	773 028	773 028
R^2	0.010	0.012	0.012

注：***表示1%的显著性水平；括号内为标准误。

2. 变量测量误差问题

本书在基础回归中只采用单一指标衡量核心解释变量和被解释变量，

可能会导致变量测量误差问题，对此更换变量衡量指标。

首先，更换国外上游垄断衡量指标。前文基于勒纳指数测算行业层面的国外上游垄断指标，鉴于企业个体面临的国外上游垄断不仅具有行业共性，还存在企业异质性，本书在此进一步采用企业层面的国外上游垄断指数——国外供应商势力指数衡量企业个体面临的国外上游垄断。从表 10 - 15 第（1）列的回归结果来看，国外上游垄断与关税措施的交互项系数均显著且符号方向与主效应相反，表明关税措施对企业特定的国外上游垄断效应具有显著的削弱作用；从表 10 - 15 第（2）列的回归结果可见，国外上游垄断与非关税措施交互项系数显著且符号方向与主效应一致，表明非关税措施对企业特定的国外上游垄断效应具有强化作用。上述结果表明，中间产品进口贸易政策在企业个体层面对国外上游垄断效应的作用效果与采用行业层面指标的回归结果一致。然后，考虑市场集中度指数也是市场垄断的常用指标，在此还改用赫芬达尔指数测算国外上游垄断的行业层面指标，基于此检验关税措施和非关税措施对国外上游垄断效应的作用，相应回归结果如表 10 - 15 第（3）（4）列所示，再次证明基础回归结果稳健。

表 10 - 15　变换国外上游垄断衡量指标的回归结果

创新	(1) 国外供应商势力（关税）	(2) 国外供应商势力（非关税）	(3) *HHI* （关税）	(4) *HHI* （非关税）
国外上游垄断	0. 043 9*** (0. 001 7)	0. 032 8*** (0. 001 1)	0. 091 9*** (0. 007 6)	0. 047 5*** (0. 008 0)
国外上游垄断二次项	-0. 037 2*** (0. 002 2)	-0. 028 2*** (0. 001 5)	-0. 048 8*** (0. 004 0)	-0. 019 3*** (0. 004 2)
贸易政策	-0. 005 1*** (0. 000 1)	-0. 012 7*** (0. 000 2)	0. 854 1*** (0. 049 2)	-2. 117 5*** (0. 086 5)
国外上游垄断 × 贸易政策	-0. 005 2*** (0. 000 5)	0. 011 3*** (0. 001 5)	-1. 160 5*** (0. 069 1)	1. 459 3*** (0. 065 1)
国外上游垄断二次项 × 贸易政策	0. 004 4*** (0. 000 7)	-0. 007 8*** (0. 002 0)	0. 192 0*** (0. 011 3)	-2. 494 1*** (0. 118 6)
控制变量	是	是	是	是
企业固定效应	是	是	否	否

（续上表）

创新	（1） 国外供应商势力（关税）	（2） 国外供应商势力（非关税）	（3） *HHI* （关税）	（4） *HHI* （非关税）
行业固定效应	是	是	是	是
年份固定效应	是	是	是	是
常数项	0. 056 1 *** (0. 000 5)	14. 546 0 *** (0. 096 6)	-0. 518 3 * (0. 307 0)	0. 219 1 *** (0. 016 5)
观测值	713 760	713 760	773 028	773 028
R^2	0. 630	0. 604	0. 010	0. 011

注：*、***分别表示10%和1%的显著性水平；括号内为标准误。

其次，更换中间产品进口贸易政策指标的测算方法。其一，由简单平均税率变为加权平均税率来衡量关税措施；其二，改用数值型非关税措施数据测算非关税措施的平均方差提取值（AVE）指数。

最后，更换解释变量衡量指标，采用专利申请量的对数值来衡量企业创新。表 10-16 汇报了贸易政策及企业创新衡量指标变换后的回归结果，可见“中间产品进口贸易政策对国外上游垄断效应具有显著作用”的结论依然成立。

表 10-16　变换贸易政策及企业创新衡量指标的回归结果

创新	（1） 加权关税	（2） 数值型非关税	（3） 专利（关税）	（4） 专利（非关税）
国外上游垄断	0. 008 6 *** (0. 000 6)	0. 014 1 *** (0. 000 8)	0. 027 9 *** (0. 001 2)	0. 062 6 *** (0. 003 1)
国外上游垄断二次项	-0. 003 3 *** (0. 000 9)	-0. 025 1 *** (0. 001 2)	-0. 046 3 *** (0. 002 0)	-0. 087 1 *** (0. 004 4)
贸易政策	-0. 000 1 *** (0. 000 0)	-0. 226 4 *** (0. 022 4)	-0. 003 7 (0. 003 4)	-6. 799 1 *** (0. 661 2)
国外上游垄断×贸易政策	-0. 000 8 *** (0. 000 1)	0. 040 4 *** (0. 003 5)	-0. 018 3 *** (0. 005 9)	1. 223 5 *** (0. 102 6)
国外上游垄断二次项×贸易政策	0. 010 8 *** (0. 001 1)	-0. 042 8 *** (0. 004 9)	0. 041 5 *** (0. 013 2)	-1. 277 0 *** (0. 144 3)

(续上表)

创新	(1) 加权关税	(2) 数值型非关税	(3) 专利(关税)	(4) 专利(非关税)
控制变量	是	是	是	是
行业固定效应	是	是	是	是
年份固定效应	是	是	是	是
常数项	0.198 6*** (0.016 8)	0.080 7*** (0.017 0)	0.133 5*** (0.033 7)	-0.042 3 (0.037 5)
观测值	773 028	773 028	773 068	773 068
R^2	0.007	0.023	0.007	0.008

注:***表示1%的显著性水平;括号内为标准误。

3. 样本选择性偏差问题

是否开展创新活动是企业的内生性选择,且一定程度上受到国外上游垄断及贸易政策的影响,为了解决企业自选择创新导致的样本选择性偏差问题,本书采用 Heckman 两步法对中间产品进口贸易政策的作用做进一步检验。首先,通过 Probit 模型估计企业进行创新的概率,并估算逆米尔斯比率(*Lambda*),然后在式(10-2)中引入 *Lambda* 进行回归。由表10-17第(1)(2)列的回归结果可见,国外上游垄断与关税措施、非关税措施的交互项系数显著且符号方向与基础结果相同,证明贸易政策作用的基础检验结果稳健。

表 10-17 Heckman 两步法和工具变量法的回归结果

创新	(1) Heckman 两步法(关税)	(2) Heckman 两步法 (非关税)	(3) 工具变量法 (关税)	(4) 工具变量法 (非关税)
国外上游垄断	0.012 9*** (0.000 5)	0.005 1*** (0.000 9)	0.077 9*** (0.014 1)	0.140 9*** (0.023 1)
国外上游垄断二次项	-0.107 9*** (0.007 4)	-0.006 4*** (0.001 3)	-0.032 1*** (0.004 4)	-0.191 2*** (0.031 5)
关税/*NTM*	-0.015 1*** (0.001 1)	-0.175 5*** (0.022 2)	0.693 6*** (0.183 8)	-0.121 6*** (0.023 3)

（续上表）

创新	(1) Heckman 两步法（关税）	(2) Heckman 两步法 （非关税）	(3) 工具变量法 （关税）	(4) 工具变量法 （非关税）
国外上游垄断×关税/*NTM*	-0.053 1*** (0.004 5)	0.122 2*** (0.012 5)	-0.216 8*** (0.059 4)	3.966 7*** (0.736 5)
国外上游垄断二次项×关税/*NTM*	0.690 2*** (0.053 2)	-1.907 1*** (0.177 7)	0.438 3*** (0.123 3)	-5.154 4*** (0.988 2)
Kleibergen & Paap rk *LM*			883.633 0 (0.000 0)	2 530.527 0 (0.000 0)
Kleibergen & Paap rk *F*			475.175 0 (7.030 0)	1 434.017 (7.030 0)
Lambda	0.189 9*** (0.000 2)	0.189 6*** (0.000 2)		
控制变量	是	是	是	是
行业、年份固定效应	是	是	是	是
常数项	0.169 5*** (0.011 9)	0.094 3*** (0.012 9)	-0.303 2 (1.022 1)	1.572 1** (0.751 5)
观测值	721 544	721 544	308 444	308 444
R^2	0.513	0.526	0.018	0.019

注：**、***分别表示5%和1%的显著性水平；括号内为标准误；Kleibergen & Paap rk *LM* 数值下括号为 *P* 值；Kleibergen & Paap rk *F* 数值下括号为 Stock-Yogo 弱识别检验的10%显著性水平临界值。

4. 逆向因果关系问题

国外上游垄断与企业创新可能存在逆向因果关系，贸易政策作用的回归结果可能因此产生偏误，本书采用两阶段最小二乘法来处理这一内生性问题。遵循计量经济学的一般做法，采用内生变量的历史数据构造工具变量，在此将国外上游垄断和贸易政策的滞后项作为当期项的工具变量，两者滞后项的乘积构成交互项的工具变量。从表10-17第（3）（4）列的回归结果来看，国外上游垄断与中间产品进口贸易政策的交互项系数与基础回归结果一致，并且 Kleibergen & Paap rk *LM* 统计量的 *P* 值为0.000 0，在1%的统计水平上拒绝了“工具变量不可识别”的原假设，Kleibergen &

Paap rk F 值也远大于 Stock-Yogo 弱识别检验在 10% 显著性水平上的临界值，表明两阶段最小二乘回归结果也不存在“工具变量弱识别”的问题。因此，在处理了逆向因果关系的内生性问题之后，中间产品进口的关税措施和非关税措施对国外上游垄断效应的作用仍存在明显差异。

10.2.2.3 贸易政策作用的异质性分析

中间产品进口关税措施的异质性作用。关税措施对国外上游垄断效应的削弱作用在要素密集度及国内上游技术水平两方面具有行业异质性。要素密集型行业异质性的回归结果如表 10－18 所示，对比第（1）~（3）列的回归结果可见，相对于资本、技术密集型行业，关税措施在劳动密集型行业与国外上游垄断交互项系数较大，表明关税措施对劳动密集型行业面临的国外上游垄断效应具有较大程度的削弱作用。可能原因在于，劳动密集型行业是中国传统竞争优势行业，而资本密集型行业和技术密集型行业整体上处于比较劣势的地位（张禹和严兵，2016）。可见，劳动密集型行业相对具有更完备的国内产业链，从而劳动密集型行业的国外上游产品投入占比较小，进而在中间产品进口关税提升后能够更大幅度地替代使用国内上游产品，由此关税措施对处理劳动密集型行业的国外上游垄断问题更为有效。另外，表 10－19 报告了国内上游技术水平的行业异质性检验结果，可见国外上游垄断二次项与关税措施交互项系数随国内上游技术水平提高而增大。企业所处行业的国内上游技术水平越高，则对国外上游行业的相对依赖程度越小，越有利于利用关税措施提高国内对进口中间产品的需求弹性，进而更有效地减弱国外上游垄断对企业创新的影响，表明国内上游技术的进步有利于增强关税措施对国外上游垄断效应的作用。

表 10－18　关税措施作用的行业异质性（要素密集度）

创新	（1） 劳动密集型	（2） 资本密集型	（3） 技术密集型
国外上游垄断	0.478 9*** （0.027 6）	0.011 2*** （0.002 0）	0.010 9*** （0.001 7）
国外上游垄断二次项	－9.122 1*** （0.499 7）	－0.451 5*** （0.101 7）	－0.017 9*** （0.003 4）
关税	2.184 9*** （0.186 8）	－0.038 3*** （0.009 6）	0.047 3 （0.069 8）

（续上表）

创新	(1) 劳动密集型	(2) 资本密集型	(3) 技术密集型
国外上游垄断×关税	-1.701 0*** (0.136 5)	-0.010 3* (0.006 0)	-0.025 2 (0.022 7)
国外上游垄断二次项×关税	3.187 5*** (0.247 7)	1.270 1*** (0.315 4)	0.071 9* (0.041 4)
控制变量	是	是	是
行业、年份固定效应	是	是	是
常数项	-0.535 3*** (0.070 4)	0.053 1*** (0.018 3)	0.404 3*** (0.047 2)
观测值	206 330	362 280	204 418
R^2	0.010	0.003	0.008

注：*、***分别表示10%和1%的显著性水平；括号内为标准误。

表10-19　关税措施作用的行业异质性（国内上游技术水平）

创新	(1) 国内上游技术水平高	(2) 国内上游技术水平中	(3) 国内上游技术水平低
国外上游垄断	0.055 6*** (0.006 9)	0.092 0*** (0.022 9)	0.032 6*** (0.002 6)
国外上游垄断二次项	-1.132 7*** (0.134 5)	-1.350 6*** (0.408 1)	-0.045 0*** (0.007 4)
关税	0.145 1*** (0.034 9)	0.669 1*** (0.132 8)	0.489 2*** (0.073 4)
国外上游垄断×关税	-0.054 5** (0.024 8)	-0.038 7*** (0.009 7)	-0.056 1*** (0.007 7)
国外上游垄断二次项×关税	1.119 3*** (0.430 8)	0.582 4*** (0.175 9)	0.124 1*** (0.023 6)
企业控制变量	是	是	是
行业控制变量	是	是	是

（续上表）

创新	(1) 国内上游技术水平高	(2) 国内上游技术水平中	(3) 国内上游技术水平低
地区控制变量	是	是	是
年份固定效应	是	是	是
行业固定效应	是	是	是
常数项	0. 161 6***	0. 192 3***	0. 063 4
	(0. 024 1)	(0. 027 9)	(0. 042 3)
观测值	254 293	319 829	198 906
R^2	0. 010	0. 012	0. 011

注：＊＊、＊＊＊分别表示5%和1%的显著性水平；括号内为标准误。

表10－20报告了中间产品进口关税措施作用的企业异质性检验结果。首先，关税措施的作用存在企业所有制异质性。从第（1）列的回归结果来看，国外上游垄断、关税措施与国有企业虚拟变量的交互项系数显著且与关税作用的符号方向相反，可见相对于国有企业，关税措施对非国有企业面临的国外上游垄断效应具有更大作用。进一步地，从国外上游垄断、关税措施与外资企业虚拟变量交互项的回归系数来看，关税措施更有助于民营企业应对国外上游垄断的负向影响。本书对此的解释是，民营企业在产权结构和市场竞争方面具有显著优势，这使民营企业相较其他所有制企业在创新方面具有投入和效率的双重优势（吴延兵，2012），由此民营企业能够在关税提升后迅速调整生产资源配置，降低国外上游产品投入比重，有利于加强关税措施对国外上游垄断效应的削弱作用。其次，关税措施的作用存在企业规模异质性。第（2）列的回归结果表明，关税措施对规模较大企业的国外上游垄断效应影响较小。扩大经营规模对生产有利有弊，规模较大企业能够通过规模效应降低生产成本，但也因烦冗机构和复杂程序而在生产配置调整时面临效率不足的问题，从而规模较大企业对国外上游产品的需求更为稳定，一定程度上限制了关税措施对国外上游垄断效应的作用。最后，从第（3）列的回归结果可见，关税措施的作用具有企业生产率异质性，企业生产率水平越高，关税措施对国外上游垄断效应的削弱作用越大。关税措施主要因为生产率异质性企业的资源配置差异而对其所面临的国外上游垄断效应产生不同影响，生产率水平较高的企业能

够灵活地调整国内与国外中间产品的相对投入比重，进而关税措施对生产率较高企业的国外上游垄断效应具有更大削弱作用。

表 10 – 20　关税措施作用的企业异质性

创新	(1) 所有制	(2) 规模	(3) 生产率
国外上游垄断	0.014 0*** (0.002 4)	0.008 9*** (0.000 6)	0.012 0*** (0.002 2)
国外上游垄断二次项	−0.111 4*** (0.028 7)	−0.003 2*** (0.000 9)	−0.025 7*** (0.001 8)
关税	−0.008 8 (0.018 3)	−0.014 8*** (0.001 5)	0.022 2*** (0.001 9)
国外上游垄断 × 关税	−0.015 9* (0.009 2)	−0.058 7*** (0.012 8)	−0.027 4*** (0.006 0)
国外上游垄断二次项 × 关税	0.270 2** (0.106 4)	0.649 2*** (0.152 3)	0.265 9*** (0.069 9)
国外上游垄断 × 关税 × 国有	0.022 4*** (0.001 6)		
国外上游垄断二次项 × 关税 × 国有	−0.043 9*** (0.007 5)		
国外上游垄断 × 关税 × 外资	0.004 3*** (0.001 4)		
国外上游垄断二次项 × 关税 × 外资	0.003 6 (0.007 0)		
国外上游垄断 × 关税 × 规模（生产率）		0.040 0*** (0.013 7)	−0.000 0*** (0.000 0)
国外上游垄断二次项 × 关税 × 规模（生产率）		−0.323 3** (0.163 6)	0.000 2*** (0.000 0)
控制变量	是	是	是
行业、年份固定效应	是	是	是

(续上表)

创新	(1) 所有制	(2) 规模	(3) 生产率
常数项	0.085 0 *** (0.025 4)	0.212 5 *** (0.016 9)	0.107 6 *** (0.020 3)
观测值	773 028	773 028	721 544
R^2	0.007	0.007	0.012

注：*、**和***分别表示10%、5%和1%的显著性水平；括号内为标准误。

中间产品进口非关税措施作用的异质性。表10-21和表10-22报告了非关税措施对不同行业的异质性影响。从表10-21的回归结果来看，相对于资本、劳动密集型行业，非关税措施在技术密集型行业中对国外上游垄断效应的作用更大。非关税措施的实施一方面更有利于技术密集型行业获得国外上游垄断“质量提升”正效应；另一方面也使这类行业面临更严重的“价格上涨”负效应。主要原因可能是中国存在行业技术水平与增值能力错配的问题，相对于国外同类行业，中国技术密集型行业整体上处于价值链的中下游位置，所需核心中间产品长期依赖于国外上游行业（王岚和李宏艳，2015），这使得技术密集型行业对国外上游产品质量的变化更敏感，而对价格变化的弹性相对较小，由此，非关税措施对国外上游垄断的积极影响和消极效应的强化作用在技术密集型行业得以放大。

表10-21　非关税措施作用的行业异质性（要素密集度）

创新	(1) 劳动密集型	(2) 资本密集型	(3) 技术密集型
国外上游垄断	0.073 0 * (0.043 1)	0.017 7 *** (0.004 9)	0.036 1 *** (0.011 4)
国外上游垄断二次项	-0.157 4 ** (0.063 1)	-0.257 1 *** (0.087 4)	-0.057 1 *** (0.019 7)
NTM	0.019 6 * (0.010 9)	-0.000 7 ** (0.000 3)	-0.053 7 *** (0.017 4)

（续上表）

创新	（1） 劳动密集型	（2） 资本密集型	（3） 技术密集型
国外上游垄断 × *NTM*	0.015 1 ** （0.006 5）	0.296 0 ** （0.120 2）	1.225 6 *** （0.411 1）
国外上游垄断二次项 × *NTM*	−0.172 6 （0.111 5）	−0.062 4 *** （0.022 7）	−2.247 9 *** （0.753 7）
企业控制变量	是	是	是
行业控制变量	是	是	是
地区控制变量	是	是	是
行业固定效应	是	是	是
年份固定效应	是	是	是
常数项	−0.045 7 （0.138 4）	0.033 5 * （0.018 9）	0.568 3 *** （0.049 8）
观测值	206 330	362 280	204 418
R^2	0.013	0.003	0.009

注：*、**和***分别表示10%、5%和1%的显著性水平；括号内为标准误。

从表10－22的回归结果来看，国外上游垄断与非关税措施的交互项系数显著且其绝对值随着国内上游技术水平提升而减小，表明国内上游技术水平越高，非关税措施对于国外上游垄断效应的强化作用越小。国内上游技术水平较低的行业需要借助国外上游技术才能实现生产目标，由此对国外上游行业产生较大程度的依赖，进而非关税措施对这类行业面临的国外上游垄断效应具有更大强化作用。

表10－22　非关税措施作用的行业异质性（国内上游技术水平）

创新	（1） 国内上游技术水平高	（2） 国内上游技术水平中	（3） 国内上游技术水平低
国外上游垄断	0.000 1 （0.006 2）	0.020 2 *** （0.007 0）	0.071 3 *** （0.014 7）

(续上表)

创新	(1) 国内上游技 术水平高	(2) 国内上游技 术水平中	(3) 国内上游技 术水平低
国外上游垄断二次项	−0.518 7*** (0.112 3)	−0.038 1*** (0.010 7)	−0.605 0*** (0.196 6)
NTM	−0.000 1 (0.000 3)	−0.018 5*** (0.007 2)	0.003 7*** (0.001 0)
国外上游垄断 × *NTM*	0.013 4*** (0.001 6)	0.106 4*** (0.023 3)	0.892 2* (0.469 6)
国外上游垄断二次项 × *NTM*	−0.016 9*** (0.002 0)	−0.862 0*** (0.305 1)	−1.235 1* (0.644 0)
企业控制变量	是	是	是
行业控制变量	是	是	是
地区控制变量	是	是	是
行业固定效应	是	是	是
年份固定效应	是	是	是
常数项	0.188 4*** (0.024 3)	0.301 5*** (0.059 5)	−0.064 6 (0.045 4)
观测值	254 293	319 829	198 906
R^2	0.015	0.012	0.017

注：*、***分别表示10%和1%的显著性水平；括号内为标准误。

进一步地，从表10−23可见中间产品进口非关税措施作用的企业异质性。从企业所有制来看，如第（1）列的回归结果所示，国外上游垄断、非关税措施与所有制虚拟变量的交互项系数显著为正。民营企业一方面与其他所有制企业相比存在较为严重的融资约束；另一方面，与国有企业相比受政策支持的程度较低，而相比外资企业更不易获得海外技术转移（吴延兵，2012；孙浦阳等，2014）。可见，虽然非关税措施有利于民营企业获得高质量的国外上游产品，但民营企业相对其他所有制企业需要承担更大的国外上游产品搜寻和使用成本，非关税措施对民营企业的国外上游垄断"质量提升"正效应强化作用较小，而对其国外上游垄断"价格上涨"负效应的强化作用较大。从第（2）（3）列的回归结果来看，企业生产规模越大、生产率越高，越能发挥非关税措施对国外上游垄断“质量提升”正效应的强化作用。可能原因是，规模较大、生产率较高的企业更有能力承担创新和生产的成本，当非关税措施同时带来国外上游产品质量和价格的提升时，从中受到的创新激励更大，同时又可在一定程度上规避生产成本上升对创新的负向影响。

表 10－23　非关税措施作用的企业异质性

创新	(1) 所有制	(2) 规模	(3) 生产率
国外上游垄断	0.001 2 (0.002 1)	0.004 3*** (0.001 4)	0.004 0*** (0.001 5)
国外上游垄断二次项	－0.039 0*** (0.003 5)	－0.045 5*** (0.002 2)	－0.044 1*** (0.002 3)
NTM	－0.014 1*** (0.002 7)	－0.016 5*** (0.001 7)	－0.014 8*** (0.001 8)
国外上游垄断×*NTM*	0.005 2*** (0.000 8)	0.004 7*** (0.000 5)	0.005 6*** (0.000 5)
国外上游垄断二次项×*NTM*	－0.554 8*** (0.115 2)	－0.610 8*** (0.073 0)	－0.600 4*** (0.075 7)
国外上游垄断×*NTM*×国有	0.002 6*** (0.000 1)		
国外上游垄断二次项×*NTM*×国有	0.000 7*** (0.000 1)		
国外上游垄断×*NTM*×外资	0.000 9*** (0.000 1)		
国外上游垄断二次项×*NTM*×外资	0.000 4*** (0.000 1)		
国外上游垄断×*NTM*×规模（生产率）		0.001 3*** (0.000 1)	0.001 3*** (0.000 0)
国外上游垄断二次项×*NTM*×规模（生产率）		0.000 5*** (0.000 1)	0.000 4*** (0.000 1)

（续上表）

创新	(1) 所有制	(2) 规模	(3) 生产率
企业控制变量	是	是	是
行业控制变量	是	是	是
地区控制变量	是	是	是
行业固定效应	是	是	是
年份固定效应	是	是	是
常数项	0.092 5*** (0.028 6)	0.197 7*** (0.018 7)	0.218 7*** (0.019 4)
观测值	773 028	773 028	721 544
R^2	0.020	0.014	0.015

注：＊＊＊表示1%的显著性水平；括号内为标准误。

本书研究了上游产业政策及中间产品进口贸易政策对国外上游垄断效应的作用。

一方面，从上游产业政策的作用来看：①上游行业实施的产业政策对国外上游垄断效应具有削弱作用。在国外上游垄断程度较低时，上游产业政策会削弱其对企业创新的积极作用。而在国外上游过度垄断时，上游产业政策有利于缓解企业创新所受的消极影响。②上游产业政策对特定行业具有一定偏向性，导致其对国外上游垄断效应产生异质性影响。偏向于技术水平较高、市场竞争较激烈行业的上游产业政策对企业创新所受的国外上游垄断效应具有更明显的削弱作用，而偏向于国际竞争优势行业的上游产业政策不一定能更有效地缓解国外上游垄断效应，对行业国际竞争力适度偏向的上游产业政策更有助于本土企业应对国外上游垄断。③上游产业政策影响国外上游垄断效应的作用机制，体现在产业政策的实施可以提升上游行业的生产率水平及资源配置效率，促进下游投入结构的技术升级，为企业创新提供较为完备的国内产业体系，降低了国外资源对本土企业创新的重要性，从而弱化企业创新受到国外上游垄断效应的影响。④上游产业政策对国外上游垄断效应的影响在不同性质行业间存在显著差异，其在技术密集度较大、上游技术水平较高行业中对国外上游垄断效应的削弱作用更大。此外，上游产业政策对国外上游垄断效应的影响还具有企业异质性。从所有制角度来看，上游产业政策更有利于国有企业应对国外上游垄断问题；从企业生产管理能力来看，上游产业政策更大程度地减弱了具备较高生产率水平和吸收能力的企业所面临的国外上游垄断效应。

另一方面，从中间产品进口贸易政策的作用来看：①中间产品进口贸易政策是应对国外上游垄断问题的有力手段，实证结果显示其对国外上游垄断效应具有显著影响。②不同性质的中间产品进口贸易政策措施对国外上游垄断效应影响存在异质性。中间产品进口的关税措施对国外上游垄断的"质量提升"正效应和"价格上涨"负效应产生了削弱作用；中间产品进口的非关税措施具有双重效果，其中技术性措施对国外上游垄断效应产生强化作用，非技术性措施则类似于关税措施，对国外上游垄断效应产生削弱作用。③中间产品进口贸易政策对国外上游垄断效应的影响具有行业异质性和企业异质性。从行业异质性方面来看，中间产品进口的关税措施对劳动密集型行业以及国内上游高技术水平行业面临的国外上游垄断效应产生的作用较大，中间产品进口的非关税措施则在技术密集型行业以及国内上游低技术水平行业中具有较为显著的作用；从企业异质性方面来看，中间产品进口关税措施的实施更有利于民营、规模较小的企业应对国外上游垄断效应，中间产品进口的非关税措施则更有利于国有、外资以及规模较大的企业。此外，中间产品进口的关税措施和非关税措施均对生产率水平较高企业面临的国外上游垄断效应具有更明显的作用。

11 国外上游垄断、创新与企业绩效

前文分析表明企业的创新决策在嵌入全球价值链的过程中受制于国外上游垄断，而创新是企业实现发展的根本动力，那么国外上游垄断是否会最终影响本土企业后续发展能力？为了回答这一问题，本章在第三章理论模型拓展分析的基础上，实证检验了国外上游垄断对企业绩效的影响及其作用机制，并考察创新在其中的作用。进一步地，检验产业政策和贸易政策在国外上游垄断对企业绩效影响中的作用效果，以此探讨政府政策对国外上游垄断效应的影响。

11.1 计量模型设定与数据说明

11.1.1 计量模型设定

本书以成本加成率衡量企业绩效水平，首先验证国外上游垄断是否对企业绩效具有显著影响；然后检验相关直接和间接的两种作用渠道。设定计量模型如下：

$$Markups_{it} = \beta_0 + \beta_1 FUmonopoly_{jt} + \beta_2 FUmonopoly_{jt}^{\ 2} + X'\beta + \gamma_j + \gamma_t + \varepsilon_{it} \tag{11-1}$$

其中，i、j、t 分别代表企业个体及其所在行业、年份。被解释变量为企业加成率 $Markups$ ，核心解释变量为国外上游垄断 $FUmonopoly$ ，同时纳入二次项 $FUmonopoly^2$ 以检验国外上游垄断与企业加成率是否存在“倒U形”关系。控制变量 X' 包含企业特征变量及行业、地区层面的时变因素，同时还加入行业固定效应 γ_j 及年份固定效应 γ_t ，ε 为随机扰动项。

第一，成本加成率 $Markups$ 。借鉴 De Loecker（2012）的测算方法，根据 ACF 方法估计要素产出弹性：首先，对生产函数 $y_{it} = f(l_{it}, m_{it}, k_{it}; \beta) + \omega_{it} + \varepsilon_{it}$ 进行非参数估计，其中 ω 为企业生产率，得到相应产出的估

计值 $\hat{y}_{it}$ 和随机冲击 $\in_{it}$；其次，非参数估计生产率动态过程 $\omega_{it} = g(\omega_{it-1}) + \xi_{it}$,得到生产率的随机冲击 ξ_{it}，然后依赖 $E\left(\xi_{it}\begin{pmatrix} l_{it-1}, m_{it-1}, k_{it}, l_{it-1}^2, m_{it-1}^2, \\ k_{it}^2, l_{it-1}\ k_{it}, m_{it-1}\ k_{it}, l_{it-1}\ m_{it-1}\ k_{it} \end{pmatrix}'\right) = 0$ 的矩条件，通过标准 GMM 方法估计得到要素产出弹性矩阵 β；最后，利用要素产出弹性计算成本加成率 $Markups_{it} = \beta^n S_{it}^n$，其中 β^n、S^n 分别表示可变要素 n 的产出弹性及其支出占总产出的比重。

第二，国外上游垄断 $FUmonopoly$。本书采用基于勒纳指数的行业层面的国外上游垄断指标衡量核心解释变量，具体测算方法如第 5 章 5.1.2 所述。其主要原因如下：一方面，行业层面的国外上游垄断指数能够衡量企业共同面临的国外上游垄断，无论企业是否直接进口中间产品，其创新均可能会受到国外上游垄断的影响，而企业层面的国外上游垄断指数局限于进口中间产品企业，不能满足本书尝试全面分析国外上游垄断效应的需求。另一方面，基于测算准确性、行业可比性以及数据可得性，发现勒纳指数及市场集中度指数较其他指标更适用于国外上游垄断的测算，并且考虑到勒纳指数的测算逻辑在于企业市场势力的基本定义，相对市场集中度指数更能直接反映市场垄断程度。此外，本书还采用企业层面的国外上游垄断指数及基于市场集中度指数的行业层面国外上游垄断指数，替换核心解释变量的衡量方法，进行稳健性检验。

第三，控制变量。①企业特征：企业年龄，采用当期年份与成立年份的差值衡量；企业规模，采用从业人数的对数值衡量；资本密度，采用固定资产与从业人数的比值衡量；融资约束，采用利息支出与固定资产之比衡量；政府补贴，采用企业补贴收入与销售额之比衡量；员工薪资水平，采用人均工资的对数值衡量。②行业特征：行业资本情况，采用行业层面的固定资产增长率衡量；行业融资情况，采用行业层面的利息支出增长率衡量；行业发展情况，采用行业层面的销售额增长率衡量。③地区特征：经济发展水平，采用省级人均 GDP 的对数值衡量；财政支出水平，采用财政支出与 GDP 之比衡量；产业发展水平，采用第二、第三产业增长率衡量。

11.1.2 数据说明

本书主要数据来源包括两个微观企业数据库：一是中国工业企业数据库，包含国有企业以及规模以上（年主营业务收入 500 万元及以上）非国有企业的新产品产值、工业总产值、企业成立年份、从业人数、利息支出、固定资产、政府补贴、人均工资等基本信息及财务数据。本书参照一般文献的做法进行跨年数据匹配，删除不符“规模以上”标准、财务数据不符会计原则、年龄为负数的企业样本，并剔除关键指标缺失的样本。二是 Osiris 数据库，包含全球 150 多个国家的企业个体基本信息及财务数据。其他数据来源包括：WIOD 投入产出数据库，提供本国对外直接消耗数据；中国统计年鉴，提供行业固定资产、行业利息支出、行业销售额、行业增长率、省级人均 GDP、省级 GDP 总值、省级财政支出等行业及地区特征数据。此外，考虑在 2008—2010 年中国工业企业数据库中，一些重要变量如新产品产值、销售收入、补贴收入等缺失，同时 2011 年及以后的工业企业“规模以上”标准从“500 万元及以上”变更为“2 000 万元及以上”，故本书采用 2008 年以前的数据进行实证检验，样本区间为 2000—2007 年。

11.2 实证结果分析

11.2.1 基础回归结果

本书在此根据式（11-1）检验国外上游垄断对企业加成率的影响，表 11-1 报告了分步回归的结果。在第（1）列仅进行国外上游垄断对成本加成率的回归，相应的回归结果表明，国外上游垄断对成本加成率的回归系数在 5% 以下的显著性水平上显著，表明国外上游垄断对成本加成率的效应显著。而且，国外上游垄断的一次项系数为正而二次项系数为负，表明国外上游垄断与企业加成率之间存在显著的“倒 U 形”关系。在国外上游垄断程度较低的情形下，国外上游垄断有利于促进企业加成率的提升；国外上游垄断程度不断升高而越过一定临界值后，国外上游垄断的促进作用不断减小，最终转变为对成本加成率提升的抑制作用。在第（2）（3）列中逐步加入企业、行业及地区等多个层面的控制变量及行业、年份固定效应，国外上游垄断的回归系数未发生本质性变化，表明是否面临国外上游垄断是本土企业加成率提升的重要影响因素，并且国外上游垄断与企业加成率仍然具有“倒 U 形”关系。

表 11-1 基础回归结果

成本加成率	(1)	(2)	(3)
国外上游垄断	0.001 3** (0.000 6)	0.000 6 (0.000 6)	0.001 5** (0.000 6)
国外上游垄断二次项	-0.009 6*** (0.001 2)	-0.007 9*** (0.001 2)	-0.011 0*** (0.001 2)
企业控制变量	否	是	是
行业控制变量	否	是	是
地区控制变量	否	是	是
行业固定效应	否	否	是
年份固定效应	否	否	是
常数项	0.237 8*** (0.035 3)	0.226 4*** (0.035 3)	0.209 3*** (0.035 4)
观测值	859 857	697 667	697 667
R^2	0.051	0.054	0.055

注：**、***分别表示5%和1%的显著性水平；括号内为标准误。

11.2.2 影响机制检验

（1）国外上游垄断对企业加成率的直接影响机制。在表 11-2 第（1）列单独检验国外上游垄断在边际成本对企业加成率的影响，可见边际成本对成本加成率的影响系数显著为负，边际成本越高，成本加成率越低；边际成本与国外上游垄断一次项的交互项系数显著为正，与其二次项的交互项系数显著为负。可见在加入国外上游垄断与边际成本的交互项之后，边际成本对成本加成率的负向效应呈现了先减小后增大的变化态势。在国外上游垄断程度较低时，国外上游企业之间存在较为激烈的价格竞争，产品创新有利于企业逃离市场竞争和获取垄断利润（Aghion 等，2005），此时垄断有利于国外上游产品“质量价格比”的提升，即国外上游垄断的“质量提升”正效应强于“价格上涨”负效应，有利于企业降低生产成本和提升成本加成率；而在国外上游垄断程度逐渐升高至一定临界值之后，国外上游产品价格上升幅度远超过产品质量所含价值，即国外上游垄断的“价格上涨”负效应强于“质量提升”正效应，此时国外上游垄断不利于企业提升成本加成率。在第（2）（3）列的回归中逐步加入一系列控制变量和行业、年份固定效应，边际成本及其与国外上游垄断交互项的回归系数均显著且符号方向未发生改变，表明国外上游垄断通过“生产成本”效应直接作用于企业加成率。

表 11－2　直接影响渠道—边际成本效应

成本加成率	（1）	（2）	（3）
边际成本	－0.588 8***	－0.648 7***	－0.645 5***
	（0.007 5）	（0.009 0）	（0.009 0）
边际成本×国外上游垄断	0.039 6***	0.056 1***	0.055 9***
	（0.001 6）	（0.002 0）	（0.001 9）
边际成本×国外上游垄断二次项	－0.076 6***	－0.107 0***	－0.106 4***
	（0.003 1）	（0.003 7）	（0.003 7）
企业控制变量	否	是	是
行业控制变量	否	是	是
地区控制变量	否	是	是
行业固定效应	否	否	是
年份固定效应	否	否	是
常数项	0.273 4***	－0.177 8***	0.130 5***
	（0.000 1）	（0.009 1）	（0.011 9）
观测值	859 857	697 667	697 667
R^2	0.365	0.391	0.394

注：＊＊＊表示1%的显著性水平；括号内为标准误。

（2）国外上游垄断对企业加成率的间接影响机制。首先，从表 11－3 第（1）列的回归结果来看，创新的回归系数在 1% 的显著性水平上显著为正，表明创新对企业加成率提升具有显著的正向效应。创新能够提高企业产品的质量水平，有利于增大对于企业产品的需求偏好，进而对成本加成率的提升产生积极作用（刘啟仁和黄建忠，2016）。然后，检验创新在国外上游垄断对企业加成率影响中的作用。从表 11－3 第（2）列的回归结果可见，在加入产品创新变量之后，国外上游垄断对企业加成率的回归系数相比于第（3）列的基础回归结果［同表 11－1 第（3）列］显著减小，表明国外上游垄断对成本加成率的作用部分通过影响创新来实现。综合来看，创新是国外上游垄断与企业加成率“倒U形”关系的中间桥梁：在国外上游垄断程度较低的情形下，国外上游垄断有利于推进企业创新活动，进而促进其成本加成率的提升；而在国外上游垄断程度超过一定临界值而达到较高水平时，国外上游垄断会降低创新活动水平，而对企业加成率的提升产生抑制作用。

表 11－3　间接影响渠道—创新效应

成本加成率	（1）	（2）	（3）
国外上游垄断		0.001 4** （0.000 6）	0.001 5** （0.000 6）
国外上游垄断二次项		－0.010 7*** （0.001 2）	－0.011 0*** （0.001 2）
产品创新	0.010 1*** （0.001 0）	0.010 7*** （0.001 4）	
企业控制变量	是	是	是
行业控制变量	是	是	是
地区控制变量	是	是	是
行业固定效应	是	是	是
年份固定效应	是	是	是
常数项	0.242 5*** （0.014 9）	0.208 5*** （0.035 4）	0.209 3*** （0.035 4）
观测值	697 667	697 667	697 667
R^2	0.054	0.055	0.055

注：**、***分别表示5%和1%的显著性水平；括号内为标准误。

11.2.3　稳健性检验

第一，“倒U形”关系。考虑国外上游垄断与企业加成率的内生性问题可能导致两者出现虚假的“倒U形”关系，本书由此参照 Haans 等（2016）的方法做进一步检验，首先检验国外上游垄断最小值处斜率的符号及显著性，其次检验国外上游垄断最大值处斜率的符号及显著性，最后估计门槛值及相应置信区间。从表 11－4 的检验结果来看，函数斜率在国外上游垄断最小值和最大值处的符号分别为正、负，并且在 1% 显著性水平上显著；同时，所估计的门槛值为 0.069 1，其 95% 置信区间为 [0.052 3，0.167 9]，可见处于国外上游垄断 [0.011 8，0.705 7] 的取值范围之内，“倒 U 形”检验总体 P 值小于 0.01，能够在 1% 的统计水平上拒绝“线性或 U 形关系”的原假设。根据上述检验结果，本书再次证实国外上游垄断与企业加成率具有“倒 U 形”关系。

表 11－4　“倒 U 形”关系检验

	最小值	最大值
区间	0.011 8	0.705 7
斜率	0.004 4	－0.048 5
t 值	5.383 7	－2.510 3
P 值	0.000 0	0.006 0
门槛值	0.069 1	
门槛值区间	[0.052 3，0.167 9]	
“倒 U 形”检验 t 值	2.510 0	
“倒 U 形”检验 P 值	0.006 0	

第二，变量测量误差问题。本书在基础回归中只采用单一指标衡量核心解释变量和被解释变量，由此可能产生因变量测量误差导致的内生性问题，在此通过更换指标测度方法来处理变量测量误差问题。首先，改变核心解释变量的衡量指标。前文采用基于勒纳指数的行业层面国外上游垄断指标，未进一步探讨企业个体面临的国外上游垄断具体情况，在此使用企业层面指标——国外供应商势力指数衡量国外上游垄断程度。从表 11－5 第（1）列的回归结果来看，国外上游垄断及其二次项的回归系数显著，并且系数符号表明国外上游垄断与企业加成率呈明显的“倒 U 形”关系，证明基础回归结果稳健。

表 11－5　稳健性检验结果

成本加成率	(1) 国外供应商势力	(2) *HHI*	(3) *CR*4	(4) *CR*8	(5) OLS 加成率	(6) 工具变量法
国外上游垄断一次项	0.005 1*** (0.000 1)	0.042 1 (0.059 4)	0.003 7*** (0.000 6)	0.005 1*** (0.000 9)	0.007 0** (0.002 9)	0.006 4*** (0.001 3)
国外上游垄断二次项	－0.015 2*** (0.001 5)	－0.040 6 (0.028 7)	－0.023 4*** (0.004 3)	－0.038 7*** (0.006 3)	－0.022 6*** (0.005 7)	－0.020 4*** (0.002 4)
Kleibergen & Paap rk *LM*						21 000 (0.000 0)
Kleibergen & Paap rk *F*						18 000 (19.930 0)
企业控制变量	是	是	是	是	是	是
行业控制变量	是	是	是	是	是	是
地区控制变量	是	是	是	是	是	是
行业固定效应	是	是	是	是	是	是
企业固定效应	是	否	否	否	否	否
年份固定效应	是	是	是	是	是	是
常数项	431.957 5** (178.095 7)	－15.114 5*** (0.386 2)	－15.187 9*** (0.385 7)	－15.266 5*** (0.399 5)	－18.347 3*** (0.470 1)	0.177 9*** (0.033 4)
观测值	639 406	697 667	697 667	697 667	697 667	308 444
R^2	0.478	0.057	0.055	0.055	0.050	0.057

注：**、***分别表示5%和1%的显著性水平；括号内为标准误；Kleibergen & Paap rk *LM* 数值下括号为 *P* 值；Kleibergen & Paap rk *F* 数值下括号为 Stock-Yogo 弱识别检验的10%显著性水平临界值。

此外，市场集中度指数是衡量市场垄断的常用指标，本书还采用赫芬达尔指数、前四位及前八位行业集中率测算国外上游垄断的行业层面指标，表11－5第（2）～（4）列报告了相应的回归结果，除赫芬达尔指数的回归结果外，其他结果均能证明国外上游垄断对企业绩效水平的提升有显著影响。然后，改变被解释变量的测度方法。前文已用基于ACF方法衡量的要素投入弹性测算企业加成率，此处还采用OLS弹性进一步衡量企业加成率水平，从表11－5第（5）列的回归结果来看，基于“OLS弹性法”

加成率的回归结果与基础检验结果一致。

第三，逆向因果关系问题。本书核心解释变量是行业层面的国外上游垄断程度，被解释变量是企业个体层面的成本加成率，本土企业个体因素的变动较难影响国外上游垄断格局，这在一定程度上能够处理逆向因果关系问题。但为了尽量避免这一内生性问题，在此使用两阶段最小二乘法进行回归分析，工具变量为国外上游垄断的滞后项。一方面，国外上游垄断的过去变动会影响当前情况，因此国外上游垄断滞后项与当期项有较强相关关系；另一方面，当期企业个体因素不能对过去国外上游垄断情况造成影响，满足工具变量的外生性条件。从表 11 –5 第（6）列的回归结果来看，国外上游垄断的回归系数显著，且一次项系数为正、二次项系数为负。而且，Kleibergen & Paap rk *LM* 统计量的 *P* 值为 0. 000 0，表明不存在“工具变量不可识别”的问题；Kleibergen & Paap rk *F* 值也远大于 Stock-Yogo 弱识别检验的 10% 显著性水平临界值，能够拒绝“工具变量弱识别”的原假设。因此，在处理了逆向因果关系的内生性问题之后，国外上游垄断与企业加成率仍然呈现显著的“倒 U 形”关系。

11. 3 拓展性分析

产业政策和贸易政策在促进国内生产发展和增强经济对外适应性方面具有重要作用。而对于国外上游垄断问题，上述政策措施能否起到趋利避害、改善本土企业外部发展环境的作用？本书通过实证检验来尝试回答这一问题。在式（11 –1）的基础上，本书引入国外上游垄断与上游产业政策和中间产品进口贸易政策变量的交互项，以分别检验上述两种政策措施对国外上游垄断效应的作用，并进一步检验中间产品进口的关税措施和非关税措施的异质性影响。

（1）产业政策的调节作用。表 11 –6 报告了上游产业政策在国外上游垄断对企业加成率影响中的作用。第（1）列中仅进行国外上游垄断、上游产业政策及其交互项对成本加成率的回归，从中可见，国外上游垄断与上游产业政策的交互项系数显著，且符号方向与主效应相反，表明国外上游垄断在国内上游产业政策影响下对企业加成率的影响减弱。进一步地，在第（2）（3）列中逐步加入企业、行业、地区等一系列控制变量及行业、年份固定效应，国外上游垄断及其与上游产业政策交互项的回归系数均显著，且系数符号方向与第（1）列的回归结果一致，再次证明国内上游产业政策的实施对国外上游垄断的加成率效应具有削弱作用。产业政策的实施有利于逐步提高上游行业的生产率水平及资源配置效率，完善国内产业配套体系，推动下游生产投入结构向国内资源调整，进而降低国外上游行业对本土生产发展的影响力，削弱国外上游垄断对企业盈利能力影响的效应。

表 11－6　上游产业政策对国外上游垄断加成率效应的调节作用

成本加成率	(1)	(2)	(3)
国外上游垄断	0.077 1*** (0.028 7)	0.063 6** (0.028 6)	0.015 1*** (0.003 4)
国外上游垄断二次项	－0.082 4*** (0.004 9)	－0.082 2*** (0.004 9)	－0.075 1*** (0.005 6)
产业政策	－0.013 9*** (0.001 8)	－0.015 8*** (0.001 8)	－0.004 2* (0.002 2)
国外上游垄断×产业政策	－0.075 0*** (0.012 1)	－0.065 5*** (0.012 1)	－0.010 1*** (0.001 4)
国外上游垄断二次项×产业政策	0.033 9*** (0.002 0)	0.033 4*** (0.002 0)	0.031 5*** (0.002 3)
控制变量	否	是	是
行业、年份固定效应	否	否	是
常数项	－19.572 2*** (0.127 2)	－19.847 8*** (0.126 9)	－30.345 3*** (0.254 2)
观测值	859 857	697 667	697 667
R^2	0.009	0.015	0.057

注：*、**和***分别表示10%、5%和1%的显著性水平；括号内为标准误。

为了检验上述回归结果的可靠性，本书进一步对上游产业政策的作用进行稳健性检验，结果如表 11－7 所示。第一，更换核心解释变量的衡量指标，分别基于赫芬达尔指数、前四位及前八位行业集中率测算国外上游垄断。从第（1）～（3）列的回归结果来看，国外上游垄断与上游产业政策的交互项系数显著且符号方向与主效应相反，表明在不同的国外上游垄断衡量指数下，上游产业政策仍然对国外上游垄断的加成率效应具有削弱作用。第二，更换被解释变量的测度方法，采用 OLS 方法估计要素投入弹性，并在此基础上测算企业加成率。从第（4）列的回归结果可见，国外上游垄断与上游产业政策交互项的回归系数与前文一致。第三，采用两阶段最小二乘法分析，第（5）列的回归结果进一步证明了上游产业政策的调节作用。

表 11－7　上游产业政策调节作用的稳健性检验

成本加成率	(1) *HHI*	(2) *CR*4	(3) *CR*8	(4) OLS 加成率	(5) 工具变量法
国外上游垄断	0.050 6*** (0.006 2)	1.397 0*** (0.110 4)	1.487 1*** (0.128 8)	0.014 9*** (0.004 2)	0.763 0** (0.330 3)
国外上游垄断二次项	-0.115 9*** (0.008 0)	-3.116 8*** (0.351 3)	-3.520 2*** (0.392 6)	-0.062 3*** (0.006 9)	-0.951 1** (0.402 2)
产业政策	0.106 2*** (0.014 2)	0.287 7*** (0.014 9)	0.376 5*** (0.022 3)	-0.001 9 (0.002 7)	2.046 7** (0.853 1)
国外上游垄断×产业政策	-0.012 7*** (0.002 3)	-0.013 6*** (0.000 5)	-0.013 8*** (0.000 6)	-0.010 2*** (0.001 8)	-0.326 4** (0.137 4)
国外上游垄断二次项×产业政策	0.028 9*** (0.003 0)	0.037 5*** (0.002 2)	0.053 4*** (0.003 5)	0.027 2*** (0.002 8)	0.434 5** (0.178 6)
Kleibergen & Paap rk *LM*					73.960 0 (0.000 0)
Kleibergen & Paap rk *F*					37.209 0 (7.030 0)
控制变量	是	是	是	是	是
行业、年份固定效应	是	是	是	是	是
常数项	-15.201 9*** (0.021 5)	-14.301 2*** (0.044 1)	-14.087 1*** (0.066 1)	-37.167 4*** (0.312 6)	-17.878 0*** (0.596 8)
观测值	697 667	697 667	697 667	697 667	192 026
R^2	0.059	0.059	0.059	0.051	-0.051

注：** 和 *** 分别表示 5% 和 1% 的显著性水平；括号内为标准误；Kleibergen & Paap rk *LM* 数值下括号为 *P* 值；Kleibergen & Paap rk *F* 数值下括号为 Stock-Yogo 弱识别检验的 10% 显著性水平临界值。

（2）关税措施的调节作用。从表 11－8 第（1）列的回归结果来看，国外上游垄断与中间产品进口关税措施的交互项系数显著，且符号方向与国外上游垄断的回归系数相反，由此可见，国外上游垄断对中间产品进口关税水平较高企业的成本加成率影响较小，即关税措施对国外上游垄断对成本加成率的“质量提升”正效应和“价格上涨”负效应同时具有削弱作用。主要原因可能在于，中间产品进口关税措施直接抬高了国外上游产品的交易价格，这不仅增加了企业对于国外上游产品的直接使用成本，还通过价值链传导机制增加了企业间接使用国外上游产品的成本。国外上游产品使用成本的提升在一定程度上会增大国内上游产品对其产生的替代作用，使本土企业的中间产品投入组合发生从国外上游产品向国内上游产品的转移，从而企业加成率受到国外上游垄断的影响变小。在第（2）（3）列中逐步控制企业、行业和地区等层面的其他时变影响因素以及行业、年份固定效应，国外上游垄断与关税措施的交互项系数未发生明显变化，进一步证实关税措施的实施有利于缓解国外上游垄断对企业加成率的影响。

表 11－8　关税措施的调节作用

成本加成率	（1）	（2）	（3）
国外上游垄断	0.002 3*** （0.000 6）	0.002 3*** （0.000 6）	0.004 7*** （0.000 8）
国外上游垄断二次项	－0.076 7*** （0.007 6）	－0.076 8*** （0.007 6）	－0.032 5*** （0.010 7）
关税	－0.006 2 （0.007 0）	－0.004 8 （0.007 0）	0.005 2 （0.008 4）
国外上游垄断×关税	－0.048 5*** （0.008 6）	－0.049 0*** （0.008 6）	－0.026 4** （0.010 5）
国外上游垄断二次项×关税	0.247 2*** （0.025 7）	0.246 2*** （0.025 7）	0.119 4*** （0.031 3）
控制变量	否	是	是
行业固定效应	否	否	是
年份固定效应	否	否	是

（续上表）

成本加成率	(1)	(2)	(3)
常数项	-31.072 9*** (0.167 4)	-31.130 1*** (0.167 4)	-29.621 6*** (0.273 0)
观测值	859 857	697 667	697 667
R^2	0.043	0.044	0.051

注：**、***分别表示5%和1%的显著性水平；括号内为标准误。

（3）非关税措施的调节作用。从表11-9第（1）~（3）列的回归结果来看，在逐步加入一系列控制变量和行业、年份固定效应的情况下，国外上游垄断与中间产品进口非关税措施的交互项系数均显著，且符号方向与主效应一致，可见中间产品进口的非关税措施对国外上游垄断的加成率效应具有强化作用。非关税措施尤其技术性措施包含了工艺技术、产品质量、产品安全等方面的规制，有利于激励国外企业进行研发创新、提高产品质量水平（李平等，2014），增大了企业获得高质量国外上游产品的可能性，进而加强国外上游垄断对企业加成率的"质量提升"正效应。在面临非关税措施带来的市场进入成本和淘汰风险时，上游行业的国外垄断企业相比本土企业有更强的竞争优势，更容易在非关税措施实施后获取市场份额（朱信凯等，2008），由此非关税措施也会加深国外上游垄断程度及其"价格上涨"负效应。

表11-9　非关税措施的调节作用

成本加成率	(1)	(2)	(3)
国外上游垄断	0.027 6*** (0.001 0)	0.015 8*** (0.001 3)	0.017 7*** (0.001 3)
国外上游垄断二次项	-0.036 8*** (0.001 5)	-0.015 4*** (0.001 9)	-0.031 4*** (0.001 9)
NTM	-1.484 7*** (0.123 9)	-2.259 5*** (0.149 8)	-1.321 8*** (0.153 0)

（续上表）

成本加成率	(1)	(2)	(3)
国外上游垄断×*NTM*	0.368 8*** (0.018 9)	0.412 1*** (0.022 7)	0.266 6*** (0.023 2)
国外上游垄断二次项×*NTM*	−0.282 4 (0.280 7)	−2.871 7*** (0.338 1)	−0.836 0** (0.344 6)
控制变量	否	是	是
行业固定效应	否	否	是
年份固定效应	否	否	是
常数项	0.103 5*** (0.004 2)	−0.245 3*** (0.012 3)	0.175 2*** (0.015 7)
观测值	859 857	697 667	697 667
R^2	0.033	0.056	0.061

注：**、***分别表示5%和1%的显著性水平；括号内为标准误。

考虑关税措施和非关税措施可能存在相互替代关系，单独检验其中一种贸易政策措施对国外上游垄断效应的影响可能会导致变量遗漏问题，因此本书统一将两种措施纳入回归方程，同时检验两种措施对国外上游垄断的调节作用。由表11－10第（1）列的回归结果可见，在控制关税措施的影响之后，非关税措施对国外上游垄断效应仍具有强化作用。类似地，在控制非关税措施的影响之后，关税措施对国外上游垄断效应的削弱作用也未改变。为何中间产品进口贸易政策的两种措施对国外上游垄断效应的影响存在明显差异？对此可能的解释是，非关税措施以“非歧视性”原则实施，关税措施只针对国外企业而更有利于巩固国内企业在本土市场的地位（Asprilla，2019），从而关税措施相对于非关税措施更能缓解国外上游垄断对企业加成率的影响。在第（2）（3）列中逐步加入控制变量及行业、年份固定效应，上述贸易政策措施对国外上游垄断效应的调节作用依然成立。

表 11-10　贸易政策的调节作用

成本加成率	(1)	(2)	(3)
国外上游垄断	0.020 1*** (0.001 6)	0.018 4*** (0.001 6)	0.024 2*** (0.001 5)
国外上游垄断二次项	-0.041 2*** (0.002 1)	-0.036 1*** (0.002 1)	-0.045 6*** (0.002 0)
关税	0.190 1*** (0.024 5)	0.213 7*** (0.024 4)	0.117 1*** (0.024 0)
NTM	-2.388 9*** (0.134 1)	-2.317 0*** (0.133 7)	-2.518 4*** (0.131 1)
国外上游垄断×关税	-0.013 8*** (0.002 8)	-0.016 2*** (0.002 8)	-0.009 3*** (0.002 8)
国外上游垄断二次项×关税	0.092 9*** (0.006 5)	0.101 5*** (0.006 5)	0.054 5*** (0.006 4)
国外上游垄断×*NTM*	0.660 6*** (0.044 9)	0.639 4*** (0.044 7)	0.735 2*** (0.043 9)
国外上游垄断二次项×*NTM*	-0.572 7*** (0.064 0)	-0.565 4*** (0.063 8)	-0.672 5*** (0.062 6)
企业控制变量	否	是	是
行业控制变量	否	是	是
地区控制变量	否	是	是
行业固定效应	否	否	是
年份固定效应	否	否	是
常数项	0.055 0*** (0.009 5)	0.028 8*** (0.009 5)	0.060 0*** (0.017 3)
观测值	859 857	697 667	697 667
R^2	0.018	0.024	0.063

注：***表示1%的显著性水平；括号内为标准误。

此外，考虑上述实证检验可能存在变量测量误差、逆向因果关系等内生性问题，本书分别通过更换变量测度方法和采用两阶段最小二乘回归的方式来处理这些问题。表 11 - 11 第（1）～（4）列的回归结果表明，在更换核心解释变量和被解释变量的情况下，关税措施和非关税措施对国外上游垄断加成率效应仍具有异质性的调节作用。第（5）列报告了两阶段最小二乘法的回归结果，工具变量包含国外上游垄断、政策措施变量的滞后项及两者交互项，再次证明基础回归结果稳健。

表 11 - 11　贸易政策调节作用的稳健性检验

成本加成率	(1) *HHI*	(2) *CR4*	(3) *CR8*	(4) OLS 加成率	(5) 工具变量法
国外上游垄断	0.029 1*** (0.009 2)	0.790 6*** (0.097 9)	0.690 0*** (0.098 4)	0.020 6*** (0.001 9)	0.101 1*** (0.028 3)
国外上游垄断二次项	−0.025 3*** (0.005 0)	−2.582 3*** (0.541 6)	−3.104 6*** (0.427 8)	−0.048 4*** (0.003 1)	−1.641 1*** (0.437 4)
关税	0.277 7*** (0.068 2)	0.229 5*** (0.084 6)	0.886 8*** (0.093 2)	0.039 0*** (0.014 1)	2.183 5*** (0.638 2)
NTM	−1.415 8*** (0.111 4)	−0.072 7*** (0.006 3)	−0.152 0*** (0.006 4)	−2.182 9*** (0.162 4)	−0.730 3*** (0.103 7)
国外上游垄断 × 关税	−0.031 7*** (0.010 2)	−0.006 3* (0.003 5)	−0.028 6*** (0.003 4)	−0.035 7*** (0.007 2)	−0.244 9*** (0.071 3)
国外上游垄断二次项 × 关税	0.080 8*** (0.015 3)	0.049 4*** (0.017 2)	0.207 6*** (0.021 3)	0.512 3*** (0.084 0)	0.610 0*** (0.172 7)
国外上游垄断 × *NTM*	5.619 5*** (0.819 3)	0.230 8*** (0.029 9)	0.505 6*** (0.026 7)	0.634 4*** (0.054 4)	3.826 5*** (0.867 1)
国外上游垄断二次项 × *NTM*	−4.572 1*** (1.461 6)	−1.420 9*** (0.127 3)	−3.411 6*** (0.146 5)	−0.501 0*** (0.077 5)	−0.577 7*** (0.141 6)
Kleibergen & Paap rk *LM*					464.716 0 (0.000 0)
Kleibergen & Paap rk *F*					87.906 0 (10.270 0)
企业控制变量	是	是	是	是	是
行业控制变量	是	是	是	是	是
地区控制变量	是	是	是	是	是

（续上表）

成本加成率	(1) *HHI*	(2) *CR4*	(3) *CR8*	(4) OLS 加成率	(5) 工具变量法
行业固定效应	是	是	是	是	是
年份固定效应	是	是	是	是	是
常数项	-10.103 3*** (0.279 9)	-35.433 3*** (0.339 3)	-12.170 3*** (0.276 1)	-18.432 4*** (0.022 7)	-14.110 3*** (1.360 1)
观测值	697 667	697 667	697 667	697 667	192 026
R^2	0.061	0.048	0.055	0.052	0.049

注：*、*** 分别表示 10% 和 1% 的显著性水平；括号内为标准误；Kleibergen & Paap rk *LM* 数值下括号为 *P* 值；Kleibergen & Paap rk *F* 数值下括号为 Stock-Yogo 弱识别检验的 10% 显著性水平临界值。

本书考察国外上游垄断对企业绩效提升的影响及作用机理，由此得到如下研究结论：①国外上游垄断与企业绩效之间存在显著的“倒 U 形”关系，即当国外上游垄断程度较低时，国外上游垄断有利于企业绩效提升，这一促进作用随着国外上游垄断后续扩张不断减小，而当国外上游垄断程度上升至一定临界值之后，其对企业绩效提升会产生消极影响。②“生产成本”效应是国外上游垄断对企业绩效的直接影响机制，国外上游垄断对边际生产成本“先增大、后减小”的影响直接导致其对企业绩效产生“先促进、后抑制”的作用。创新在国外上游垄断与企业绩效之间起中介作用，国外上游垄断能够通过影响企业创新活动而间接地对其绩效提升产生作用。因此，国外上游垄断与企业加成率的“倒 U 形”关系源于上述直接和间接效应。③产业政策和贸易政策是应对国外上游垄断对企业绩效影响的有力措施。产业政策对国外上游垄断的加成率效应具有削弱作用，而贸易政策的作用要视具体措施而论。其中，关税措施只针对国外企业而更能够巩固国内企业在本土市场的地位，有利于削弱国外上游垄断效应，相比非关税措施也更能缓解国外上游垄断对企业绩效提升的抑制作用。

12　结　论

本书主要结论如下：

(1) 国外上游垄断对本土企业创新的效应及作用机制。第一，国外上游垄断对进口中间产品价格具有正向影响，也能在一定程度上促进产品质量水平提升，进而对本土企业成本和生产效率产生作用，而最终影响企业创新收益和创新决策。在进口中间产品“质量提升”正效应和“价格上涨”负效应的综合作用下，国外上游垄断与企业创新呈“倒U形”关系，即当国外上游行业垄断程度处于低位水平时，国外上游垄断效应以“质量提升”正效应为主，有利于企业创新；当国外上游行业垄断程度升高至某一临界值，而处于高位水平时，“价格上涨”效应更占优势进而抑制企业创新。第二，国外上游垄断对企业创新具有价值链传导效应。本书证实第 $n-k$ 生产阶段的国外上游垄断效应会向下传递而影响第 n 生产阶段企业的创新活动，即国外上游垄断会通过国外价值链环节向国内价值链层层延伸，间接地影响本土企业创新行为和结果。可见，国外上游垄断不仅是中间产品进口企业的特定问题，还是本土企业在价值链体系中不可避免的常态问题。第三，国外上游垄断对创新的效应会进一步影响企业绩效水平的提升。一方面，国外上游垄断对进口中间产品价格和质量的作用通过边际生产成本而直接影响企业加成率；另一方面，创新在国外上游垄断与企业加成率之间发挥中介作用。在上述边际成本效应和创新效应的作用下，国外上游垄断与企业加成率呈“倒U形”关系。第四，国内上游垄断对国外上游垄断效应具有强化作用，即在国内上游垄断存在时，国外上游垄断对企业创新的影响更为明显。而且，国内上游垄断这一强化作用不仅体现于国外上游行业整体垄断对企业创新的影响，还存在于国外上游垄断对企业创新的直接影响及价值链传导效应。

(2) 国外上游垄断效应的异质性。一方面，国外上游垄断对企业创新具有行业异质性效应。第一，从要素密集度来看，由于劳动密集型行业是中国传统优势行业，对进口中间产品的依赖程度较低，其企业创新受国外上游垄断的影响较小，而技术密集型行业的核心中间产品主要来自进口，相比之下其对国外上游垄断的创新效应更为敏感；第二，国外上游垄断效应在不同价值链地位的行业间存在明显差异，价值链地位较高的行业，其企业创新受国外上游垄断的影响较小，并且行业与其国内上游共同实现国内价值链后向延伸，以及行业本身的国内价值链前向延伸，均有利于缓解国外上游垄断效应；第三，国外上游垄断对企业创新的影响随着行业技术供给能力变动而变化，国内技术供给能力水平越高，企业对国外中间产品和技术依赖性越低，企业创新对国外上游垄断的影响越不敏感。另一方面，国外上游垄断效应具有企业异质性。其中，资源配置效率较高的企业对外部知识和技术的整合和吸收能力更强，在国外上游垄断影响下能够较快实现创新水平的提升，同时又能在一定程度上减轻国外上游垄断对创新的抑制效应。企业吸收能力还主要体现在人力资本方面，人力资本水平越高，则企业的学习吸收能力越强，由此当企业对人才具有较强吸引力时，其创新活动更不易受国外上游垄断的影响。另外，贸易方式也会影响企业创新对国外上游垄断的反应程度，相比加工贸易企业，一般贸易企业的创新受国外上游垄断影响较小。

（3）国内市场垄断对国外上游垄断效应的作用。企业所处行业的国内市场垄断有利于改善国外上游垄断对企业创新的影响，一方面能够减弱国外上游垄断对企业创新的负向效应；另一方面有助于企业在与国外上游行业互动中学习和吸收先进知识和技术，增强创新动力和能力。进一步地，本行业的国内市场垄断通过提升本土企业相对国外上游企业的谈判地位而促进中间产品价格下降，这不仅强化了国外上游垄断的“质量提升”正效应，还削弱了“价格上涨”负效应，从而有利于企业在国外上游垄断影响下保持创新增长。而且，不同行业的国内市场垄断程度的提升对其面临的国外上游垄断效应存在异质性影响，相对于其他行业，国内市场垄断在劳动密集度较大、国内上游技术含量较多、价值链地位较高的行业中能够更明显地调节国外上游垄断效应。另外，本行业的国内市场垄断在不同企业间对国外上游垄断效应的调节作用也有所差异，对于国有企业及生产率较高、市场规模增长潜力较大等具有较强自主发展能力的企业，本行业垄断程度的提升在更大程度上对国外上游垄断效应产生调节作用。

（4）国内政策措施对国外上游垄断问题的应对效果。产业政策和贸易政策有利于调节经济结构、促进经济增长和增强经济对内外部环境的适应性，本书关注国内上游行业的产业政策及中间产品进口贸易政策对国外上游垄断效应的作用及异同之处。从相同之处来看，上游产业政策及中间产品进口的关税措施、非技术性非关税措施均对国外上游垄断效应具有削弱作用，不同之处在于中间产品进口的技术性非关税措施对国外上游垄断具有强化作用。两者在作用机制方面也存在差异，其中上游产业政策主要通过提升国内产业体系完备性、降低国外资源的相对重要性来降低企业创新所受的国外上游垄断影响，产业政策的实施能够提升上游行业的生产率水平及资源配置效率，促进下游投入结构的技术升级，而中间产品进口贸易政策的作用渠道主要在贸易成本和市场准入门槛方面。比较上述政策作用效果，不同政策措施有所长短。其中，上游产业政策及中间产品进口的关税措施、非技术性非关税措施对国外上游垄断消极影响具有强有力的削弱作用，但同时会抑制其积极效应；而且上游产业政策的实施具有一定行业偏向性，高技术、高竞争上游行业的产业政策对国外上游垄断效应的作用更明显。相对地，中间产品进口的技术性非关税措施则有利于发挥国外上游垄断对创新的积极效应，但不能缓解其消极影响。关于政策措施对不同行业和企业的适用性，从行业层面来看，上游产业政策和中间产品非关税措施最有利于技术密集型行业，中间产品进口关税措施则在劳动密集型行业最为有效；对于国内上游技术含量较高的行业，上游产业政策和中间产品进口关税措施对国外上游垄断效应的作用较大，而中间产品进口的非关税措施更有利于国内上游技术含量较低的行业。从企业层面来看，上游产业政策和中间产品进口的非关税措施更有助于国有企业应对国外上游垄断问题，而中间产品进口关税措施更有利于民营企业；上游产业政策和中间产品进口的非关税措施对生产经营能力较强的企业具有更大作用，中间产品进口关税则有利于保护能力较弱的企业。

本书关注中国企业在价值链嵌入过程中面临国外上游垄断的现实问题，通过理论模型构建和实证检验，探讨了国外上游垄断对企业创新的效应和作用机理。本书研究结果表明，本土企业在国外上游垄断影响下的创新发展存在机遇，更面临挑战，但在深入理解国外上游垄断变化规律的基础上，可对其积极作用加以充分利用，并有效地缓解消极影响，进而保持本土企业创新水平的提升，这对我国在当前国内外复杂经济形势下实现创新驱动发展、制定成功转型升级的相关政策措施具有启示性意义。

（1）正确认识和看待国外上游垄断及其对企业发展的影响。国外上游垄断随着世界经济形势变动而起伏，是我国参与国际分工不可避免的常态问题，影响着本土企业嵌入价值链的利弊得失，一方面，不可畏惧当前价值链上游的垄断势力，当垄断程度处于较低水平时，参与全球价值链分工、获取国外高质量中间产品和先进技术仍然是本土企业实现创新水平提升的有效途径；另一方面，当垄断程度过高时，本土企业创新激励减少、转型升级动力缺失，面临着被“锁定”或“俘获”于价值链低端环节的风险，进而不利于我国技术创新和经济高质量发展，由此国外上游垄断问题仍不可轻视。此外，不可对国外上游垄断问题一概而论，要结合本土行业发展特点，认识其对企业创新的影响。对国外上游垄断的上述认识有利于更全面地理解全球价值链分工格局对企业创新和发展的影响，进而深刻地理解增强自主创新能力、掌握关键核心技术的必要性和紧迫性。

（2）完善国内上游产业体系、提升产业供给能力。本土企业依托国内相关产业体系才能实现生产发展和创新，而在国外上游垄断影响下，更需要国内上游产业发挥支持作用。目前，国内上游产业具有资本雄厚和规模、产能庞大等优势，稳定保障了企业在物资、人才、能源、运输等方面的需求，有助于促进国外上游垄断对企业创新产生积极影响。然而，国内上游产业仍存在落后产能过剩、高技术产能不足的问题，尤其在关键中间产品方面供给不足，由此容易使本土企业过度依赖于国外上游行业而处于价值链升级的被动地位。建立完备的国内上游产业和提升产业配套能力势在必行，主要包含以下方面：其一，继续扶持交通运输、能源供应、教育科研等基础性和支持性行业发展，并加大对高新技术行业上游发展的支持力度；其二，推进产业结构优化升级进程，提高产业知识技术密集度和价值增值能力；其三，鼓励和支持上游行业的研发创新，特别是要重视核心中间产品生产的工艺发展和相关技术革新。

（3）注重提高企业吸收知识和技术的能力。企业提高自身吸收知识、技术的能力有助于降低对国外上游垄断效应的敏感性，进而在价值链嵌入过程中更能实现自主创新和发展。一方面，提高潜在吸收能力有利于企业更快地定位适合于自身发展的外部资源，也能增加获取优质中间产品和先进知识、技术的可能性，从而降低对国外上游行业的依赖性，使其创新活动更不易受到国外上游垄断的影响。另一方面，提升现实吸收能力有利于企业充分利用生产资源、提高资源利用效率，在与国外上游行业互动的过程中能较迅速地学习先进知识和技术，并转换为自身生产能力，更可能形成自主创新优势和打破核心生产技术限制。为了提高企业吸收能力，一是改善内部组织结构，提升组织管理的科学性，促进企业部门间交流，提升反馈信息的效率，而及时积累生产管理过程中的经验知识、巩固技术基础；二是加强与外部组织关系的构建和维系，营造技术、知识共享、互惠互利的良性合作竞争局面，进而有利于提升本土行业整体创新能力；三是提高资源配置效率，在保障生产的同时，将更多资源用于研发创新，以此提升内部与外部知识、技术的匹配程度，进一步增进生产和创新收益；四是积极吸纳多层次的人才，并提升创新人才的比重，重视人员技能培训和发展，为人力资本积累奠定坚实基础。

（4）提升企业在国外上游垄断格局下的市场谈判地位。虽然本土企业处于相对下游环节而受制于国外上游企业行为决策，但下游存在一定市场势力时，能对上游垄断形成抗衡作用，国内市场垄断有利于提升本土企业相对于国外上游企业的谈判地位，进而降低进口中间产品价格水平、节约企业生产成本，同时提升产品质量、提高企业生产效率，有利于本土企业在国外上游垄断下保持创新能力和动力。因此，要从多个层面提升本土企业在国际市场上的谈判地位以改善议价条件，缓解国外上游垄断对创新的影响。首先，要从国家层面提升整体国际竞争力和促进价值链地位升级，增强对国际竞争规则制定和运行的话语权，为企业对外贸易提供良好的宏观环境。其次，提高国内中间产品生产的自主技术能力，降低下游行业对国外上游行业的依赖程度，特别注重发展技术密集型行业的上游配套产业体系，由此增大核心中间产品进口的替代弹性，有利于国内下游行业对国外上游行业形成抗衡势力。最后，对于企业个体而言，要建立合理高效的组织结构并提高管理水平，同时加大人才培养力度以提升人力资本水平，进而提高生产效率、降低生产成本，为提升产品质量和扩大生产规模奠定物质基础，有利于企业提高市场份额、增强相对于国外供应商的议价能力。

（5）灵活制定和实施作用于上游行业的产业政策和贸易政策。尽管产业政策和贸易政策无法改变价值链格局和上下游市场结构，但本书研究表明上游产业政策和中间产品进口贸易政策在国外上游垄断对创新的影响中具有显著调节作用，政府可以通过采取上述政策措施来有效应对国外上游垄断问题，进而有助于企业不断提升创新水平。值得注意的是，上游产业政策和中间产品进口贸易政策对国外上游垄断效应的处理效果存在异同之处，要“因时制宜”地采取相关政策措施。当垄断程度较低时，国外上游垄断对企业创新具有积极影响，可采取技术性非关税措施来进一步强化进口中间产品对企业创新的促进作用；随着垄断程度超过临界值达到较高水平，国外上游垄断抑制了企业创新，需要通过产业政策和关税措施、非技术性非关税措施来抵御这一消极效应，其中产业政策具有一定行业偏向性，采取扶持高技术和高竞争行业的产业政策更有利于缓解本土企业面临的国外上游垄断效应。

（6）针对不同行业实施差异化政策并适时动态调整。不同行业所面临的国外上游市场结构存在差异，对国外上游垄断效应的敏感性也有所不同，并且产业政策和贸易政策对不同行业的有效性呈现明显差异，因此要根据各行业自身发展特点和市场结构的具体情况，采取应对国外上游垄断问题的针对性策略。我国劳动密集型行业的技术供给能力较强，相比于其他行业具有更为成熟和完备的国内产业体系，所面临的国外上游垄断程度最低，且企业创新不易受制于国外上游行业。相对而言，技术密集型行业的价值链地位偏低、技术供给能力也较弱，对国外上游行业依赖程度相对更高而面临着最为严峻的国外上游垄断问题。可见，要将相关政策措施偏重于技术密集型行业，尤其要对其中国外上游垄断程度超过临界值的具体行业给予重点关注。同时，随着价值链分工体系、国外上游市场结构以及国内外竞争格局的变动，国外上游垄断对企业创新和绩效提升的影响不断发生变化，制定国外上游垄断的应对策略要具有前瞻性，与时俱进地调整创新、产业、贸易等相关政策。

全球价值链与企业创新是国际经济学重要的研究领域，本书在已有研究成果基础上，结合产业组织理论，尝试探讨了国外上游垄断对本土企业的影响及作用机制。当前关于上游垄断与企业创新的既有研究较少，更鲜有研究分析国外上游垄断的作用，本书所示的一系列研究工作及所得结论在一定程度上弥补了现有研究空缺，但由于研究时间和个人能力有限，仍有不足之处有待改进，为未来提供了进一步深入研究的可能性。

（1）拓展分析国外上游垄断对企业生产发展的影响。一方面，细化国外上游垄断对创新影响的路径分析。本书基于已有研究，以进口中间产品为切入点，探究国外上游垄断对企业创新的作用机制，通过进口中间产品价格和质量决策将国外上游垄断与本土企业创新相联系，未来研究可进一步将价格和质量效应细分为多个影响渠道，更深入地分析国外上游垄断对企业创新的影响路径。另一方面，探索国外上游垄断对企业发展其他维度的影响。本书通过理论分析和实证检验研究了国外上游行业垄断效应，主要反映中间产品市场结构对企业创新的影响。考虑到国外上游垄断可能对企业发展的多个方面产生影响，在后续研究中，可进一步丰富上下游相互关系的理论模型，直接分析国外上游企业策略及市场结构对企业投资、生产、管理等行为及结果的效应。

（2）分析国外上游垄断对其他发展中国家企业的影响。发展中国家转型升级是全球价值链研究的重要命题，本书虽然关注的是价值链垄断格局与我国企业创新的关系，但是对其他发展中国家也有一定借鉴意义，可进一步分析国外上游垄断对其他发展中国家企业的影响，这不仅更有利于正确认识不同国家所面临的特定国外上游垄断问题，还能够更全面地理解国外上游垄断对发展中国家的影响。

（3）结合现实外部经济环境动态变化进一步检验国外上游垄断效应。本书揭示了国外上游垄断影响企业创新的一般规律，并以中国工业企业数据库数据为样本检验国外上游垄断效应，但因为样本时间跨度有限而未能直观地分析国外上游垄断效应在当前逆全球化趋势下的变动情况。为此，未来研究可在相关数据更为丰富之后，对国外上游垄断效应做进一步检验，为国外上游垄断对企业创新的影响的理论机制提供新的经验证据。

参考文献

[1] 曹勇，向阳. 企业知识治理、知识共享与员工创新行为——社会资本的中介作用与吸收能力的调节效应 [J]. 科学学研究，2014，32 (1)：92 - 102.

[2] 陈雯，苗双有. 中间品贸易自由化与中国制造业企业生产技术选择 [J]. 经济研究，2016，51 (8)：72 - 85.

[3] 程虹，刘三江，罗连发. 中国企业转型升级的基本状况与路径选择——基于570家企业4 794名员工入企调查数据的分析 [J]. 管理世界，2016 (2)：57 - 70.

[4] 戴小勇，成力为. 产业政策如何更有效：中国制造业生产率与加成率的证据 [J]. 世界经济，2019，42 (3)：69 - 93.

[5] 樊纲，王小鲁，张立文，等. 中国各地区市场化相对进程报告 [J]. 经济研究，2003 (3)：9 - 18.

[6] 符宁. 人力资本、研发强度与进口贸易技术溢出——基于我国吸收能力的实证研究 [J]. 世界经济研究，2007 (11)：37 - 42.

[7] 郭树龙. 中国工业市场势力研究 [D]. 天津：南开大学，2013.

[8] 黄漓江，桑百川. 进口溢出对企业生产率的影响——基于技术差距的视角 [J]. 世界经济研究，2017 (6)：122 - 134，137.

[9] 黄先海，张胜利. 中国战略性新兴产业的发展路径选择：大国市场诱致 [J]. 中国工业经济，2019 (11)：60 - 78.

[10] 黄先海，诸竹君，宋学印. 中国中间品进口企业"低加成率之谜" [J]. 管理世界，2016 (7)：23 - 35.

[11] 蒋仁爱，贾维晗. 不同类型跨国技术溢出对中国专利产出的影响研究 [J]. 数量经济技术经济研究，2019，36 (1)：60 - 77.

[12] 黎峰. 进口贸易、本土关联与国内价值链重塑 [J]. 中国工业经济，2017 (9)：25 - 43.

[13] 李力行，申广军. 经济开发区、地区比较优势与产业结构调整 [J]. 经济学 (季刊)，2015，14 (3)：885 - 910.

[14] 李平，姜丽. 贸易自由化、中间品进口与中国技术创新——1998—2012 年省级面板数据的实证研究 [J]. 国际贸易问题，2015 (7)：3-11，96.

[15] 李平，史亚茹. 进口贸易、生产率与企业创新 [J]. 国际贸易问题，2020 (3)：131-146.

[16] 李胜旗，毛其淋. 制造业上游垄断与企业出口国内附加值——来自中国的经验证据 [J]. 中国工业经济，2017 (3)：101-119.

[17] 李秀芳，施炳展. 中间品进口多元化与中国企业出口产品质量 [J]. 国际贸易问题，2016 (3)：106-116.

[18] 李杨，黄艳希，谷玮. 全球价值链视角下的中国产业供需匹配与升级研究 [J]. 数量经济技术经济研究，2017，34 (4)：39-56.

[19] 林毅夫，向为，余淼杰. 区域型产业政策与企业生产率 [J]. 经济学（季刊），2018，17 (2)：781-800.

[20] 刘海洋，蒋婷婷，吴龙. 所有制性质对中国企业议价能力的影响 [J]. 财贸经济，2012 (9)：117-124.

[21] 刘海洋，逯宇铎，陈德湖. 中国国有企业的国际议价能力估算 [J]. 统计研究，2013，30 (5)：47-53.

[22] 刘和旺，郑世林，王宇锋. 所有制类型、技术创新与企业绩效 [J]. 中国软科学，2015 (3)：28-40.

[23] 刘啟仁，黄建忠. 产品创新如何影响企业加成率 [J]. 世界经济，2016，39 (11)：28-53.

[24] 刘瑞明，石磊. 上游垄断、非对称竞争与社会福利——兼论大中型国有企业利润的性质 [J]. 经济研究，2011，46 (12)：86-96.

[25] 鲁桐，党印. 公司治理与技术创新：分行业比较 [J]. 经济研究，2014，49 (6)：115-128.

[26] 陆文香，何有良. 上游垄断如何影响企业出口——来自中国制造业企业的微观证据 [J]. 国际贸易问题，2018 (7)：1-14.

[27] 吕云龙，吕越. 上游垄断会阻碍"中国制造"的价值链跃升吗？——基于价值链关联的视角 [J]. 经济科学，2018 (6)：44-55.

[28] 吕云龙，吕越. 上游垄断与制造业出口的比较优势——基于全球价值链视角的经验证据 [J]. 财贸经济，2017，38 (8)：98-111.

[29] 毛其淋，许家云. 中间品贸易自由化的生产率效应——以中国加入 WTO 为背景的经验研究 [J]. 财经研究，2015，41 (4)：42-53.

[30] 齐俊妍，吕建辉. 进口中间品对中国出口净技术复杂度的影响分

析——基于不同技术水平中间品的视角［J］. 财贸经济，2016，37（2）：114－126.

［31］沈国兵，于欢. 中国企业参与垂直分工会促进其技术创新吗？［J］. 数量经济技术经济研究，2017，34（12）：76－92.

［32］施炳展，曾祥菲. 中国企业进口产品质量测算与事实［J］. 世界经济，2015，38（3）：57－77.

［33］石奇，孔群喜. 实施基于比较优势要素和比较优势环节的新式产业政策［J］. 中国工业经济，2012（12）：70－82.

［34］宋凌云，王贤彬. 重点产业政策、资源重置与产业生产率［J］. 管理世界，2013（12）：63－77.

［35］孙浦阳，李飞跃，顾凌骏. 商业信用能否成为企业有效的融资渠道——基于投资视角的分析［J］. 经济学（季刊），2014，13（4）：1637－1652.

［36］孙元元，张建清. 中国制造业省际间资源配置效率演化：二元边际的视角［J］. 经济研究，2015，50（10）：89－103.

［37］唐未兵，傅元海，王展祥. 技术创新、技术引进与经济增长方式转变［J］. 经济研究，2014，49（7）：31－43.

［38］陶锋. 吸收能力、价值链类型与创新绩效——基于国际代工联盟知识溢出的视角［J］. 中国工业经济，2011（1）：140－150.

［39］王俊. 跨国外包体系中的技术溢出与承接国技术创新［J］. 中国社会科学，2013（9）：108－125.

［40］王岚，李宏艳. 中国制造业融入全球价值链路径研究——嵌入位置和增值能力的视角［J］. 中国工业经济，2015（2）：76－88.

［41］王钦. 技术范式、学习机制与集群创新能力——来自浙江玉环水暖阀门产业集群的证据［J］. 中国工业经济，2011（10）：141－150.

［42］王永进，刘灿雷. 国有企业上游垄断阻碍了中国的经济增长？——基于制造业数据的微观考察［J］. 管理世界，2016（6）：10－21，187.

［43］王永进，施炳展. 上游垄断与中国企业产品质量升级［J］. 经济研究，2014，49（4）：116－129.

［44］王永钦，李蔚，戴芸. 僵尸企业如何影响了企业创新？——来自中国工业企业的证据［J］. 经济研究，2018，53（11）：99－114.

［45］韦影. 企业社会资本与技术创新：基于吸收能力的实证研究［J］. 中国工业经济，2007（9）：119－127.

[46] 魏浩，林薛栋. 进口产品质量与中国企业创新 [J]. 统计研究，2017，34 (6)：16-26.

[47] 魏浩，林薛栋. 进口贸易自由化与异质性企业创新——来自中国制造企业的证据 [J]. 经济经纬，2017，34 (6)：44-50.

[48] 吴延兵. 中国哪种所有制类型企业最具创新性？[J]. 世界经济，2012，35 (6)：3-29.

[49] 谢建国，周露昭. 进口贸易、吸收能力与国际 R&D 技术溢出：中国省区面板数据的研究 [J]. 世界经济，2009，32 (9)：68-81.

[50] 姚志毅，张亚斌，李德阳. 参与国际分工对中国技术进步和技术效率的长期均衡效应 [J]. 数量经济技术经济研究，2010，27 (6)：72-83.

[51] 易靖韬，傅佳莎，蒙双. 多产品出口企业、产品转换与资源配置 [J]. 财贸经济，2017，38 (10)：131-145.

[52] 易靖韬，蒙双. 贸易自由化、企业异质性与产品范围调整 [J]. 世界经济，2018，41 (11)：74-97.

[53] 张杰，郑文平. 全球价值链下中国本土企业的创新效应 [J]. 经济研究，2017，52 (3)：151-165.

[54] 张杰. 进口对中国制造业企业专利活动的抑制效应研究 [J]. 中国工业经济，2015 (7)：68-83.

[55] 张杰. 进口行为、企业研发与加工贸易困境 [J]. 世界经济研究，2015 (9)：22-36，127.

[56] 张莉，朱光顺，李夏洋，等. 重点产业政策与地方政府的资源配置 [J]. 中国工业经济，2017 (8)：63-80.

[57] 张禹，严兵. 中国产业国际竞争力评估——基于比较优势与全球价值链的测算 [J]. 国际贸易问题，2016 (10)：38-49.

[58] 周霄雪. 下游企业市场扩张与上游企业生产效率——跨国零售企业对中国制造企业的影响 [J]. 国际贸易问题，2016 (11)：76-85.

[59] AGHION P, BLOOM N, BLUNDELL R, et al. Competition and innovation: an inverted-U relationship [J]. Quarterly journal of economics, 2005, 120 (2): 701-728.

[60] ANTRÀS P, DE GORTARI A. On the geography of global value chains [J]. Econometrica, 2020, 88 (4): 1553-1598.

[61] Asian Development Bank, the Research Institute for Global Value Chains at the University of International Business and Economics, the World

Trade Organization, et al. Beyond production [R]. Global Value Chain Development Report, 2021.

[62] ASPRILLA A, BERMAN N, CADOT O, et al. Trade policy and market power: firm-level evidence [J]. International economic review, 2019, 60 (4): 1647 -1673.

[63] ATKESON A, BURSTEIN A. Pricing-to-market, trade costs, and international relative prices [J]. American economic review, 2008, 98 (5): 1998 -2031.

[64] AUER R A, SCHOENLE R S. Market structure and exchange rate pass-through [J]. Journal of international economics, 2016, 98: 60 -77.

[65] AWATE S, LARSEN M M, MUDAMBI R. Accessing vs sourcing knowledge: a comparative study of R&D internationalization between emerging and advanced economy firms [J]. Journal of international business studies, 2015, 46 (1): 63 -86.

[66] AWATE S, LARSEN M M, MUDAMBI R. EMNE catch-up strategies in the wind turbine industry: is there a trade-off between output and innovation capabilities? [J]. Global strategy journal, 2012, 2 (3): 205 -223.

[67] BERMAN N, MARTIN P, MAYER T. How do different exporters react to exchange rate changes? [J]. Quarterly journal of economics, 2012, 127 (1): 437 -492.

[68] BERNARD A B, DHYNE E, MAGERMAN G. The origins of firm heterogeneity: a production network approach [R]. American Economic Association 2019 Annual Meeting, 2019.

[69] BETTIGNIES J E DE, GAINULLIN B, LIU H F. The effects of downstream competition on upstream innovation and licensing [R]. 16th Annual International Industrial Organization Conferences, 2018.

[70] BRAGA H, WILLMORE L. Technological imports and technological effort: an analysis of their determinants in Brazilian firms [J]. Journal of industrial economics, 1991, 39 (4): 421 -432.

[71] BUSTOS P. Trade liberalization, exports, and technology upgrading: evidence on the impact of MERCOSUR on Argentinian firms [J]. American economic review, 2011, 101 (1): 304 -340.

[72] CADOT O, GOURDON J. Non-tariff measures, preferential trade agreements, and prices: new evidence [J]. Review of world economics, 2016,

152 (2): 227 –249.

[73] CHOR D, FALLY T, HILLBERRY R, et al. Measuring the upstreamness of production and trade flows [J]. American economic review, 2012, 102 (3): 412 –416.

[74] COHEN W M, LEVINTHAL D A. Absorptive capacity: a new perspective on learning and innovation [J]. Administrative science quarterly, 1990, 35 (1): 128 –152.

[75] COLANTONE I, CRINÒR. New imported inputs, new domestic producte [J]. Journal of international economics, 2014, 92 (1): 147 –165.

[76] CRESPO J, CARMELA M, VELAZQUEZ F J. The role of international technology spillovers in the economic growth of the OECD countries [J]. Global economy journal, 2004, 4 (2): 1 –20.

[77] DAS G G. Embodied technology transfer via international trade and disaggregation of labour payments by skill level: a quantitative analysis in GTAP framework [C] //3rd Annual GTAP Conference in Global Economic Analysis Jointly Organized, the Centre of Policy Studies, Monash University, Melbourne, Australia and the Centre for Global Trade Analysis, Purdue University, West Lafayette, 2000.

[78] DEVEREUX M B, DONG W, TOMLIN B. Importers and exporters in exchange rate pass-through and currency invoicing [J]. Journal of international economics, 2017, 105: 187 –204.

[79] DOBSON P W. Retailer buyer power in European markets: lessons from grocery supply [R]. Loughborough University Business School Research Series, 2002

[80] DOBSON P W, INDERST R. Differential buyer power and the waterbed effect: do strong buyers benefit or harm consumers? [J]. European competition law review, 2007, 28 (7): 393 –400.

[81] FAULI-OLLER R, SANDONIS J. Welfare effects of downstream mergers and upstream market concentration [J]. The Singapore economic review, 2016, 61 (5): 1 –16.

[82] FEE C E, THOMAS S. Sources of gains in horizontal mergers: evidence from customer, supplier, and rival firms [J]. Journal of financial economics, 2004, 74 (3): 423 –460.

[83] FOSTER-MCGREGOR N, ISAKSSON A, KAULICH F. Importing,

productivity and absorptive capacity in sub-Saharan African manufacturing and services firms [J]. Open economics review, 2016, 27 (1): 87 - 117.

[84] FOSTER-MCGREGOR N, PÖSCHL J, STEHRER R. The importance of absorptive capacities: productivity effects of international R&D spillovers through intermediate inputs [J]. Economics of innovation and new technology, 2017, 26 (8): 719 - 733.

[85] GOLDBERG P K, KHANDELWAL A K, PAVCNIK N, et al. Imported intermediate inputs and domestic product growth: evidence from India [J]. Quarterly journal of economics, 2010, 125 (4): 1727 - 1767.

[86] GOODERHAM P, MINBAEVA D B, PEDERSEN T. Governance mechanisms for the promotion of social capital for knowledge transfer in multinational corporations [J]. Journal of management studies, 2011, 48 (1): 123 - 150.

[87] GRIFFITH R, REDDING S, REENEN J V. Mapping the two faces of R&D: productivity growth in a panel of OECD industries [J]. Review of economics and statistics, 2004, 86 (4): 883 - 895.

[88] HAANS R F J, CONSTANT P, HE Z L. Thinking about U: theorizing and testing U-and inverted U-shaped relationships in strategy research [J]. Strategic management journal, 2016, 37 (7): 1177 - 1195.

[89] HALL R E. Market structures and macroeconomic fluctuations [J]. Brookings papers on economic activity, 1987, 18 (2): 285 - 338.

[90] HALL R E. The relation between price and marginal cost in U. S. industry [J]. Journal of political economy, 1988, 96 (5): 921 - 947.

[91] HALPERN L, KOREN M, SZEIDL A. Imported inputs and productivity [J]. American economic review, 2015, 105 (12): 3660 - 3703.

[92] HANDLEY S M, BENTON W C. The influence of task- and location-specific complexity on the control and coordination costs in global outsourcing relationships [J]. Journal of operations management, 2013, 31 (3): 109 - 128.

[93] HOWITT P, MAYER-FOULKES D. R&D, implementation, and stagnation: a schumpeterian theory of convergence clubs [J]. Journal of money, credit and banking, 2005, 37 (1): 147 - 177.

[94] HOWITT P. Endogenous growth and cross-country income differences [J]. American economic review, 2000, 90 (4): 829 - 846.

[95] INDERST R, SHAFFER G. Retail mergers, buyer power and product

variety [J]. The economic journal, 2007, 117 (516): 45 -67.

[96] INDERST R, WEY C. Countervailing power and dynamic efficiency [J]. Journal of the European economic association, 2011, 9 (4): 702 -720.

[97] IVARSSON I, ALVSTAM C G. Supplier upgrading in the home-furnishing value chain: an empirical study of IKEA' s sourcing in China and South East Asia [J]. World development, 2010, 38 (11): 1575 -1587.

[98] JACOBS E J, ZÁMBORSKÝ P, SBAI E. Mutual productivity spillovers in Slovakia: absorptive capacity, the technology gap, and non-linear effects [J]. Eastern European economics, 2017, 55 (4): 291 -323.

[99] JORDAAN J A. FDI, local sourcing, and supportive linkages with domestic suppliers: the case of Monterrey, Mexico [J]. World development, 2011, 39 (4): 620 -632.

[100] KEE H L, NICITA A, OLARREAGA M. Import demand elasticities and trade distortions [J]. Review of economics and statistics, 2008, 90 (4): 666 -682.

[101] KEE H L, OLARREAGA M, NICITA A. Estimating trade restrictiveness indices [J]. The economic journal, 2009, 119 (7): 172 -199.

[102] KOOPMAN R, POWERS W, WANG Z, et al. Give credit where credit is due: tracing value added in global production chains [R]. National Bureau of Economic Research, 2010.

[103] KUGLER M, VERHOOGEN E. Prices, plant size, and product quality [J]. The review of economic studies, 2012, 79 (1): 307 -339.

[104] KWON C W, CHUN B G. The Effect of strategic technology adoptions by local firms on technology spillover [J]. Economic modelling, 2015, 51: 13 -20.

[105] LEE D. The role of R&D and input trade in productivity growth: innovation and technology spillovers [J]. The journal of technology transfer, 2020, 45 (3): 908 -928.

[106] LEMOINE F, ÜNAL-KESENCI D. Assembly trade and technology transfer: the case of China [J]. World development, 2004, 32 (5): 829 -850.

[107] LERNER A P. The concept of monopoly and the measurement of monopoly power [J]. review of economic studies, 1934, 1 (3): 157 -175.

[108] LEVINSOHN J, PETRIN A. Estimating production functions using

inputs to control for unobservables [J]. Review of economic studies, 2003, 70 (2): 317 - 341.

[109] LINDENBERG E B, ROSS S A. Tobin's q ratio and industrial organization [J]. The journal of business, 1981, 54 (1): 1 - 32.

[110] MANOVA K, YU Z. Multi-product firms and product quality [J]. Journal of international economics, 2017, 109: 116 - 137.

[111] OKAFOR L E, BHATTACHARYA M, BLOCH H. Imported intermediates, absorptive capacity and productivity: evidence from Ghanaian manufacturing firms [J]. The world economy, 2017, 40 (2): 369 - 392.

[112] SCHUMPETER J. Creative destruction [J]. Capitalism, socialism and democracy, 1942, 825: 82 - 85.

[113] SIMONA G L, AXÈLE G. Knowledge transfer from TNCs and upgrading of domestic firms: the polish automotive sector [J]. World development, 2012, 40 (4): 796 - 807.

[114] UN C A. Absorptive capacity and R&D outsourcing [J]. Journal of engineering and technology management, 2017, 43: 34 - 47.

[115] World Trade Organization. Technological innovation, supply chain trade, and workers in a globalized world [R]. Global value chain development report, 2019.

[116] GRIMES S. Decoding China's export miracle: a global value chain analysis [J]. Economic geography, 2021, 97 (5): 521 - 523.

[117] ZAHRA S A, GEORGE G. Absorptive capacity: a review, reconceptualization, and extension [J]. Academy of management review, 2002, 27 (2): 185 - 203.

[118] ZHU J, BOYACI T, RAY S. Effects of upstream and downstream mergers on supply chain profitability [J]. European journal of operational research, 2016, 249 (1): 131 - 143.